Heiner Bielefeldt
Menschenrechte in der Einwanderungsgesellschaft

Heiner Bielefeldt

Menschenrechte in der Einwanderungsgesellschaft

Plädoyer für einen aufgeklärten Multikulturalismus

[transcript] X T E X T E

Bibliografische Information der Deutschen Bibliothek
Die Deutsche Bibliothek verzeichnet diese Publikation in der Deutschen Nationalbibliografie; detaillierte bibliografische Daten sind im Internet über http://dnb.ddb.de abrufbar.

Umschlaggestaltung & Innenlayout: Kordula Röckenhaus, Bielefeld
Lektorat: Kai Reinhardt
Herstellung: Justine Haida, Bielefeld
Druck: Majuskel Medienproduktion GmbH, Wetzlar
ISBN 978-3-89942-720-2

Gedruckt auf alterungsbeständigem Papier mit chlorfrei gebleichtem Zellstoff.

Besuchen Sie uns im Internet: *http://www.transcript-verlag.de*

Bitte fordern Sie unser Gesamtverzeichnis und andere Broschüren an unter: *info@transcript-verlag.de*

Inhalt

Vorwort

Das vorliegende Buch ist von meiner Tätigkeit im Deutschen Institut für Menschenrechte geprägt. Die Kapitel 8, 9 und 10 gehen wesentlich auf Positionspapiere zurück, die ich im Rahmen der Institutsarbeit entwickelt habe. Kapitel 2 und 3 schließen an Überlegungen an, die ausführlicher in meiner »Philosophie der Menschenrechte« (Wissenschaftliche Buchgesellschaft 1998) dargelegt worden sind. Kapitel 5 und 6 greifen aktualisierend Themen auf, zu denen ich mich breiter in meinem Buch »Muslime im säkularen Rechtsstaat« (transcript Verlag 2003) geäußert habe. Die Integration der verschiedenen, teilweise bereits andernorts erörterten Einzelthemen in eine Monographie hat, wie zu erwarten war, einen Reflexionsschub freigesetzt und zu manchen neuen Einsichten und zu Modifikationen früherer Positionierungen geführt.

Ich bin Daniel Bogner, Petra Follmar-Otto, Claudia Lohrenscheit, Sebastian Müller, Anna Würth und – wieder einmal – meinen Eltern für ihre hilfreichen Anmerkungen zum Manuskript dankbar. Es freut mich, dass der transcript Verlag den Text in sein Programm aufgenommen hat, und ich danke der Verlagsleiterin Karin Werner für die wie immer sympathische kollegiale Kooperation.

Berlin im Februar 2007
Heiner Bielefeldt

1. Einführung

1.1 Integration als innenpolitischer Schlüsselbegriff

Integration ist zu einem zentralen Anliegen der deutschen Innenpolitik geworden. Im Koalitionsvertrag der großen Koalition vom November 2005 wird die Integration als »Querschnittsaufgabe vieler Politikbereiche« und als »ein Schwerpunkt der Politik der Bundesregierung« bezeichnet.[1] Die ehemaligen »Ausländerbeauftragten« von Bund, Ländern und Kommunen sind in den letzten Jahren großenteils zu »Integrationsbeauftragten« mutiert. Das Amt der »Beauftragten der Bundesregierung für Migration, Flucht und Integration« hat seinen Sitz neuerdings im Kanzleramt und ist damit symbolisch in das Zentrum der Regierungsmacht gerückt. In Nordrhein-Westfalen gibt es seit Mitte 2005 erstmals einen Landesminister, der neben anderen Aufgabenbereichen den Titel »Integrationsminister« in seiner Amtsbezeichnung führt. Das Nürnberger »Bundesamt für Migration und Flüchtlinge« hatte bereits im Jahre 2002 mit dem Aufbau einer Abteilung Integration begonnen. Im Juli 2006 fand ein Integrationsgipfel im Kanzleramt statt, gefolgt im September von einem Islamgipfel unter Leitung des Bundesinnenministers. Der Integrationsgipfel war Auftaktveranstaltung für die Erarbeitung eines Nationalen Integrationsplans, mit dem sechs parallel tagende Arbeitsgruppen befasst worden sind. Man könnte die Liste der Beispiele leicht verlängern.

An die Stelle der Einwanderungsdebatte der 1990er Jahre ist die Integrationsdebatte getreten. Dies ist ein Fortschritt. Die seit mindestens zwanzig Jahren offenkundig anachronistisch gewordene Frage, ob

1 | Gemeinsam für Deutschland – mit Mut und Menschlichkeit. Koalitionsvertrag zwischen CDU, CSU und SPD vom 11.11.2005, S. 117.

Deutschland ein Einwanderungsland sei, kann als offiziell erledigt gelten. Zwar findet derzeit kaum noch nennenswerte Einwanderung nach Deutschland statt. Durch die Zuwanderung der vergangenen Jahrzehnte ist Deutschland aber eines der weltweit größten Einwanderungsländer geworden. Dass es sich seiner Verantwortung für die Integration der hier lebenden Menschen mit Migrationshintergrund stellen muss, gilt mittlerweile über die Parteigrenzen hinweg als Konsens. Anerkannt ist außerdem, dass die daraus resultierenden Aufgaben zahlreiche Politikbereiche betreffen: Sie umfassen Maßnahmen zur frühkindlichen Sprachförderung und zum Abbau struktureller Diskriminierungen im Schulsystem genauso wie aufenthaltsrechtliche Reformen zum Schutz der Opfer familiärer Gewalt, Förderprogramme zur besseren Arbeitsmarktintegration oder interkulturelle Trainings für die kommunale Verwaltung.[2] Auch Außenpolitik und Entwicklungspolitik sind von integrationspolitischen Gesichtspunkten mit geprägt. Ähnlich gilt dies für die Europapolitik. So hat der Europäische Rat im November 2004 gemeinsame Grundprinzipien für eine kohärente europäische Integrationspolitik festgelegt.[3]

Die allseitige Berufung auf die Notwendigkeit von Integration sollte allerdings den Blick nicht dafür trüben, dass die damit verbundenen politischen Zielvorstellungen im Einzelnen sehr unterschiedlich sein können. Der Integrationsbegriff löst anscheinend vielfältige Assoziationen aus, so dass er von Menschen mit den verschiedensten politischen Überzeugungen und Interessen für ihre Positionen in Anspruch genommen werden kann: Während die einen beim Stichwort Integration an das Ziel gleichberechtigten Zusammenlebens von Zugewanderten und Altansässigen denken, lassen sich andere von kontrollpolitischen Interessen leiten und fordern Integration in erster Linie als Anpassungsleistung von eingewanderten Minderheiten an die Lebensweise der Mehrheitsbevölkerung ein. Der Integrationsbegriff kann sich mit Vorstellungen eines gesellschaftlichen »Empowerment« von diskriminierten Minderheiten verbinden oder aber in die Nähe kultureller Assimilationserwartungen rücken. Er kann einladend klingen, gelegentlich aber auch einen drohenden Unterton annehmen.

Die Offenheit für unterschiedliche, ja konträre politische Zielsetzungen bleibt auch dann bestehen, wenn die Aufgabe der Integration mit der auch in anderen Politikbereichen beliebten Formel vom »Fördern und Fordern« umrissen wird, wie dies mittlerweile parteienübergreifend

---

2 | Vgl. Migration und Integration – Erfahrungen nutzen, Neues wagen. Jahresgutachten 2004 des Sachverständigenrats für Zuwanderung und Integration, Berlin 2004, S. 244ff.

3 | Council Document 14615/04 vom 19.11.2004.

geschieht. Denn immer noch offen bleibt dabei, was jeweils unter »Fördern« und »Fordern« zu verstehen ist und wie das Verhältnis beider Komponenten gedacht werden soll: In welchem Maß darf die staatliche Vergabe sozialer Transferleistungen als Bestandteil eines pragmatisch handhabbaren politischen Förderinstrumentariums eingesetzt werden? Konzentrieren sich die staatlichen Forderungen nach Integrationsleistungen seitens der Zugewanderten auf den gebotenen Respekt der Verfassungsordnung und notwendige Kenntnisse der Landessprache, oder erstrecken sie sich darüber hinaus auf die Einpassung in eine wie immer im Einzelnen definierte verbindliche »Leitkultur«? Kann der Staat in Fällen von »Integrationsverweigerung« aufenthaltsrechtliche oder sozialrechtliche Sanktionen einsetzen? Wenn ja, welche Voraussetzungen müssen dafür gegeben sein, und wie weit dürfen solche Sanktionen reichen?

Angesichts der Unbestimmtheit des Integrationsbegriffs wird gelegentlich Unbehagen gegenüber seiner breiten Verwendung im politischen Diskurs geäußert.[4] Dies ist zwar verständlich. Alternativvorschläge sind bislang allerdings nicht bekannt geworden oder haben sich zumindest nicht durchsetzen können. Vielmehr kommen auch diejenigen, die die Berufung auf Integration als eine »Leerformel« kritisieren, in der Praxis nicht umhin, diesen Begriff schließlich doch zu verwenden. Es ist offensichtlich schwierig, einen anderen Leitbegriff zu finden, der die vielfältigen Aufgaben der politischen Gestaltung des Zusammenlebens in der Einwanderungsgesellschaft bezeichnen könnte.

Statt die semantische Unschärfe des Integrationsbegriffs zu beklagen, ist es sinnvoller, die Anforderungen an eine Integrationspolitik näher zu bestimmen. Im Folgenden konzentriere ich mich auf einen Aspekt innerhalb des Integrationsdiskurses, nämlich die gebotene – allerdings noch näher zu qualifizierende – Anerkennung des kulturellen und religiösen Pluralismus, der durch die Einwanderung der letzten Jahrzehnte zwar nicht erst entstanden, wohl aber erheblich ausgeweitet worden ist.

1.2 Abkehr von der multikulturellen Gesellschaft?

Anders als der Begriff der Integration, der heute von allen Seiten aufgegriffen wird, hat der Begriff der multikulturellen Gesellschaft in Deutschland nie als konsensstiftende politische Idee fungiert. Er war immer

4 | Vgl. Christoph Schumann, »Integration aus Sicht von Muslimen in Deutschland«, in: Petra Bendel/Mathias Hildebrandt (Hg.), Integration von Muslimen, München 2006, S. 53-75, bes. S. 54ff.

umstritten und gab nicht selten Anlass für politische Polarisierungen. Mittlerweile lässt sich feststellen, dass – geradezu komplementär zur allgemeinen Berufung auf die Notwendigkeit von Integration – eine beinahe allgemeine Abkehr vom Konzept des Multikulturalismus stattgefunden hat. Das gängige Kürzel »Multikulti« hat inzwischen über die politischen Lagergrenzen hinweg einen abschätzigen Klang angenommen. Hinter der allenthalben zu beobachtenden Abkehr von der multikulturellen Gesellschaft können sich unterschiedliche Motive verbergen. Drei Motivebenen möchte ich unterscheiden: (1) eine generelle Relativierung des Faktors »Kultur« in der jüngeren Migrations- und Integrationsdiskussion, die die Bedeutung sozialer Faktoren stärker in den Blick nimmt; (2) eine gewachsene Sensibilität für manche zuvor verdrängte Schattenseiten der multikulturellen Gesellschaft; schließlich (3) ein antipluralistisches Ressentiment gegen Menschen mit Migrationshintergrund.

(1) In jüngerer Zeit lässt sich ein Perspektivwechsel hin zu einer verstärkten Aufmerksamkeit für die Bedeutung *sozialer Faktoren* im Integrationsprozess verzeichnen; dadurch wird die für die Integrationsdebatte bislang typische einseitige Fokussierung auf die Kultur der Eingewanderten aufgebrochen und relativiert. Ein solcher Perspektivwechsel weg von der Fixierung auf kulturelle Fragen der Migration und Integration war längst überfällig. So haben beispielsweise die PISA-Studien deutlich gemacht, in welch hohem Maße Bildungsprobleme von Kindern mit Migrationshintergrund durch das hochselektive deutsche Schulsystem – und nicht etwa durch eine primär durch »kulturelle Herkunft« erklärbare Leistungsverweigerung – bedingt sind.[5] Der jüngste Berufsbildungsbericht der Bundesregierung hat einmal mehr gezeigt, dass Jugendliche aus Migrationsfamilien bei der Vergabe von Ausbildungsplätzen diskriminiert werden, da ihre Chancen auf eine Lehrstelle gegenüber autochthon Deutschen selbst bei gleichwertigen Schulabschlüssen deutlich geringer ausfallen.[6] Es ist offenkundig, dass auch Segregationstendenzen in bestimmten Stadtvierteln wie Berlin-Neukölln oder Duisburg-Marxloh nicht angemessen als kulturelle Eroberungsprojekte (etwa zum Zweck der Schaffung einer islamischen »Parallelgesellschaft«)

5 | Vgl. dazu Mona Motakef, Das Menschenrecht auf Bildung und der Schutz vor Diskriminierung. Exklusionsrisiken und Inklusionschancen. Studie des Deutschen Instituts für Menschenrechte, Berlin 2006.

6 | Vgl. Bundesministerium für Bildung und Forschung, Berufungsbildungsbericht 2006, z.B. S. 105.

beschrieben werden können, sondern womöglich weit stärker mit der Entwicklung des lokalen Mietspiegels zusammenhängen.[7]

In dem Maße, in dem die Integrationsdebatte soziale Faktoren – Schichtzugehörigkeit, Armut, Bildungsnähe bzw. Bildungsferne, Marktmechanismen, Diskriminierungserfahrungen usw. – in den Blick nimmt, tritt die Bedeutung von »Kultur« in der Diskussion tendenziell zurück. Dies hat auch Auswirkungen auf die Rede von der multikulturellen Gesellschaft. Die Gefahr, dass eine einseitige Fixierung auf tatsächliche oder vermeintliche kulturelle Differenzen von der Realität alltäglicher Ausgrenzungserfahrungen und struktureller Diskriminierungen ablenkt, ist stärker zu Bewusstsein gekommen – mit der sinnvollen Folge eines vorsichtigeren Umgangs auch mit dem Begriff des Multikulturalismus.

(2) Ein weiteres Motiv, das die zunehmende Skepsis gegenüber dem Begriff des Multikulturalismus begründet, besteht in der gewachsenen Sensibilität für manche Schattenseiten der Einwanderungsgesellschaft. Dazu zählen Erfahrungen von Kommunikationsabbrüchen in Schule und Nachbarschaft, Angst vor religiösem Fundamentalismus oder die Sorge um emanzipatorische Errungenschaften im Geschlechterverhältnis, die durch eine kulturell oder religiös untermauerte Restauration traditioneller Männlichkeits- und Weiblichkeitsstereotypen konterkariert werden. Geradezu als Fanale wirkten in der Öffentlichkeit zwei Mordfälle: das Attentat auf den Islamkritiker Theo van Gogh im November 2004 in Amsterdam und die Ermordung der jungen Berlinerin Hatun Sürücü im Februar 2005.

Der Mord an van Gogh durch einen fanatisierten Muslim führte in den Niederlanden zu Ausschreitungen gegen Menschen mit muslimischem Hintergrund sowie zu einigen Brandanschlägen auf Moscheen.[8] Die Folgewirkungen blieben nicht auf die Niederlande beschränkt, sondern erstreckten sich auch auf Deutschland. Da der niederländische Pragmatismus im Miteinander oder Nebeneinander unterschiedlicher kultureller Gruppen in Deutschland lange Zeit als Vorbild für multikulturelle Koexistenz gehandelt worden war, musste sich die offenkundige Krise dieses Modells, dessen weniger freundliche Seiten mit einem Schlag zu Tage traten, auch auf die deutsche Multikulturalismusdebatte auswirken. Dies geschah teilweise in lautstarken Distanzierungen von

7 | Vgl. Wilhelm Heitmeyer/Reimund Anhut (Hg.), Bedrohte Stadtgesellschaften. Soziale Desintegrationsprozesse und ethnisch-kulturelle Konfliktkonstellationen, Weinheim/München 2000.

8 | Vgl. Geert Mak, Der Mord an Theo van Gogh. Geschichte einer moralischen Panik, Frankfurt a.M. 2005.

der multikulturellen Gesellschaft, der in einer Bundestagsdebatte im Dezember 2004 von einigen Abgeordneten bereits das endgültige Scheitern attestiert wurde. Seit der Ermordung van Goghs hat der Begriff der »Parallelgesellschaft« sich in der Multikulturalismusdebatte Deutschlands de facto durchgesetzt.[9]

Hatun Sürücü wurde Opfer eines sogenannten »Ehrenmordes«, geplant und durchgeführt im engsten Kreis ihrer Familie. Sie war alleinerziehende Mutter, die im Alter von 15 Jahren an einen Cousin in der Türkei verheiratet worden war. Um sich aus der unglücklichen und wohl von Anfang an ungewollten Ehe zu befreien, hatte sie den Bruch mit ihrer Familie in Kauf genommen. Ihre Ermordung wurde zum Anlass einer öffentlichen Diskussion über Zwangsverheiratungen, atavistische Vorstellungen von Geschlechterehre und autoritäre Familienstrukturen, wie es sie in Deutschland in dieser Breite zuvor nicht gegeben hatte. Dass autoritäre Milieustrukturen in der Einwanderungsgesellschaft massive Beeinträchtigungen der Menschenrechte insbesondere von Frauen und Mädchen mit sich bringen, war für manche eine neue Einsicht. Mögliche Bruchstellen zwischen Menschenrechtsdiskurs und Multikulturalismusdiskurs kamen deutlicher als zuvor ans Licht.

(3) Die gestiegene Aufmerksamkeit für soziale Faktoren im Integrationsprozess und die öffentliche Thematisierung von zuvor weitgehend ignorierten Schattenseiten der Einwanderungsgesellschaft erklären die Abkehr vom Konzept der multikulturellen Gesellschaft aber nur zum Teil. Vor allem erklären sie nicht den verächtlichen Tonfall, mit dem »Multikulti« gern bedacht wird. Darin drückt sich offensichtlich vielfach ein Ressentiment gegenüber der pluralistischen Einwanderungsgesellschaft aus, deren Realität – der mittlerweile erfolgten offiziellen politischen Anerkennung zum Trotz – anscheinend immer noch vielen Menschen suspekt ist. Dies zeigte sich deutlich in der teilweise sehr emotionalen Diskussion, die im Frühjahr 2006 um Grundsätze der Einbürgerungspolitik losbrach. Dabei wurde viel Kreativität in immer wieder neue Vorschläge möglicher Sanktionen gegenüber »Integrationsverweigerern« investiert. Mancher Debattenredner ließ den Eindruck entstehen, als gehe es ihm letztlich um einen *Roll-back* hinter die Ende der 1990er Jahre parteienübergreifend erreichte Anerkennung der Einwanderung.

Durch den generellen Klimawechsel gegen die multikulturelle Gesellschaft sehen sich nicht zuletzt diejenigen ermutigt, die sich durch antirassistische Usancen – die viel beschworene »political correctness« –

9 | Kritisch dazu: Wolfgang Kaschuba, »Wie Fremde gemacht werden. Das Gerede von der Parallelgesellschaft ist nicht nur falsch. Es ist als Argumentationsmuster sogar gefährlich«, in: Der Tagesspiegel vom 14.01.07, S. 8.

nicht länger daran hindern lassen wollen, endlich Klartext gegen die Migrationsbevölkerung und deren »fremde Kulturen« zu sprechen.[10] Dies zeigt sich beispielsweise bei lokalen Protestveranstaltungen gegen Moscheebauprojekte, die typischerweise ein breites Echo in den Leserbriefspalten der Lokalpresse finden.[11] An die Widerstandsaktionen gegen einen geplanten Moscheebau im Berliner Bezirk Pankow haben sich auch rechtsextreme Parteien und Organisationen mit Hassparolen gegen »Multikulti« angehängt.

Man geht sicher nicht falsch in der Annahme, dass hinter der teilweise aggressiven Abwehr des Multikulturalismus ein gehöriges Maß an Islamophobie steckt, die laut Umfragen in den letzten Jahren erheblich angewachsen ist.[12] Menschen mit muslimischem Hintergrund sehen sich oft einem Pauschalverdacht ausgesetzt, dass sie eigentlich nicht in die westliche Gesellschaft integrierbar seien. Viele von ihnen sind es mittlerweile leid, stets aufs Neue Bekenntnisse zur hiesigen Verfassungsordnung abgeben zu müssen, denen, so ihr Eindruck, letztlich doch kein Glauben geschenkt wird. Selbst solche muslimischen Migrantinnen oder Migranten, die den gesellschaftlichen Aufstieg geradezu modellhaft geschafft haben, einen akademischen Abschluss besitzen und einer gut bezahlten Arbeit nachgehen, berichten gelegentlich, dass ihre Kinder es trotz deutscher Staatsangehörigkeit inzwischen aufgegeben haben, sich als Deutsche zu bezeichnen.

1.3 Aufgeklärter Multikulturalismus

Während der Begriff der Integration heute parteienübergreifend allgemeine Zustimmung findet, stößt das Konzept der multikulturellen Ge-

10 | Vgl. Dieter Oberndörfer, »Nation, Multikulturalismus und Migration – auf dem Weg in die postnationale Republik?«, in: IMIS-Beiträge 30/2006, S. 7-21, hier S. 16: »Die Überlieferung des völkischen Nationalismus lebt in der Polemik gegen den Multikulturalismus, gegen die Präsenz ›fremder‹ Kulturen in Deutschland, weiter.«

11 | Vgl. dazu grundlegend: Jörg Hüttermann, Das Minarett. Zur politischen Kultur des Konflikts um islamische Symbole, Weinheim/München 2006.

12 | Vgl. Jürgen Leibold/Steffen Kühnel, »Islamophobie. Differenzierung tut not«, in: Wilhelm Heitmeyer (Hg.), Deutsche Zustände, Bd. 4, Frankfurt a.M. 2006, S. 135-155; European Monitoring Centre on Racism and Xenophobia (EUMC), Muslims in the European Union. Discrimination and Islamophobia, Wien 2006; Elisabeth Noelle/Thomas Petersen, »Eine fremde, bedrohliche Welt«, in: Frankfurter Allgemeine Zeitung vom 17.05.2006, S. 5.

sellschaft aus unterschiedlichen Gründen derzeit weithin auf Skepsis und eine nicht selten aggressive Ablehnung. Dies birgt das Risiko, dass sich eine diskursive Konstellation festsetzt, in der Integration und Multikulturalismus als einander widersprechende Zielvorstellungen erscheinen.[13] *»Integration statt Multikulti«* könnte dafür das Motto abgeben. Ein Integrationsdiskurs, der auf der Prämisse aufbaut, dass der Multikulturalismus gescheitert sei oder jedenfalls keine sinnvolle integrationspolitische Perspektive darstelle, könnte jedoch fatale Signalwirkungen entfalten. Er würde signalisieren, dass Menschen mit einer Einwanderungsgeschichte nur dann als Mitglieder dieser Gesellschaft willkommen sind, wenn sie bereit sind, sich möglichst unauffällig in die Gesellschaft einzufügen und auf die Pflege ihrer kulturellen Besonderheiten zu verzichten, die allenfalls noch im privaten Raum stattfinden könnte.

Gegen die Gefahr einer antipluralistischen Engführung des Integrationsdiskurses möchte ich für eine qualifizierte Anerkennung des Multikulturalismus plädieren. Die erforderliche Anerkennung gilt zunächst der irreversiblen *Realität* der multikulturellen Gesellschaft. Deren Kenntnisnahme sollte als Grundlage jeder Integrationspolitik eigentlich selbstverständlich sein. Wie Klaus Bade schreibt: »Die Bundesrepublik Deutschland ist de facto längst ein Land mit kultureller Vielfalt geworden – ob man diese Entwicklung seinerzeit so akzeptieren wollte oder nicht. Was für die gesellschaftspolitische Gestaltung zählt, ist die gesellschaftliche Realität, die man in einem liberalen Rechtsstaat nicht rückwirkend verändern kann.«[14] Über die Anerkennung der schlichten Realität von Multikulturalität hinaus geht es aber auch um das *normative Selbstverständnis* einer liberalen Gesellschaft, die sich durch den Respekt grundlegender Freiheitsrechte definiert. Dazu zählen auch solche Freiheitsrechte, die den Menschen den Raum zur Entfaltung unterschiedlicher kultureller Lebensformen garantieren, und zwar nicht nur im privaten Bereich, sondern auch in der Öffentlichkeit. Eine Gesellschaft, die sich menschenrechtlicher Freiheit verpflichtet fühlt, kommt unter den Bedingungen moderner Migrationsbewegungen daher nicht daran vorbei, ein prinzipiell affirmatives Konzept für den Umgang mit kultureller Vielfalt auszubilden und sich in diesem Sinne auch offensiv als multikulturelle Gesellschaft zu verstehen.

---

13 | Auf diese Gefahr verweist auch Rita Süssmuth, Migration und Integration. Testfall für unsere Gesellschaft, München 2006: »Oft ist Assimilation gemeint, wenn von Integration die Rede ist.«

14 | Klaus J. Bade, »Migration, Integration und kulturelle Vielfalt: historische Erfahrungen und aktuelle Herausforderungen«, in: Cappenberger Gespräche, Bd. 34, Stuttgart 2006, S. 1-22, hier S. 7.

Die Anerkennung der multikulturellen Gesellschaft – als Realität und als politisches Konzept – hat nichts mit naiver Romantisierung kultureller »Buntheit« zu tun. Solche Assoziationen kommen offenbar schnell auf, sobald vom multikulturellen Zusammenleben die Rede ist. Demgegenüber sollte klargestellt werden, dass die in den letzten Jahren gewachsene öffentliche Sensibilität für manche zuvor ignorierten Schattenseiten der real existierenden multikulturellen Einwanderungsgesellschaft auf keinen Fall verloren gehen darf. Denn es handelt sich dabei um die Ergebnisse teilweise schmerzlicher Prozesse gesellschaftlicher Selbstaufklärung. Sie müssen Eingang finden in ein Konzept zur Gestaltung multikulturellen Zusammenlebens, das ich als »aufgeklärten Multikulturalismus« bezeichnen möchte.

Zu einem aufgeklärten Multikulturalismus gehört ein behutsamer und reflektierter Umgang mit dem Kulturbegriff, der um die Kontingenz kultureller Konstrukte weiß. Kulturen sind keine Entitäten sui generis, sie sind keine »Volksgeister« im Herder'schen Sinne, und sie haben auch nicht ihre unveränderlichen Charakterzüge, wie noch Clifford Geertz meinte.[15] Wer Kulturen zu Schicksalsmächten stilisiert, denen die einzelnen Menschen als bloße Glieder subsumiert werden, leistet damit letztlich einem autoritären Denken Vorschub, wie es als Ethnopluralismus im Umfeld der neuen Rechten propagiert wird. Gegen stets drohende Essentialisierungen ist es sinnvoll, den Kulturbegriff eher adjektivisch zu verwenden und zum Beispiel von »kulturellen Kontexten« zu sprechen. Um deutlich zu machen, dass solche Kontexte beweglich bleiben, ist Vorsicht gegenüber der im Deutschen gängigen Metapher von den »Kulturkreisen« angezeigt, die suggeriert, es gebe klare Grenzziehungen sowie Möglichkeiten eindeutiger Unterscheidung von Mitte und Rand, Innen und Außen.[16] Schließlich gehört zu einem reflektierten Umgang mit dem Kulturbegriff das Bewusstsein, dass bei der Analyse gesellschaftlicher Praxis kulturelle Faktoren niemals isoliert von sozialen Faktoren betrachtet werden können.

Auch in normativer Hinsicht kann sich ein aufgeklärter Multikulturalismus nicht einem essentialistischen Kulturbegriff verschreiben, der

---

15 | Vgl. Clifford Geertz, Religiöse Entwicklungen im Islam. Beobachtet in Marokko und Indonesien, Frankfurt a.M. 1991, S. 28.

16 | Eine solche Vorstellung steht offensichtlich Pate bei der viel zitierten Huntington-These vom »Clash of Civilizations«. Huntington unterstellt nämlich für seine »Zivilisationen« genannten Großkulturen die Notwendigkeit von »core countries«, denen eine politische Ordnungsfunktion innerhalb des jeweiligen großkulturellen Territoriums zukommen soll. Vgl. Samuel P. Huntington, The Clash of Civilizations and the Remaking of World Order, New York 1996.

Kulturen gleichsam zu kollektiven Wesenheiten stilisiert. Sonst bestünde in der Tat die Gefahr, vor der Alain Finkielkraut bereits vor fast zwanzig Jahre warnte, nämlich dass Menschen im Namen multikultureller Differenz in eine vorgefertigte kulturelle »Livree« gesteckt würden.[17] Demgegenüber muss klar sein, dass die Subjekte der gebotenen Anerkennung nicht »Kulturen« als solche sind, auch nicht kulturelle Identitäten oder religiös-kulturelle Traditionen, sondern die *Menschen*, die solche kulturellen Traditionen tragen oder auch nicht mehr tragen wollen und die ihre je eigenen Identitäten ausbilden und verändern. Nur Menschen – als Individuen und in ihrer kommunikativen Praxis in Gemeinschaft und Gesellschaft – können einen Anspruch auf Anerkennung geltend machen. Dieser Anspruch findet in der modernen Gesellschaft seine institutionelle Gestalt in fundamentalen Rechten freier Selbstbestimmung, die jedem Menschen gleichermaßen zukommen und deshalb *Menschenrechte* genannt werden.

Für das Konzept eines aufgeklärten Multikulturalismus bilden die Menschenrechte den Schlüssel. Dies gilt in einem komplexen Sinne: Zum einen verlangt der in den Menschenrechten formulierte Anspruch auf freie und gleichberechtigte Selbstbestimmung Respekt für eine Vielfalt kultureller Ausdrucks- und Lebensformen. Diese Vielfalt ist allerdings nicht als Selbstzweck zu achten; vielmehr geht es immer zuvörderst um die Freiheit und Gleichberechtigung der *Menschen*, die die eigentlichen Subjekte menschenrechtlicher Ansprüche sind. Zum anderen impliziert der Menschenrechtsansatz auch Grenzen dessen, was im Namen kultureller Vielfalt akzeptiert werden kann. Er schließt die Anerkennung autoritärer und diskriminierender Praktiken, selbst wenn diese im Namen von Religion oder Kultur propagiert werden sollten, kategorisch aus. Indem sie den legitimen kulturellen Pluralismus vom Anspruch auf freie und gleichberechtigte Selbstbestimmung der Menschen her *begründen*, ziehen die Menschenrechte dem Konzept einer multikulturellen Gesellschaft somit klarere normative Konturen und auch *Grenzen* ein. Von den Menschenrechten her lässt sich insofern ein Konzept von Multikulturalismus entwickeln, das das Gegenteil jener Beliebigkeit ist, die in der abwertenden Rede von »Multikulti« oft als Unterstellung mitschwingt.

Ein auf die Menschenrechte verpflichtetes Konzept des Multikulturalismus mit dem Prädikat der Aufklärung zu versehen, bietet sich deshalb an, weil die Menschenrechte selbst Movens und Ergebnis jenes unabgeschlossenen gesellschaftlichen Lernprozesses sind, den wir als Aufklä-

17 | Vgl. Alain Finkielkraut, Die Niederlage des Denkens, Reinbek bei Hamburg 1989, S. 111.

rung bezeichnen. Unter Aufklärung verstehe ich nicht primär eine bestimmte Schultradition, sondern das Bemühen um kritisch-analytische Durchdringung gesellschaftlicher Praxis und kommunikative Auslegung handlungsleitender normativer Orientierungen, einschließlich ihrer institutionellen Manifestationen. Aufklärung in diesem Sinne ist nicht eine exklusive Errungenschaft westlicher Kultur, die es lediglich in postaufklärerischer Gewissheit zu behaupten gilt, sondern muss sich, will sie ihrem kommunikativen Anspruch treu bleiben, für interkulturelle Auseinandersetzungen offen zeigen.[18]

In menschenrechtlicher Perspektive gehören eine freiheitliche Integrationspolitik und die recht verstandene Anerkennung der multikulturellen Gesellschaft inhaltlich zusammen.[19] Dies ist die Botschaft, die in den folgenden Kapiteln entfaltet wird. Daraus ergeben sich die thematischen Schwerpunkte und Grenzen. Nicht erörtert werden Fragen, die den Migrationsprozess als solche betreffen – etwa Fragen von Flucht und Asyl, Familiennachzug, Arbeitsmigration, irregulärer Migration und Menschenhandel. Die menschenrechtliche Brisanz dieser Themen ist evident; ihre angemessene Behandlung würde aber den Rahmen des vorliegenden Buches sprengen. Dieses konzentriert sich auf die Erörterung menschenrechtlicher Themen, die sich durch die Ausweitung des kulturellen Pluralismus der bereits hier lebenden Menschen stellen.[20]

Der erste Teil dieses Buches ist den menschenrechtlichen Grundlagen gewidmet. Er beginnt in Kapitel 2 mit einem allgemeinen Exposé des Menschenrechtsanspruchs, der von der Verbindung dreier Komponenten – des normativen Universalismus, einer emanzipatorischen Ausrichtung und der politisch-rechtlichen Durchsetzungsintention – her bestimmt wird. Obwohl dieser Anspruch historisch zunächst im Westen artikuliert

18 | In meinem Verständnis von Aufklärung orientiere ich mich vor allem an Kant. Dessen Forderung nach »Ausgang aus der selbstverschuldeten Unmündigkeit« impliziert einen mäeutischen Ansatz, der heute der Ergänzung durch interkulturelle Hermeneutik bedarf. Vgl. Heiner Bielefeldt, Symbolic Representation in Kant's Practical Philosophy, Cambridge 2003.

19 | So auch die Empfehlungen der Global Commission on International Migration, Migration in einer interdependenten Welt: Neue Handlungsprinzipien. Bericht der Weltkommission für internationale Migration (Oktober 2005), deutsche Ausgabe Berlin 2006, S. 45. Deutsches Mitglied der Kommission ist Rita Süssmuth.

20 | Die hier vorgenommene Fokussierung auf kulturellen Pluralismus soll nicht suggerieren, dass kulturelle Differenz per se wichtiger sei als andere Unterscheidungen, etwa die Differenz der Geschlechter oder der verschiedenen Altersgruppen.

und wirksam wurde, sind die Lernprozesse und Lernergebnisse menschenrechtlicher Aufklärung von vornherein auf interkulturelle Kommunikabilität hin angelegt. Dies soll gegen Tendenzen einer kulturgenetischen Vereinnahmung der Menschenrechte zu einer vermeintlich exklusiv »westlichen« Errungenschaft in Kapitel 3 dargelegt werden. Kapitel 4 greift die Mehrdeutigkeit des Multikulturalismusbegriffs auf, der von Haus aus sowohl für autoritäre als auch für liberale Auslegungen offen steht, und konturiert daran anschließend einen von den Menschenrechten her gedachten aufgeklärten Multikulturalismus. Der Grundlagenteil endet in Kapitel 5 mit Überlegungen zum Prinzip der religiös-weltanschaulichen Neutralität des Staates, dessen kritische Funktion heute insbesondere gegen religionspolitisch motivierte Aufladungen kulturstaatlicher Identitätsvergewisserungen verteidigt werden muss.

Der zweite Teil des Buches beschäftigt sich mit exemplarischen Konfliktfeldern, die die deutsche Debatte um Integrationspolitik und multikulturelle Gesellschaft in den letzten Jahren geprägt haben und bei denen es vor allem um den Umgang mit muslimischen Minderheiten geht. Kapitel 6 unternimmt in heuristischer Absicht den Versuch, unterschiedliche Konstellationen im Spannungsverhältnis von Grundgesetz und islamischer Scharia zu skizzieren. Es zeigt sich, dass das Bekenntnis von Muslimen zur Scharia keineswegs in jedem Fall eine verfassungswidrige Haltung signalisiert, wie dies gemeinhin unterstellt wird. In Kapitel 7 geht es um die Schwierigkeiten, die bei einer etwaigen Einführung des islamischen Religionsunterrichts – als eines ordentlichen Lehrfachs mit Bekenntnischarakter – bewältigt werden müssen. Die Streitfrage, ob muslimische Lehrerinnen im öffentlichen Schuldienst das Kopftuch tragen dürfen, ist Gegenstand der Erörterungen von Kapitel 8, in denen es in systematischer Hinsicht um den Umgang mit möglichen Widersprüchen zwischen der Religionsfreiheit, der Gleichberechtigung der Geschlechter und anderen menschenrechtlichen Ansprüchen geht. Kapitel 9 ist dem Problemfeld Zwangsverheiratung gewidmet. Es soll deutlich werden, dass das Vorgehen gegen Zwangsverheiratungen interkulturelle Sensibilität erfordert – unter anderem auch deshalb, weil nur auf diese Weise etwaige kulturelle Ressourcen für die Überwindung autoritärer Milieustrukturen ermutigt werden können. Das Buch endet in Kapitel 10 mit Überlegungen zu Sinn und Grenzen von Einbürgerungstests, die in einem den Menschenrechten verpflichteten Rechtsstaat nicht zu Gesinnungstests abgleiten dürfen, und zwar um der Würde des Menschen willen, die in den Menschenrechten Achtung und Schutz erfährt.

Teil I: Menschenrechtliche Grundlagen

2. Der Anspruch der Menschenrechte

Da die in diesem Buch entwickelten Leitlinien für den Umgang mit kulturellem Pluralismus in der Einwanderungsgesellschaft an den Menschenrechten orientiert sind, soll deren Anspruch zunächst kurz erläutert werden. Die Menschenrechte lassen sich durch die Verbindung von drei Komponenten definieren. Es sind dies (1) der normative Universalismus, (2) eine emanzipatorische Zielrichtung und schließlich (3) die politisch-rechtliche Durchsetzungsintention. Nur in der Zusammensicht dieser drei Komponenten erschließt sich das normative Profil der Menschenrechte.[1]

2.1 Normativer Universalismus

Bei den Menschenrechten handelt es sich, wie schon der allgemeine Sprachgebrauch zeigt, um grundlegende Rechte, die jedem Menschen zukommen. Im Unterschied zu solchen Rechtskategorien, die an bestimmte Rollen oder Funktionen in der Gesellschaft anknüpfen – etwa an die Rolle von Mietern oder Vermietern, an die Mitgliedschaft in bestimmten Verbänden und Berufsgruppen oder an den Besitz einer bestimmten Staatsangehörigkeit – sind die Menschenrechte schon *mit dem Menschsein* des Menschen gegeben. In einer aus dem 18. Jahrhundert überkommenen Metapher spricht man noch heute gelegentlich davon, dass die Menschenrechte dem Menschen »angeboren« seien. So beginnt Artikel 1 der Allgemeinen Erklärung der Menschenrechte der Vereinten Nationen von 1948 mit dem Satz: »Alle Menschen sind frei

1 | Näheres dazu bei Heiner Bielefeldt, Philosophie der Menschenrechte. Grundlagen eines weltweiten Freiheitsethos, Darmstadt 1998.

und an Würde und Rechten gleich geboren.«[2] Die Geburtsmetapher verweist auf das *Faktum des Menschenseins* als den Anknüpfungspunkt für die Anerkennung grundlegender Rechte. Auch wenn diese Metapher angesichts der mittlerweile bestehenden Eingriffsmöglichkeiten in vorgeburtliches Leben vielleicht naiv anmutet,[3] behält sie ihren Sinn, indem sie deutlich macht, dass die Menschenrechte nicht das Ergebnis von Leistung oder Verdienst sind, sondern jedem Menschen zustehen, und zwar allein schon deshalb, weil er ein Mensch ist.[4]

In dieser Bezugnahme auf das allgemeine Menschsein besteht der normative Universalismus der Menschenrechte. Er bezeichnet somit *die innere Qualität einer Rechtskategorie* und nicht – oder jedenfalls nicht in erster Linie – den Aspekt der globalen Verankerung menschenrechtlicher Normen in den einschlägigen Konventionen der Vereinten Nationen. Regionale Rechtsinstrumente wie die 1950 vom Europarat verabschiedete Europäische Menschenrechtskonvention (EMRK) sind nicht etwa »weniger universalistisch« als das global ausgerichtete menschenrechtliche Schutzsystem der Vereinten Nationen; denn auch die EMRK knüpft in der Gewährleistung der grundlegenden Rechte an das Menschsein des Menschen an. Dasselbe gilt für einzelstaatliche Menschenrechtsverbürgungen, wie sie zum Beispiel im Grundrechtsabschnitt des Grundgesetzes enthalten sind; auch sie gelten im Jurisdiktionsbereich des Grundgesetzes für jeden Menschen gleichermaßen und sind insofern Ausdruck des normativen Universalismus der Menschenrechte.[5]

Die in der völkerrechtlichen Literatur häufig zu findende (explizite

---

2 | Zitiert nach Christian Tomuschat (Hg.), Menschenrechte. Eine Sammlung internationaler Dokumente zum Menschenrechtsschutz, 2. erw. Aufl., Bonn 2002, S. 39. Alle weiteren Zitate aus UN-Menschenrechtsdokumenten sind, sofern nicht anders vermerkt, der von Tomuschat herausgegebenen Sammlung entnommen.

3 | Vgl. dazu Jürgen Habermas, Die Zukunft der menschlichen Natur. Auf dem Weg zu einer liberalen Eugenik?, Erweiterte Ausgabe, Frankfurt a.M. 2005.

4 | Vgl. Paul Tiedemann, Was ist Menschenwürde? Eine Einführung, Darmstadt 2006, S. 21.

5 | Die Begriffe »Menschenrechte« und »Grundrechte« sind nicht deckungsgleich. Auf der einen Seite gibt es Menschenrechte (z.B. zahlreiche wirtschaftliche und soziale Rechte), die im Grundrechtsabschnitt des Grundgesetzes nicht aufgeführt, gleichwohl aufgrund völkerrechtlicher Bindungen von der Bundesrepublik Deutschland anerkannt sind. Auf der anderen Seite enthält der Grundrechtsabschnitt des Grundgesetzes neben ausdrücklichen Menschenrechten einige Rechte, die an die deutsche Staatsbürgerschaft geknüpft sind.

oder implizite) Gleichsetzung des menschenrechtlichen Universalismus mit den globalen Institutionen des Menschenrechtsschutzes – also mit den Instrumenten, die im Rahmen der Vereinten Nationen entstanden sind – birgt die Gefahr einer kategorialen Verkürzung des Menschenrechtsanspruchs. Dass den Vereinten Nationen eine unverzichtbare Aufgabe bei der Formulierung und Durchsetzung weltweit geltender Menschenrechtsstandards zukommt, soll natürlich nicht bestritten werden. Eine einseitige Fokussierung auf die Ebene der Vereinten Nationen könnte aber einem Missverständnis Nahrung geben, dem schon Hannah Arendt erlegen war,[6] nämlich dass die Menschenrechte nur gleichsam die äußerste, »abstrakteste« Sphäre menschheitsweiter rechtlicher Verbindlichkeiten repräsentieren – scheinbar weit entfernt von den handfesteren Gerechtigkeitsfragen, die sich in der alltäglichen Politik und zumal in der Innenpolitik stellen. Die vorschnelle Assoziierung des menschenrechtlichen Universalismus mit der globalen Ebene hat insofern zur Konsequenz, dass eine Berufung auf Menschenrechte in der innenpolitischen Diskussion eher selten vorkommt und, wenn dies dann doch einmal geschieht, typischerweise Abwehrreaktionen auslöst.

Es ist deshalb wichtig klarzustellen, dass mit dem Universalismus der Menschenrechte vorrangig etwas anderes gemeint ist, nämlich *die innere Qualität von Rechten,* die an das bloße Faktum des Menschseins anknüpfen. Der Gegenbegriff zum Universalismus der Menschenrechte ist, so gesehen, nicht etwa eine regionale (im Unterschied zur globalen) Institutionalisierung grundrechtlicher Gewährleistungen. Vielmehr wäre der *Gegenbegriff* zum menschenrechtlichen Universalismus ein rechtlicher *Partikularismus:* Sofern grundlegende Rechte von partikularen Bedingungen – Vorleistungen, persönlichen Merkmalen, gesellschaftlichen Statuspositionen usw. – abhängig gemacht würden, wäre ein rechtlicher Partikularismus gleichbedeutend mit Exklusion und Diskriminierung. Im Gegenzug gilt, dass Menschenrechte Ansprüche auf *Inklusion und Nicht-Diskriminierung* formulieren. Genau darin besteht ihr normativer Universalismus.

Der Grund für die Gewährleistung fundamentaler Rechte für alle Menschen liegt in der *Würde des Menschen.* Die Allgemeine Erklärung der Menschenrechte der Vereinten Nationen von 1948 stellt in der Präambel fest, dass »die Anerkennung der innewohnenden Würde und der gleichen und unveräußerlichen Rechte aller Mitglieder der menschlichen Familie die Grundlage der Freiheit, der Gerechtigkeit und des Friedens

6 | Vgl. Hannah Arendt, »Es gibt nur ein einziges Menschenrecht«, in: Die Wandlung 4 (1949), S. 754-770; dies, Elemente und Ursprünge totaler Herrschaft, 2. Aufl., München/Zürich 1974, S. 452ff.

in der Welt« bildet. Die von den Vereinten Nationen verabschiedeten Menschenrechtskonventionen, in denen die Inhalte der Allgemeinen Erklärung von 1948 rechtsverbindlich ausgestaltet und weiter ausdifferenziert werden, nehmen diese Eingangsformulierung in ihre Präambeln auf und binden die Menschenrechte damit durchgehend an die Anerkennung der Menschenwürde zurück. Unter dem Einfluss der Allgemeinen Erklärung der Menschenrechte verweist auch das Grundgesetz der Bundesrepublik Deutschland in Artikel 1 auf den normativen Zusammenhang zwischen der Würde und den grundlegenden Rechten des Menschen.[7]

Was aber ist unter der Würde des Menschen inhaltlich zu verstehen? Die Antwort auf diese Frage wird in einer weltanschaulich pluralistischen Gesellschaft immer vielstimmig ausfallen. Auf der Ebene der Vereinten Nationen zeigte sich dies bei der Diskussion um die Allgemeine Erklärung der Menschenrechte von 1948. Ein vom brasilianischen Delegierten eingebrachter und von einigen lateinamerikanischen Staaten unterstützter Vorschlag, das Bekenntnis zur Würde des Menschen mit dem biblischen Gedanken der Ebenbildlichkeit Gottes zu untermauern, stieß damals auf Widerspruch und wurde mit großer Mehrheit abgelehnt.[8] Das u.a. vom chinesischen Delegierten vorgebrachte Gegenargument lautete, dass die Menschenwürde durch den Verweis auf das biblische Motiv der Gottesebenbildlichkeit des Menschen in eine jüdisch-christliche Traditionslinie vereinnahmt werden würde. Um der Vielfalt der religiösen, weltanschaulichen und kulturellen Traditionen gerecht zu werden, müsse man von einer umfassenden religiös-weltanschaulichen Begründung der Menschenwürde deshalb abstrahieren. Ein solches Abstraktionserfordernis zeigt sich heute nicht nur auf weltweiter Ebene, sondern auch in den längst pluralistisch und multikulturell gewordenen einzelnen Gesellschaften. Jeder Versuch, die Menschenwürde von Staats wegen beispielsweise auf ein »christliches Menschenbild« hin zu konkretisieren und dies gar verbindlich festzuschreiben, würde zu Recht als

7 | Im Anschluss an das Postulat der unantastbaren Menschenwürde, deren Achtung und Schutz »Verpflichtung aller staatlichen Gewalt« bilden, heißt es: »Das Deutsche Volk bekennt sich darum zu unverletzlichen und unveräußerlichen Menschenrechten als Grundlage jeder menschlichen Gemeinschaft, des Friedens und der Gerechtigkeit in der Welt.«

8 | Vgl. Wolfgang Vögele, »Christliche Elemente in der Begründung von Menschenrechten und Menschenwürde im Kontext der Entstehung der Vereinten Nationen«, in: Hans-Richard Reuter (Hg.): Ethik der Menschenrechte. Zum Streit um die Universalität einer Idee I, Tübingen 1999, S. 103-133, hier S. 122ff.

Diskriminierung Andersdenkender aufgefasst werden und würde den Rechtskonsens gefährden, statt ihn zu stützen.

Im Kontext der Menschenrechte kann es demnach nicht darum gehen, ein umfassendes »weltanschauliches« Verständnis von Menschenwürde festzulegen. Vielmehr besteht das Ziel darin, ungeachtet der bleibenden Unterschiede in den weltanschaulichen Deutungen gleichwohl grundlegende *politisch-rechtliche Konsequenzen* der gebotenen Anerkennung der Menschenwürde zu normieren. Um ein Beispiel zu nennen: Auch wenn Menschen untereinander inkompatible Vorstellungen dessen hegen, was unter der Würde des Menschen im Großen und Ganzen zu verstehen ist, können sie sich darauf verständigen, dass die Folter als gravierender Verstoß gegen die Menschenwürde politisch-rechtlich zu ächten ist.

Bei einer solchen Konzentration auf die Ebene politisch-rechtlicher Gerechtigkeit – d.h. unter bewusster Abstraktion von umfassenden religiös-weltanschaulichen Deutungen – wird der Begriff der Menschenwürde keineswegs inhaltslos. Zum einen steht er für die wesentliche *Gleichheit aller Menschen*. Es ist kein Zufall, dass der Begriff der Würde in den einschlägigen menschenrechtlichen Dokumenten stets im Singular vorkommt. Diese Feststellung ist keineswegs trivial. Bedenkt man, dass der Begriff der Würde im vormodernen Sprachgebrauch vor allem die gestuften »dignitates« (im Plural!) innerhalb einer hierarchischen Ämter- oder Ständeordnung bezeichnete, zeigt sich hier ein bemerkenswerter Bedeutungswandel:[9] Die Würde des Menschen unterscheidet sich von den spezifischen »Würdigkeiten« innerhalb der hierarchischen Ständegesellschaft gerade durch ihre egalitäre Ausrichtung; von der Würde kann deshalb heute nur im Singular die Rede sein. Als universalistisches Prädikat ist der Begriff der Würde heute – anders als im traditionellen Sprachgebrauch – zugleich klar vom Begriff der Ehre zu unterscheiden, der auch heute noch typischerweise an partikulare gesellschaftliche Rollenerwartungen, Statuspositionen oder auch persönliche Verdienste geknüpft wird.[10]

Neben der Funktion zur Legitimierung der wesentlichen Gleichheit

9 | Vgl. Artikel »Würde«, in: Geschichtliche Grundbegriffe. Historisches Lexikon zur politisch-sozialen Sprache in Deutschland, hg. von Otto Brunner/Werner Conze/Reinhard Koselleck, Stuttgart 1978, Bd. 7, S. 637-677.

10 | Vgl. Peter Berger, »On the Obsolescence of the Concept of Honour«, in: Michael Sandel (Hg.), Liberalism and its Critics, New York 1984, S. 149-158. Quer zu dieser Differenzierung zwischen Würde und Ehre steht allerdings der Begriff der »Doktorwürde«, der zeigt, dass die deutsche Universitätslandschaft noch heute Relikte des Feudalismus beherbergt.

aller Menschen dient der Begriff der Würde dazu, die *»Unveräußerlichkeit« grundlegender Rechte des Menschen* zu begründen. Schon in den ersten Menschenrechtsdokumenten des ausgehenden 18. Jahrhunderts findet sich die Formulierung »inalienable rights«, die u.a. in die Allgemeine Erklärung der Menschenrechte von 1948 Eingang gefunden hat und von dort aus in sämtliche Präambeln der UN-Menschenrechtskonventionen sowie in Artikel 1 Absatz 2 des Grundgesetzes übernommen worden ist. Durch das Postulat ihrer Unveräußerlichkeit unterscheiden sich Menschenrechte von solchen Rechtspositionen, über die der Mensch nach eigenem Ermessen verfügen – und auf die er auch verzichten – kann.

Warum aber soll der Mensch auf seine eigenen grundlegenden Rechte nicht verzichten können? Der rechtsethische Grund der Unveräußerlichkeit der Menschenrechte besteht darin, dass der Mensch sich durch den Verzicht auf diese Rechte als *Subjekt eigener Verantwortung* aufgeben würde; die Selbstaufgabe als Verantwortungssubjekt aber kann kein legitimer Akt von Selbstverantwortung sein. Ursprünglich richtete sich der Begriff der »Unveräußerlichkeit« gegen die im 18. Jahrhundert noch virulente und auch von vielen Vertretern der europäischen Aufklärung geteilte Vorstellung, dass Menschen sich selbst (und ihre Nachkommen!) per Vertrag einer absoluten Herrschaft unterstellen oder sogar irreversibel in die Sklaverei verkaufen könnten.[11] Dagegen wendet Kant ein, dass ein Vertrag, »durch den ein Teil zum Vorteil des anderen auf seine ganze Freiheit Verzicht tut, mithin aufhört, eine Person zu sein, folglich auch keine Pflicht hat, einen Vertrag zu halten [...], in sich selbst widersprechend, d.i. null und nichtig« wäre. Und er schließt daraus, dass es »unverlierbare Rechte« gebe, »die der Mensch nicht aufgeben kann, selbst wenn er auch wollte«.[12]

Der Begriff der Unveräußerlichkeit bleibt für das Verständnis der Menschenrechte maßgebend. Er repräsentiert die Einsicht, dass die Menschenrechte, obwohl sie im Medium des positiven Rechts ihre präzise Gestalt und ihre institutionelle Durchschlagskraft gewinnen, doch auch über die Rechtsebene hinausweisen. Sie machen zugleich einen ethischen Anspruch geltend, der zuletzt im Respekt vor der Würde des Menschen als eines zur Selbst- und Mitverantwortung befähigten Sub-

11 | Vgl. Dietmar Willoweit, »Die Veräußerung der Freiheit. Über den Unterschied von Rechtsdenken und Menschenrechtsdenken«, in: Heiner Bielefeldt/Winfried Brugger/Klaus Dicke (Hg.): Würde und Recht des Menschen. Festschrift für Johannes Schwartländer, Würzburg 1992, S. 255-268.

12 | Immanuel Kant, Über den Gemeinspruch: Das mag in der Theorie richtig sein, taugt aber nicht für die Praxis, Akademie-Ausgabe, Bd. VIII, S. 304.

jekts gründet. Der gescheiterte Versuch, in den Vereinten Nationen zum 50. Jahrestag der Menschenrechtserklärung eine »Allgemeine Erklärung der Menschenpflichten« durchzusetzen,[13] war schon deshalb von vornherein ein fragwürdiges Projekt, weil dadurch der Eindruck erweckt wurde, die Menschenrechte bedürften der Ergänzung um eine gleichsam von außen hinzugefügte Dimension ethischer Verpflichtungen. Als »unveräußerlichen Rechten« ist den Menschenrechten diese Dimension jedoch immer schon inhärent.[14]

2.2 Emanzipatorischer Gehalt

Der Respekt der Würde des Menschen als Verantwortungssubjekt manifestiert sich politisch-rechtlich darin, dass jedem Menschen die fundamentalen Rechte freier Selbstbestimmung gewährleistet werden. In dieser Aufgabe haben alle Menschenrechte ihren gemeinsamen Fokus. Alle Menschenrechte sind demnach *Freiheitsrechte*, die, weil sie jedem Menschen gleichermaßen zukommen, zugleich auch *Gleichheitsrechte* sind. In dieser inneren Verbindung von Freiheit und Gleichheit besteht der emanzipatorische Gehalt der Menschenrechte.

Der freiheitliche Anspruch der Menschenrechte ist nicht, wie häufig unterstellt wird, auf die bürgerlichen und politischen Rechte beschränkt, die gern auch als die »liberalen« Menschenrechte bezeichnet werden. Gewiss: Viele dieser bürgerlichen und politischen Rechte – Religionsfreiheit, Meinungsfreiheit, Versammlungsfreiheit, Vereinigungsfreiheit, Berufsfreiheit, freie Anwaltswahl vor Gericht usw. – lassen bereits im Titel erkennen, dass sie der Sicherung freier Selbstbestimmung dienen. Bei näherem Hinsehen aber zeigt sich, dass für die wirtschaftlichen, sozialen und kulturellen Rechte nichts anderes gilt.[15] Das Recht auf Bildung (das international im Pakt über wirtschaftliche, soziale und kulturelle Rechte verbürgt ist) verbessert die Voraussetzungen dafür, dass

13 | Vgl. Helmut Schmidt (Hg.), Allgemeine Erklärung der Menschenpflichten. Ein Vorschlag, München/Zürich 1997.

14 | Dass der Begriff der Menschenwürde über die Ebene des positiven Rechts hinaus auf ethische Evidenzen verweist, bedeutet nicht, dass mit der Würde per se schon eine religiöse, metaphysische oder weltanschauliche Dimension angesprochen ist. Zur Differenz zwischen rechtsethischem und religiös-weltanschaulichem Verständnis der Menschenwürde vgl. unten, Abschnitt 5.4.

15 | Michael Krennerich, »Soziale Rechte sind Freiheitsrechte! Plädoyer für ein freiheitliches Verständnis wirtschaftlicher, sozialer und kultureller Rechte«, in: Jahrbuch Menschenrechte 2007, Frankfurt a.M. 2006, S. 57-66.

Menschen ihr (bürgerlich-politisches) Recht auf Meinungsfreiheit wirksam in Anspruch nehmen können. Dass es darüber hinaus in sich selbst als Freiheitsrecht zu verstehen ist, muss sich auch in Bildungsinhalten und didaktischen Methoden manifestieren. Das Recht auf ein Mindestmaß an sozialer Sicherheit hat die Funktion, einseitigen Abhängigkeiten im Arbeitsleben entgegenzuwirken und damit Optionen selbstbestimmter Lebensführung zu erweitern. Auch das Recht auf angemessene Nahrung, das erst in jüngerer Zeit als Menschenrecht international anerkannt worden ist, formuliert einen freiheitlichen Anspruch; denn es geht dabei niemals nur um in Kalorien und Proteinen zu bemessende Versorgungsansprüche, sondern immer um die Ermöglichung *menschenwürdiger Ernährung* unter Beachtung der freien Selbstbestimmung der Betroffenen.

Zweifellos hat jedes einzelne Menschenrecht seine besondere Schutzrichtung, durch die es sich von anderen menschenrechtlichen Verbürgungen unterscheidet. Hinter der Forderung nach Glaubens- und Gewissensfreiheit oder dem Asylrecht stehen andere historische Unrechtserfahrungen als hinter dem Kampf um freie Gewerkschaftsbildung oder dem Einsatz für das Recht auf informationelle Selbstbestimmung. Auch in der konkreten juristischen Ausgestaltung unterscheiden sich die einzelnen Menschenrechte voneinander. So ist die Religionsfreiheit anders – zum Teil strenger – geschützt als die Meinungsfreiheit; und die Absolutheit, mit der das Folterverbot formuliert ist, lässt sich nicht auf den Datenschutz übertragen. Bei allen konkreten historischen und juristischen Besonderheiten, die den einzelnen Menschenrechten zukommen, gilt aber, dass alle Menschenrechte letztlich in der Funktion übereinkommen, grundlegende Freiheitsansprüche der Menschen zu normieren.

Dieser fundamentale Stellenwert freier Selbstbestimmung für das Verständnis der Menschenrechte zeigt sich paradigmatisch in der Präambel der Allgemeinen Erklärung der Menschenrechte von 1948. Sie enthält ein Zitat jener berühmten »vier Freiheiten«, die der amerikanische Präsident Roosevelt im Januar 1941 proklamiert hatte und die später in die »Atlantik-Charta« der Alliierten aufgenommen wurden: »Rede- und Glaubensfreiheit und Freiheit von Furcht und Not«.[16] Diese vier Freiheiten lassen sich als eine grobe Typologie der verschiedenen einander ergänzenden Arten von Menschenrechten lesen. Während die Redefreiheit für die politischen Freiheitsrechte (z.B. Meinungsfreiheit, Versammlungsfreiheit und das demokratische Wahlrecht) steht, repräsentiert die Glaubensfreiheit die geistigen Freiheitsrechte, die der Achtung

16 | Vgl. Vögele, Christliche Elemente, a.a.O., S. 105.

vor den tragenden Gewissens- und Glaubensüberzeugungen des Menschen geschuldet sind. Die Freiheit von Furcht lässt sich mit den Justizgrundrechten in Verbindung bringen, die Schutz vor willkürlicher Inhaftierung und Fairness im Gerichtsverfahren garantieren. Mit der Freiheit von Not verweist die Präambel schließlich auf die wirtschaftlichen und sozialen Rechte, die ebenfalls Freiheitsansprüche darstellen.

Entscheidend für unseren Zusammenhang ist, dass mit dieser Typologie sämtliche in der Allgemeinen Erklärung aufgezählten Einzelrechte in den *Horizont der Freiheit* gestellt werden. Alle konkreten Menschenrechte – von der Religionsfreiheit und der Meinungsfreiheit über die Vereinigungsfreiheit und das politische Wahlrecht bis hin zu den Rechten auf Gesundheit und Bildung – artikulieren demnach *Freiheits*ansprüche. Ungeachtet der Differenzen in der konkreten Schutzrichtung ergänzen sie einander in der generellen Zielsetzung, eine Freiheitsordnung zu schaffen, die der Würde des Menschen als eines Subjekts freier Selbstbestimmung (und Mitbestimmung) gerecht wird.

Wie alle Menschenrechte der Gewährleistung von Freiheit dienen, so gilt auch, dass alle Menschenrechte *Gleichheitsrechte* sind. Ohne den Gleichheitsanspruch wären Freiheitsrechte lediglich Privilegien einer bevorzugten Gruppe, aber eben keine allgemeinen *Menschen*rechte. Und ohne die freiheitliche Ausrichtung wiederum könnte von Gleich*berechtigung* gar keine Rede sein. Der Gleichheitsanspruch der Menschenrechte zielt eben nicht auf abstrakte Gleichförmigkeit, sondern auf das effektiv gleiche Recht aller Menschen, ihre je »besonderen« eigenen Lebensentwürfe zu finden und zu verwirklichen. Insofern geht es bei den Menschenrechten immer schon um eine »Gleichheit ohne Angleichung«.[17]

Der Gleichheitsanspruch der Menschenrechte findet seine historisch-konkrete Gestalt insbesondere im Diskriminierungsverbot. »Jeder hat Anspruch auf die in dieser Erklärung verkündeten Rechte und Freiheiten ohne irgendeinen Unterschied, etwa nach Rasse, Hautfarbe, Geschlecht, Sprache, Religion, politischer oder sonstiger Überzeugung, nationaler oder sozialer Herkunft, Vermögen, Geburt oder sonstigem Stand«, heißt es etwa in Artikel 2 Absatz 1 der Allgemeinen Erklärung der Menschenrechte. Das Diskriminierungsverbot gilt, da es ein Strukturprinzip der Menschenrechte ist, für die Religionsfreiheit nicht anders als für das Recht auf Bildung und für das demokratische Wahlrecht genauso wie das Recht auf Zugang zum Gesundheitswesen.[18]

17 | So der programmatische Titel der Studie von Ute Gerhard, Gleichheit ohne Angleichung. Frauen im Recht, München 1990.

18 | In seiner konkreten Formulierung unterliegt das Diskriminierungsverbot historischem Wandel, der nicht zuletzt auf gesellschaftliche Sensibilisie-

Vor allem in interkulturellen Debatten über Menschenrechte stößt man immer wieder auf den Einwand, der menschenrechtliche Anspruch auf freie Selbstbestimmung sei Ausdruck eines einseitigen, typisch westlichen Individualismus. Mit dem Argument, dass die Menschenrechte spezifisch »westlich« seien, werden wir uns im nächsten Kapitel näher beschäftigen. Wie aber steht es um den Vorwurf des einseitigen Individualismus? Gewiss: Menschenrechte sind Rechte jedes einzelnen Menschen. Gleichwohl haben sie immer auch eine gemeinschaftliche oder »solidarische« Dimension.

Dazu nur einige Beispiele: Die Meinungsfreiheit beschränkt sich nicht auf die individuelle Freiheit zur Meinungsäußerung, sondern schützt auch die Freiheit der Presse und anderer Medien, ohne die eine freiheitliche Kommunikation und demokratische Willensbildung in der Gesellschaft unmöglich wären. So gesehen, ist sie ein für das demokratische Gemeinwesen unverzichtbares Kommunikationsgrundrecht. Das Recht auf Religionsfreiheit umfasst über die individuelle Glaubens- und Bekenntnisfreiheit hinaus auch die Freiheit zu gemeinschaftlicher Religionsausübung, hat also ebenfalls eine kommunitäre Dimension, ohne die der rechtliche Schutz der Religionsausübung nicht viel wert wäre. Dass das Recht auf Schutz von Ehe und Familie ein genuin gemeinschaftliches Recht darstellt, bedarf wohl keiner Erläuterung, wobei allerdings hinzuzufügen ist, dass im Horizont des Menschenrechtsansatzes nur solche Familienformen Anerkennung beanspruchen können, die der freien Selbstbestimmung der einzelnen Familienmitglieder angemessenen Raum geben. Man könnte die Liste der Beispiele verlängern. In jedem Fall gilt, dass Menschenrechte keineswegs auf die »Freiheit des Menschen als isolierter auf sich zurückgezogener Monade« zielen,[19] wie Karl Marx dies unterstellt. Gerade indem sie dem Einzelnen sein Recht garantieren, bilden sie eine Voraussetzung für freie Gemein-

---

rungsprozesse für bestehendes Unrecht zurückgeht. So führt das Diskriminierungsverbot der noch nicht rechtskräftigen EU-Grundrechtecharta unter den ausdrücklich verbotenen Anknüpfungsmerkmalen unter anderem auch Alter und sexuelle Orientierung auf (die in der Allgemeinen Erklärung von 1948 noch nicht genannt sind): »Diskriminierung insbesondere wegen des Geschlechts, der Rasse, der Hautfarbe, der ethnischen oder sozialen Herkunft, der genetischen Merkmale, der Sprache, der Religion oder der Weltanschauung, der politischen oder sonstigen Anschauung, der Zugehörigkeit zu einer nationalen Minderheit, des Vermögens, der Geburt, einer Behinderung, des Alters oder der sexuellen Ausrichtung sind verboten.« (Art. 21 Abs. 1 EU-Grundrechtecharta)

19 | Karl Marx, »Zur Judenfrage«, in: Marx-Engels-Werke, Bd. 1 Ost-Berlin 1970, S. 347-377, hier S. 354.

schaftsbildungen, wie sie sich in Gestalt politischer Parteien, Religionsgemeinschaften, Familien und anderer Lebensgemeinschaften, Gewerkschaften und Wirtschaftsunternehmen, kultureller Vereinigungen usw. darstellen.

Nicht der immer wieder vorgebrachte vermeintliche Gegensatz von Individuum versus Gemeinschaft macht also die Pointe menschenrechtlicher Emanzipation aus. Vielmehr steht die durch menschenrechtliche Individualrechte zu ermöglichende *freie Vergemeinschaftung* in der doppelten Frontstellung gegen autoritäre Kollektivismen einerseits und gegen unfreiwillige soziale Ausgrenzungen andererseits. Menschenrechtswidrig wären demnach z.B. Familienformen, die auf erzwungener Eheschließung basieren; Praktiken autoritär verfasster religiöser Gemeinschaften, abtrünnige Mitglieder massiv unter Druck zu setzen; oder Volksdemokratien ohne Pressefreiheit und ohne Rechte der Opposition. Ebenfalls unter Menschenrechtsgesichtspunkten problematisch aber wäre eine Wirtschaftspolitik, die die gesellschaftliche Desintegration von Dauerarbeitslosen tatenlos hinnähme, oder eine staatliche Politik forcierter kultureller Assimilation, die den Angehörigen von Minoritäten die Anerkennung ihrer gemeinschaftlichen kulturellen Praxis verweigern würde.[20]

Die kommunitär-solidarische Dimension der Menschenrechte gehört mit zu deren emanzipatorischem Anspruch und ergänzt die beiden Prinzipien der Freiheit und Gleichheit. Daraus ergibt sich die Trias von »Freiheit, Gleichheit, Solidarität«, die nicht zufällig an den Slogan der Französischen Revolution erinnert. In Artikel 1 der Allgemeinen Erklärung der Menschenrechte wird er wie folgt variiert: »Alle Menschen sind *frei* und an Würde und Rechten *gleich* geboren. Sie sind mit Vernunft und Gewissen begabt und sollen einander im Geist der *Brüderlichkeit* begegnen.«

Im Blick auf die Anerkennung der Menschenwürde in Rechten gleicher solidarischer Freiheit zeigt sich die innere Zusammengehörigkeit der einzelnen menschenrechtlichen Gewährleistungen. Die Menschenrechte bilden eben nicht nur einen zufällig zustande gekommenen »Katalog« diverser Ansprüche, sondern einen *systematischen Zusammenhang*. Für diese Systematik hat sich – vor allem seit der Wiener Weltmenschenrechtskonferenz der Vereinten Nationen von 1993 – der Begriff der

20 | Besonders prägnant zeigt sich die »kommunitäre Dimension« in der jüngst (am 13. Dezember 2006) von der Generalversammlung der Vereinten Nationen verabschiedeten Konvention über die Rechte von Personen mit Behinderungen. Vgl. dazu Heiner Bielefeldt, Zum Innovationspotenzial der UN-Behindertenkonvention, Deutsches Institut für Menschenrechte, Berlin 2006.

»Unteilbarkeit« der Menschenrechte eingebürgert. »Alle Menschenrechte sind [...] unteilbar, bedingen einander und hängen miteinander zusammen«, lautet die einschlägige Formel in der Wiener Abschlusserklärung, die seitdem in zahlreichen Dokumenten der Vereinten Nationen zitiert worden ist. Sie richtet sich gegen einen »pick and choose approach«, der aus dem Gesamt der Menschenrechte nur die jeweils ideologisch passenden Bestandteile herausgreift. Denn erst wenn sie als unteilbares Ganzes verstanden werden, können die Menschenrechte ihren freiheitlichen Sinngehalt in Anerkennung der Menschenwürde aller konsistent und wirksam entfalten.

2.3 Politisch-rechtliche Durchsetzungsintention

Menschenrechte stellen eine *politisch-rechtliche Kategorie* dar. Ihr Geltungsanspruch beschränkt sich nicht auf einen humanitären Appell, sondern gewinnt Durchschlagskraft in politisch-rechtlichen Institutionen und Verfahren, die sich auf nationaler, supranationaler, regional-völkerrechtlicher und internationaler Ebene herausgebildet haben bzw. derzeit noch entwickelt werden. Unmittelbar adressieren sie den Staat, den sie in einer komplexen Weise als Garanten der Menschenrechte in die Pflicht nehmen.[21]

In der jüngeren internationalen Menschenrechtsdiskussion hat sich weitgehend eine Dreiteilung der Verpflichtungsebenen durchgesetzt. Es handelt sich dabei um die staatlichen Pflichten zur Achtung, zum Schutz und zur Gewährleistung der Menschenrechte (»obligations to respect, protect, fulfil«).[22] Mit der *»obligation to respect«* wird festgehalten, dass Menschenrechte zunächst immer die Funktion von Abwehrrechten haben und damit Grenzen markieren, die der Staat nicht überschreiten darf. Diese Abwehrkomponente der Grund- und Menschenrechte stand im klassischen Liberalismus ganz im Vordergrund. Sie bleibt auch heute von Bedeutung. Zugleich kommt dem Staat aber auch die Aufgabe zu, Menschenrechte vor Beeinträchtigungen durch Dritte zu schützen (*»obligation to protect«*). Darüber hinaus hat der Staat schließlich Infrastrukturmaßnahmen zu leisten, die es ermöglichen sollen, dass die Menschen von ihren Rechten effektiv Gebrauch machen können (*»obligation to fulfil«*). Dazu zählen zum Beispiel die Bereitstellung kostenloser Grundbildung für alle, die Gewährleistung eines funktionsfähigen Justizsys-

21 | Vgl. dazu grundsätzlich: Jörg Künzli, Zwischen Rigidität und Flexibilität: Der Verpflichtungsgrad internationaler Menschenrechte, Berlin 2001.

22 | Vgl. ebd., S. 210ff.

tems, soziale Grundsicherung und Gesundheitsfürsorge, Vorkehrungen gegen eine die Meinungsfreiheit beeinträchtigende Pressekonzentration und vieles Andere. Entscheidend ist, dass sich die drei Verpflichtungsebenen über *das gesamte Spektrum der Menschenrechte* erstrecken, sich also auf die bürgerlichen und politischen genauso wie auf die wirtschaftlichen, sozialen und kulturellen Rechte beziehen. Die vorrangige Assoziierung der bürgerlichen und politischen Rechte mit bloßen Abwehrrechten ist dadurch genau überwunden worden wie die Reduzierung der wirtschaftlichen und sozialen Rechte auf bloße Leistungsrechte.[23] Das Postulat der Unteilbarkeit der Menschenrechte gewinnt auf diese Weise in jüngerer Zeit schärfere juristische Konturen.

Im modernen Verfassungsstaat sind Menschenrechte großenteils als einklagbare Grundrechte verankert, die, wie es im Grundgesetz der Bundesrepublik Deutschland heißt, »Gesetzgebung, vollziehende Gewalt und Rechtsprechung als unmittelbar geltendes Recht« binden (Art. 1 Abs. 3 GG). Für jeden Menschen, der sich in seinen grundlegenden Rechten verletzt sieht, ist verfassungsrechtlich der Rechtsweg garantiert (Art. 19 Abs. 4 GG); dies schließt auch internationale Gerichte ein. Als bisher erfolgreichstes Beispiel einer regional-völkerrechtlichen Normierung von

---

23 | Zunächst ist festzuhalten, dass auch bürgerliche und politische Rechte weit mehr sind als nur Abwehrrechte; sie haben immer auch Schutz- und Infrastrukturkomponenten. So wäre etwa das Folterverbot noch lange nicht eingelöst, wenn der Staat lediglich darauf verzichten würde, selbst Folter auszuüben; er hat darüber hinaus aktiv Schutz gegen drohende Folter von dritter Seite zu leisten und soll durch ein effektives Monitoring in solchen Bereichen, in denen erfahrungsgemäß Folter oder grausame und unmenschliche Behandlung stattfinden kann, präventiv gegen Folter tätig werden. Im Gegenzug gilt, dass wirtschaftliche, soziale und kulturelle Rechte weit mehr sind als bloße Leistungsrechte. Auch für sie bleibt neben den Schutz- und Infrastrukturdimensionen die Abwehrkomponente (»obligation to respect«) gegen mögliche staatliche Übergriffe wesentlich. So fungiert beispielsweise das Recht auf angemessene Wohnung unter anderem auch als Berufungsgrundlage gegen entschädigungslose Zwangsräumungen infolge staatlicher oder privater Städtebauprojekte. Auch das Recht auf angemessene Nahrung besteht keineswegs nur in materiellen Versorgungsansprüchen, sondern impliziert immer auch und zunächst den gebotenen Respekt vor bestehenden Strukturen der Selbstversorgung oder vor kulturellen Praktiken der Ernährung; damit sind etwaigen technokratischen Allmachtsphantasien des Staates normative Grenzen gesetzt. Vgl. dazu Michael Windfuhr, »Freiwillige Leitlinien zum Recht auf Nahrung. Bedeutung, Reichweite und Chancen des neuen Rechtsinstruments«, in: Jahrbuch Menschenrechte 2006, Frankfurt a.M. 2005, S. 227-235.

Menschenrechten gilt die Europäische Menschenrechtskonvention, die den im Bereich der 46 Mitgliedsstaaten des Europarats lebenden Menschen die Möglichkeit eröffnet, ihre Rechte ggf. vor dem Europäischen Gerichtshof für Menschenrechte (EGMR) in Straßburg einzuklagen. An der Rechtsprechung des EGMR orientiert sich auch der Luxemburger Europäische Gerichtshof (EuGH) der Europäischen Union, der in Zukunft für die Überwachung der noch nicht rechtskräftigen Europäischen Grundrechtscharta zuständig sein wird. Mit der Europäischen Menschenrechtskonvention des Europarats vergleichbare regional-völkerrechtliche Menschenrechtskonventionen bestehen auch im interamerikanischen Raum sowie in Afrika.[24]

Den Auftakt für die Etablierung von Menschenrechtsstandards im Rahmen der Vereinten Nationen bildet die bereits mehrfach angesprochene Allgemeine Erklärung der Menschenrechte von 1948, aus der in der Folgezeit mehrere völkerrechtlich verbindliche internationale Menschenrechtskonventionen hervorgegangen sind.[25] Neben den beiden umfassenden Menschenrechtspakten von 1966 – dem Internationalen Pakt über wirtschaftliche, soziale und kulturelle Rechte sowie dem Internationalen Pakt über bürgerliche und politische Rechte – sind insbesondere zu nennen: die Internationale Konvention zur Abschaffung aller Formen von Rassendiskriminierung (1965), das Übereinkommen zur Abschaffung aller Formen der Diskriminierung der Frau (1979), die Antifolterkonvention (1984) sowie die Kinderrechtskonvention (1989). Alle diese UN-Konventionen sind von Deutschland ratifiziert worden. Nicht gilt dies bislang allerdings für die UN-Konvention zum Schutz der Wanderarbeitnehmer und ihrer Familien von 1990, deren Unterzeichnung und Ratifikation seitens Deutschlands in absehbarer Zeit offenbar nicht zu erwarten steht. Im Dezember 2006 wurde schließlich auch die Internationale Konvention über die Rechte von Personen mit Behinderungen von der Generalversammlung der Vereinten Nationen verabschiedet.

Die Institutionen zur Durchsetzung der Menschenrechte sind komplex. Neben der förmlichen gerichtlichen Durchsetzung gibt es informelle Schlichtungs- und Beschwerdemöglichkeiten, Untersuchungen vor Ort sowie Berichtsverfahren, die einem regelmäßigen Monitoring der Menschenrechtslage in den betreffenden Staaten dienen. Immer wichtiger

24 | Vgl. den Überblick zu den regionalen Menschenrechtsinstrumenten bei Reetta Toivanen/Claudia Mahler, Menschenrechte im Vergleich der Kulturen, Nordhausen 2006, S. 53ff.

25 | Vgl. den Überblick bei Matthias Koenig, Menschenrechte, Frankfurt a.M./New York 2005, S. 52ff.

werden auch präventive Instrumente – etwa zur Verhinderung von Folter und anderer Formen grausamer und unmenschlicher Behandlung.[26] Obwohl die Durchsetzung der Menschenrechte in vieler Hinsicht defizitär bleibt, hat das internationale menschenrechtliche Schutzsystem – auch aufgrund der kritischen Mitwirkung nichtstaatlicher Menschenrechtsorganisationen wie Amnesty International, FIAN, Human Rights Watch oder TERRE DES FEMMES – in den letzten Jahrzehnten an Wirksamkeit gewonnen.

Der Ansatz bei politisch-rechtlicher Gerechtigkeit beinhaltet auch spezifische *Grenzen der Menschenrechte*. Auf diese Grenzen hinzuweisen ist gerade im Blick auf interreligiöse oder interkulturelle Debatten wichtig. Denn es werden immer wieder Bedenken vorgebracht, die Menschenrechte seien eine moderne »Humanitätsreligion«, die infolge ihrer Tendenz zur weltweiten Verbreitung potenziell in Konkurrenz zur Vielfalt der Religionen und Kulturen stehe. Manche Befürworterinnen und Befürworter der Menschenrechte geben solchen Befürchtungen Nahrung, wenn sie die Grenzen des Menschenrechtsansatzes missachten und dessen Anspruch überziehen. Wer die Menschenrechte kategorial auf die Ebene religiöser oder weltanschaulicher Heilslehren stellt, darf sich dann aber nicht wundern, wenn der Einsatz für ihre weltweite Durchsetzung als eine Art moderner Kreuzzug aufgefasst wird und dementsprechend auf Widerstand stößt.

Die Zielsetzung der Menschenrechte – die Ermöglichung menschenwürdigen Zusammenlebens durch die Gewährleistung gleicher Grundfreiheiten für alle – ist zwar sicherlich hoch gesteckt; sie ist gleichwohl aber *inhaltlich von vornherein begrenzt*. Im Unterschied zu den Religionen oder anderen umfassenden Weltsichten geben die Menschenrechte keine Antworten auf die Fragen nach dem Sinn des Lebens, nach dem Urgrund der Welt, nach den Bedingungen gelungenen Menschseins, nach den Ursachen des Bösen und den Möglichkeiten seiner Überwindung, nach dem Ort des Menschen im Gesamt des Lebendigen oder nach einem etwaigen Fortleben der Verstorbenen. Menschenrechte sind weder eine Weltanschauung noch eine Erlösungslehre. Sie formulieren auch keinen umfassenden Verhaltenskodex für Individuen und Gemeinschaften, sondern enthalten lediglich rechtliche Mindeststandards für menschenwürdige Koexistenz. Die Akzeptanzchancen der Menschenrechte sowohl auf internationaler Ebene wie in den multikulturell, multireligiös und weltanschaulich pluralistisch gewordenen Einzelgesellschaften hängen nicht zuletzt davon ab, dass diese immanenten

26 | Paradigmatisch dafür ist das Zusatzprotokoll zur UN-Antifolterkonvention von 2002.

Grenzen des Anspruchs der Menschenrechte gegen immer wieder anzutreffende inhaltliche Überziehungen klargestellt werden.[27]

Der Modus rechtlicher Durchsetzung impliziert eine weitere (»formale«) Begrenztheit des menschenrechtlichen Geltungsanspruchs: Das Recht kann und darf sich niemals unmittelbar auf die Gesinnung der Menschen beziehen. Dem Recht wohnt eine *Komponente potenziellen Zwangs* inne, der zwar im Dienste der Freiheit steht – insofern er, mit den Worten Kants, auf die »Verhinderung eines Hindernisses der Freiheit«[28] zielt –, damit gleichwohl Zwang bleibt. Wenn staatlicher Zwang sich aber auf die Ebene der Gesinnung richtet, droht er grenzenlos zu werden und die Rechtsförmigkeit staatlichen Handelns aufzulösen.

Die innere Haltung des Menschen steht jenseits legitimen Rechtszwangs. Der Respekt dieser Grenze unterscheidet den Rechtsstaat vom Tugendstaat. Die Absage an den Tugendstaat bedeutet nicht etwa, dass die innere Einstellung der Menschen für die Rechtsordnung belanglos wäre – im Gegenteil. Denn *gerade weil* der Rechtsstaat sich durch die Achtung vor der Würde des Menschen als eines Verantwortungssubjekts definiert, kann er Fragen der inneren Einstellung niemals unmittelbar zum Gegenstand staatlichen Handelns und staatlicher Bewertung machen. Ein an Menschenwürde und Menschenrechten orientiertes politisches Gemeinwesen kann insofern keine Gesinnungsgemeinschaft sein, sondern muss sich als *Rechtsgemeinschaft* konstituieren und auch bei der Durchsetzung der Menschenrechte stets die Grenzen des Rechtsmodus wahren.[29]

---

27 | Damit sind Konflikte zwischen dem freiheitlichen Charakter der Menschenrechte und etwaigen autoritären Bestandteilen religiöser Traditionen natürlich nicht ausgeschlossen. Solche Konflikte lassen sich aber nur dann produktiv bewältigen, wenn der Anspruch der Menschenrechte – gerade auch in seiner inhaltlichen Begrenztheit – vorweg klargestellt wird.

28 | Immanuel Kant, Die Metaphysik der Sitten, Akademie-Ausgabe, Bd. VI, S. 231.

29 | Gelegentlich werden Befürchtungen laut, dass die Rückbindung des Rechtsstaats an die Idee der Menschenwürde zu einer autoritären »Moralisierung« des Rechts führen könnte. So etwa bei Susanne Baehr, »Menschenwürde zwischen Recht, Prinzip und Referenz. Die Bedeutung von Enttabuisierungen«, in: Deutsche Zeitschrift für Philosophie 2005, S. 571-588. Eine staatliche Forcierung »würdiger« Verhaltensweisen wäre allerdings eine Karikatur des Anspruchs der Menschenwürde, der im Kontext der Moderne gerade Respekt vor der Selbstverantwortung des Menschen – auch und gerade gegen einen autoritären Moralismus – verlangt.

2.4 Zur Modernität der Menschenrechte

Menschenrechte sind eine moderne Errungenschaft. Zwar lässt sich die Idee der Menschenwürde bis in die Grundschriften der verschiedenen Kulturen und Religionen zurückverfolgen; sie findet sich in unterschiedlichen metaphorischen oder begrifflichen Ausprägungen zum Beispiel in der Bibel, im Koran, in den Lehrschriften des Konfuzianismus und den Fragmenten der stoischen Philosophie. Spezifisch modern ist jedoch die Einsicht, dass die Würde des Menschen durch verbindlich garantierte Menschenrechte gegen die Gefahr der Missachtung geschützt werden muss. Auch Ideale von Freiheit und Gleichheit sind nicht per se modern. So kennt bereits die griechische Antike die Vorstellung der freien und gleichberechtigten Mitwirkung der Bürger an den Belangen des Gemeinwesens. Dieses antike Freiheits- und Gleichheitsideal bleibt allerdings beschränkt auf einen exklusiven Kreis männlicher Vollbürger und unterscheidet sich damit grundlegend vom menschenrechtlichen Universalismus der Moderne. Schließlich ist auch die Vorstellung, dass politische Herrschaft durch Bindung an Recht gezügelt werden soll, als solche gewiss nicht neu. Paradigmatisch steht dafür die »Magna Charta Libertatum« von 1215, die aber – als ein Dokument der feudalen Adelsgesellschaft – wiederum mit einer menschenrechtlichen, universalistischen Ausrichtung nichts gemein hat.

Versteht man die Menschenrechte, wie hier vorgeschlagen, in der *Verbindung* (1) des normativen Universalismus (getragen von der Idee der Menschenwürde), (2) einer emanzipatorischen Ausrichtung auf gleichberechtigte freie Selbstbestimmung und (3) der politisch-rechtlichen Durchsetzungsintention, dann wird offenkundig, dass es sich bei ihnen um eine historisch relativ spät entstandene Idee handelt.[30] Politisch wirksam geworden sind Menschenrechte erstmals in den demokratischen Revolutionen des späten 18. Jahrhunderts, exemplarisch in Gestalt der Virginia Bill of Rights von 1776 und der Menschen- und Bürgerrechtserklärung der Französischen Revolution von 1789. Ihr erster historischer Durchbruch geschah also in einem Kulturraum, der über lange Zeit hinweg durch christliche Traditionen, humanistische Philosophieschulen und europäische Traditionen des Rechtsdenkens und rechtlicher Praxis geprägt worden war. Dies wirft die Frage auf, ob es sich bei den Menschenrechten um eine spezifisch »westliche« Errungenschaft handelt. Dazu erfolgen im nächsten Kapitel einige Klarstellungen.

30 | Vgl. Hans Maier, Wie universal sind die Menschenrechte?, Freiburg i.Br. 1997, S. 11ff.

3. Menschenrechte als interkulturell anschlussfähige Lerngeschichte

3.1 Exklusive Errungenschaft der »westlichen« Kultur?

Ideengeschichtliche Darstellungen der Menschenrechte folgen typischerweise einem chronologischen *Entwicklungsschema*:[1] Sie beginnen mit dem Versuch, erste Ansätze menschenrechtlichen Denkens in den biblischen Büchern von Judentum und Christentum bzw. in den antiken Philosophenschulen aufzuspüren, beschreiben dann die »Vorgeschichte« der Menschenrechte in der Reformation, in den englischen Verfassungskämpfen und in der Philosophie der europäischen Aufklärung, um schließlich zu den ersten förmlichen Menschenrechtserklärungen in den demokratischen Revolutionen des 18. Jahrhunderts zu gelangen. Möglicherweise folgen dann noch Hinweise auf die sukzessive Erweiterung menschenrechtlicher Gewährleistungen um wirtschaftliche und soziale Rechte sowie ein Ausblick auf die globale Normierung von Menschenrechtsstandards im Rahmen der Vereinten Nationen.

In aller Kürze könnte man die übliche ideengeschichtliche Darstellung der Menschenrechte etwa wie folgt skizzieren: Schon der erste Schöpfungsbericht des Buches Genesis bezeichnet den Menschen als »Ebenbild und Gleichnis Gottes«[2] und spricht ihm damit eine besondere Würde zu. Auch andere biblische Bücher, etwa Psalm 8, betonen die

1 | Als eine besonders einflussreiche Abhandlung sei nur exemplarisch genannt: Ludger Kühnhardt, Die Universalität der Menschenrechte. Studie zur ideengeschichtlichen Bestimmung eines politischen Schlüsselbegriffs, München 1987.

2 | Gen. 1,26f.

herausragende Stellung des Menschen innerhalb der Schöpfungsordnung. Sie formulieren damit ein Motiv, das von den Quellen des Judentums her kommend in die christliche Tradition Eingang findet. Um die Zeit der Formierung der christlichen Kirche verkünden heidnische Philosophen der stoischen Schule wie Seneca, Epiktet oder Marc Aurel die Lehre einer kosmopolitischen Ökumene der Menschen, begründet in der gemeinsamen Teilhabe aller Menschen am göttlichen Logos. Jüdisch-christliches und heidnisch-antikes Gedankengut prägen zusammen das abendländische Naturrechtsdenken, das darauf abzielt, die elementaren Prinzipien von Moral und Recht als zeitlos gültig zu erweisen und der Manipulation durch die politische Macht zu entziehen. Die rechtliche Beschränkung politischer Macht ist auch das Ziel mittelalterlicher Herrschaftsverträge wie der berühmten Magna Charta Libertatum von 1215, die einige Jahrhunderte später in den englischen Verfassungskämpfen zwischen Krone und Parlament eine Aufwertung und Erweiterung zum Grunddokument bürgerlicher Freiheit erfährt. Gleichzeitig werden theologische Motive der Reformation – wie die Einsicht in die Bedeutung der Gewissensfreiheit für einen authentischen christlichen Glauben – in den englischen Verfassungskämpfen des 17. Jahrhunderts von protestantischen Dissidenten zunehmend mit politisch-rechtlicher Bedeutung aufgeladen und zum Anlass für erste Forderungen nach einer staatlichen Anerkennung religiöser Freiheit. Von England führt eine historische Linie zu den amerikanischen Kolonien, die mit der Loslösung vom Mutterland im Jahre 1776 die gewachsenen englischen Freiheitsrechte auf ein universalistisch-naturrechtliches Fundament stellen und nun erstmals ausdrücklich als allgemeine Menschenrechte proklamieren. Vom demokratischen Impuls des amerikanischen Freiheitskampfes inspiriert und unter Aufnahme des Gedankenguts von Aufklärungsphilosophen wie Pufendorf, Locke, Rousseau, Moses Mendelssohn und Kant fordern zunehmend auch die Völker Europas ihre Menschenrechte ein; den Durchbruch in Europa markiert die Menschen- und Bürgerrechtserklärung der Französischen Revolution von 1789. Gewisse besitzindividualistische Einseitigkeiten der ersten Menschenrechtserklärungen des 18. Jahrhunderts werden vor allem auf Betreiben der sich formierenden Gewerkschaftsbewegung seit Mitte des 19. Jahrhunderts durch die Aufnahme sozialer Menschenrechte korrigiert. Im 20. Jahrhundert findet endlich auch der von der feministischen Bewegung schon lange geforderte Gedanke effektiver Gleichberechtigung von Frauen und Männern Eingang in menschenrechtliche Gewährleistungen. Mit der Gründung der Vereinten Nationen setzt schließlich ein Prozess weltweiter Normierung von Menschenrechten ein, die heutzutage ein die Völker und Kulturen umgreifendes weltbürgerliches Band bilden.

Die Einzelheiten dieses komprimiert dargestellten ideengeschichtlichen Entwicklungsschemas können hier außer Betracht bleiben. Dass es für zahlreiche Erweiterungen, Variationen und unterschiedliche Akzentsetzungen offen ist, versteht sich von selbst. In manchen Abhandlungen wird der Anteil des Christentums bei der ideellen Grundlegung menschenrechtlichen Denkens stärker betont; andere verweisen demgegenüber eher auf den Beitrag der antiken Philosophie oder stellen die institutionelle Ausgestaltung der »rule of law« nach dem Modell der Magna Charta in den Vordergrund. Das ideengeschichtliche Entwicklungsschema als solches wird hingegen in aller Regel fraglos unterstellt. Genau diese Unterstellung beinhaltet indessen eine Reihe von Problemen.

Zunächst sollte man sich vergegenwärtigen, dass es sich bei diesem Entwicklungsschema, wie immer es im Einzelnen gedacht sein mag, um eine *retrospektive Teleologie* handelt: Vom *Ergebnis (»Telos«) her* betrachtet – also ausgehend von den heute anerkannten Menschenrechten – werden bestimmte geschichtliche Dokumente, Ideen, Ereignisse und Auseinandersetzungen *rückwirkend in eine systematische Linie gebracht.* Sie werden gleichsam als Stationen eines gesamthistorischen Fahrplans verortet, der auf die Formulierung universaler Menschenrechte abzielt. Eine solche teleologische Konstruktion der Geschichte mag, sofern man an einer umfassenderen Perspektive interessiert ist, naheliegen, ja fast unvermeidlich sein. Sie birgt aber das Risiko von historischen und systematischen Fehlinterpretationen.

Historische Fehlinterpretationen unterlaufen dann, wenn Plausibilitäten der Gegenwart in Dokumente oder Ereignisse der Vergangenheit hineingelesen werden, *ohne dass man sich über diesen interpretatorischen Vorgang Rechenschaft gibt.* Wer erste Ansätze menschenrechtlichen Denkens in der Bibel sucht, sollte sich klarmachen, dass er damit eine Fragestellung an die biblischen Schriften heranträgt, die den Zeitgenossen der altisraelitischen Propheten oder den Adressaten der Paulusbriefe völlig unbekannt war. Sklavenrechtliche Bestimmungen in den fünf Büchern Moses,[3] aber auch der neutestamentliche Philemonbrief,[4] zeigen etwa, dass die Sklaverei, die in den modernen Menschenrechtsdokumenten einhellig geächtet wird, in biblischen Zeiten als selbstverständliche gesellschaftliche Institution vorausgesetzt war. Für den Umgang mit den Texten antiker Philosophenschulen gilt ebenfalls, dass deren Auswertung unter dem Gesichtspunkt der Menschenrechte leicht anachronistischen Fehldeutungen Vorschub leistet. So zielt etwa Seneca, wenn er die moralische Gleichheit zwischen allen Menschen herausstellt, keineswegs auf

3 | Vgl. z.B. Exodus 21, 20.

4 | Vgl. Philemon 16.

die Abschaffung der rechtlichen Differenz zwischen Freien und Sklaven ab, sondern beschränkt sich auf Appelle, deren inhumane Konsequenzen zu mildern.[5] Auch zwischen der in der Magna Charta gesicherten feudalen Privilegienordnung[6] und der egalitären und universalistischen Konzeption moderner Menschenrechte bestehen derart fundamentale Differenzen, dass es bei näherem Hinsehen zweifelhaft erscheint, ob es viel Sinn macht, zwischen beiden überhaupt eine historische Kontinuität zu konstruieren.

Das ideengeschichtliche Entwicklungsschema beinhaltet nicht nur das Risiko historischer Fehlinterpretationen. Es führt leicht auch zu *systematischen Verkürzungen* im Verständnis der Menschenrechte, die in der Gefahr stehen, auf diese Weise als das exklusive Produkt einer bestimmten, nämlich der abendländischen kulturellen Entwicklung in Beschlag genommen zu werden. Ich nenne dieses Problem die Gefahr einer *kulturgenetischen Vereinnahmung der Menschenrechtsidee.* Dass sich daraus Schwierigkeiten für die Anerkennungschancen der Menschenrechte in einer kulturell pluralistischen Gesellschaft bzw. in der pluralistischen Weltgesellschaft ergeben, liegt auf der Hand.

Charakteristisch für teleologische Konstruktionen in der Ideengeschichte sind *biologische Metaphern,* stellt doch der lebendige Organismus, wie zuerst Kant gezeigt hat, das Paradigma schlechthin teleologischen Denkens dar.[7] Es fällt in der Tat auf, wie häufig in einschlägigen ideengeschichtlichen Darstellungen von den kulturellen »*Wurzeln*« der Menschenrechte die Rede ist.[8] Ganz gleich, ob man solche Wurzeln primär in der Bibel oder eher in der heidnischen Antike sieht oder auch eine Mehrzahl nebeneinander bestehender kultureller Wurzeln behaup-

---

5 | Vgl. Seneca, Über die Ethik. Briefe an Lucilius, Fünftes Buch 47,17 (Gesamtausgabe der Wissenschaftlichen Buchgesellschaft, Band 3, Sonderausgabe Darmstadt 1999, S. 373): »Darum gibt es keinen Grund, dass dich diese Hochmütigen davon abschrecken dürfen, dich freundlich deinen Sklaven zu zeigen und umgänglich, obwohl höher an Rang: verehren sollen sie dich lieber als fürchten.«

6 | Vgl. etwa Artikel 21 der Magna Charta: »Grafen und Barone sollen nur durch ihresgleichen und einzig gemäß dem Grade ihres Vergehens bestraft werden […]«, zitiert nach Wolfgang Heidelmeyer (Hg.), Die Menschenrechte. Erklärungen, Verfassungsartikel, Internationale Abkommen, 3. Aufl., Paderborn 1982, S. 50.

7 | Vgl. Kant, Kritik der Urteilskraft, Akademie-Ausgabe, Bd. V, S. 404.

8 | Literaturhinweise erübrigen sich: Man nehme eine beliebige Darstellung zur Geschichte der Menschenrechte, etwa in einschlägigen Schulbüchern, Studienbüchern oder Broschüren der Institutionen politischer Bildung.

tet – die biologische Metaphorik impliziert in jedem Fall, dass das Produkt, also die Idee der Menschenrechte, wenn auch womöglich noch nicht ganz erkennbar, doch im Grunde bereits in den Wurzeln angelegt sei. Die Ideengeschichte der Menschenrechte erscheint damit als »Entwicklung« im ursprünglichen Wortsinne, nämlich als mehr oder weniger *organische Entfaltung* eines von Anfang an festgelegten kulturgenetischen Programms. Oder, vom anderen Ende her gedacht: Die Menschenrechte bilden somit scheinbar die *»Frucht«* eines historischen Reifeprozesses, der sich angeblich nur in Kenntnis der Wurzeln her angemessen begreifen lässt.

Die Metapher der Wurzeln impliziert außerdem ein bestimmtes Territorium, in dem der Entwicklungsprozess stattfindet. Als *kultureller »Wurzelboden«* der Menschenrechte gilt in den einschlägigen Darstellungen in aller Regel unbefragt der Kulturraum, den man seit dem 20. Jahrhundert als den »Westen« bezeichnet, nämlich das von Christentum und antiker Philosophie geprägte Abendland.[9] Die Menschenrechte kommen in dieser Sichtweise folglich als gleichsam natürliche Frucht der abendländischen Kultur ins Blickfeld. Sofern sie heute auch außerhalb des Westens Anerkennung finden und Wirksamkeit entfalten, scheint dies einem globalen Prozess kultureller Verwestlichung geschuldet zu sein, in dessen Verlauf – um weiter in der Linie der kulturbiologischen Metaphorik zu sprechen – die Menschenrechte anderen Kulturen *»aufgepfropft«* worden seien.

Die kulturgenetische Vereinnahmung der Menschenrechtsidee zu einem Produkt abendländischer Kulturentwicklung führt zuletzt fast zwangsläufig zu einem *imperialistischen Verständnis* der Menschenrechte: Der Universalismus der Menschenrechte wird mit der weltweiten Durchsetzung genuin westlicher Werte gleichgesetzt, deren Geltung außerhalb des Westens nur als Folge externer »Implantation« begreifbar zu sein scheint. Ähnlich sind die Auswirkungen auf die innenpolitische Integrationsdebatte: Im Rahmen einer kulturgenetischen Lesart scheint eine Integration von Menschen in die menschenrechtlich orientierte poli-

---

9 | Der politisch-kulturelle Begriff des Westens ist zweideutig. Einerseits steht er gleichsam in Kontinuität für den Begriff des Abendlands und fungiert zur Bezeichnung eines bestimmten Kulturraums. Gegen dieses Verständnis richten sich vornehmlich meine kritischen Bemerkungen. Andererseits kann der Begriff des Westens aber auch für eine moderne kulturelle Ökumene stehen, durch sie sich Bindungen an partikulare kulturelle Erbschaften lockern. Von seinem solchen Verständnis her wäre gegen ein Konzept »westlicher Menschenrechte« wenig einzuwenden. Allerdings bleibt in den meisten einschlägigen Beiträgen in der Schwebe, was genau mit dem »Westen« gemeint ist.

tisch-rechtliche Verfassung zugleich die Verpflichtung auf eine westliche oder europäische »Leitkultur« zu erfordern, wofür etwa Bassam Tibi seit einigen Jahren plädiert.[10]

3.2 Eine unabgeschlossene Lerngeschichte

Um den Fallstricken des ideengeschichtlichen Entwicklungsschemas zu entgehen, möchte ich eine anders akzentuierte Deutung der Entstehung der Menschenrechte vorschlagen und diese als das Ergebnis von *konflikthaft verlaufenen gesellschaftlichen Lernprozessen* verstehen. Dass die Menschenrechtsidee zunächst in Westeuropa und Nordamerika formuliert und politisch wirksam geworden und von westlichen kulturellen Traditionen geprägt ist, bleibt dabei als historisches Faktum unbestritten. Wichtiger als der partikulare kulturelle Raum, in dem die Ausformulierung des Menschenrechtskonzepts erstmals stattgefunden hat, sind allerdings die menschenrechtlichen *Lernprozesse und Lernergebnisse*, deren Sachgehalte über den Horizont der europäischen Kultur hinausweisen und zum Bezugspunkt produktiver interkultureller Auseinandersetzungen werden können.

Menschenrechte sind Antworten auf Erfahrungen strukturellen Unrechts.[11] Beispiele aus der europäischen Geschichte sind die zerstörerischen Auswirkungen religionspolitischer Fraktionsbildungen in der frühen Neuzeit, Massenvertreibungen im Kontext moderner Staatsbildungen, die politische Entrechtung von Gesellschaften durch die Omnipotenzanmaßungen des Leviathan, die Verschärfung sozialer Ungleichheiten und Abhängigkeiten im ungebremsten Kapitalismus, die gesellschaftliche Ausgrenzung von kulturellen oder sexuellen Minderheiten, repressive Rollenerwartungen in patriarchalen Familienstrukturen, kolonialistische Ausbeutung und Bevormundung, getragen von rassistischen Ideologien der Ungleichheit, schließlich der von den Nazis fabrikmäßig organisierte Genozid des 20. Jahrhunderts, auf den die Allgemeine Erklärung der Menschenrechte in ihrer Präambel verweist, wenn dort von

---

10 | Vgl. Bassam Tibi, Im Schatten Allahs. Der Islam und die Menschenrechte, erweiterte Neuausgabe Düsseldorf 2003, S. 502: »Europäische Leitkultur ist eine politische Kultur, deren integraler Bestandteil die individuellen Menschenrechte sind. Ich sage es offen: Wer sie nicht akzeptiert, hat in Europa nichts zu suchen.«

11 | Vgl. Johannes Schwartländer (Hg.), Menschenrechte. Aspekte ihrer Begründung und Verwirklichung, Tübingen 1978.

»Akten der Barbarei« die Rede ist, »die das Gewissen der Menschheit mit Empörung erfüllen«.

Unrechtserfahrungen durchziehen die Geschichte der Menschheit; sie finden sich schon in den ältesten Zeugnissen menschlicher Literatur. Die Menschenrechte geben eine *spezifisch moderne Antwort* auf solche Erfahrungen, indem sie einklagbare Rechtspositionen schaffen, die in Anerkennung der Würde und Freiheit jedes Menschen Möglichkeiten zur effektiven Abhilfe gegen drohendes oder geschehenes Unrecht bereitstellen sollen. Im Hintergrund steht die Einsicht, dass in modernen Gesellschaften der Rekurs auf traditionelle, oftmals religiös fundierte lebensweltliche Ethosformen *allein* nicht mehr ausreicht, um Gerechtigkeit wirksam einzufordern. Weder lassen sich die Gefahren der Unterdrückung durch den modernen Staat und die ihm zur Verfügung stehenden Machtmittel durch religiös-moralische Appelle in der Linie der vormodernen Fürstenspiegelliteratur bannen, noch reicht das traditionelle paternalistische Feudalethos dazu aus, die inhumanen Folgewirkungen des modernen Kapitalismus einzudämmen. In diesem Sinne versteht Reza Afshari die Menschenrechte »as a response to the almost universality of the modern state as a globally convergent mode of governance. [...] Although [human rights] originated in the West, their particular substantive foundation belongs to a moral vision that was the result of accumulated experiences in dealing with the abuses of the modern state and market economies.«[12]

Außerdem besteht die Aufgabe, normative Prinzipien und Institutionen modernen gesellschaftlichen Zusammenlebens so zu formulieren und auszugestalten, dass sie dem irreversiblen *Pluralismus* der Religionen, Weltanschauungen und Lebensformen in der Gesellschaft gerecht werden können. Auch deshalb kommt der *alleinige* Rückgriff auf ein in bestimmten religiösen Traditionen oder geschlossenen kulturellen Narrationen gegründetes lebensweltliches Ethos in modernen Gesellschaften nicht in Frage; er könnte sogar zu einem Element von Ausgrenzung und Spaltung – und damit zur Quelle neuen politischen Unrechts – werden. Der Menschenrechtsansatz eröffnet demgegenüber die Chance, den irreversiblen Pluralismus moderner Gesellschaften dadurch zu gestalten, dass er – gleichsam durch die Vielfalt der Lebensformen, Prägungen, Überzeugungen und Orientierungen der Menschen hindurch – die Verantwortungssubjektivität des Menschen als normativen Angelpunkt eines freiheitlichen und egalitären Rechtskonsenses begreift.

12 | Reza Afshari, »An Essay on Islamic Cultural Relativism in the Discourse of Human Rights«, in: Human Rights Quarterly 16 (1994), S. 235-276, hier S. 248.

Menschenrechte bilden somit einen spezifisch *modernen Ansatz*, politische Gerechtigkeit zu artikulieren und institutionell wirksam auszugestalten.[13] Sie orientieren sich an der Würde des Menschen, die – deutlicher als in vormodernen Vorstellungen von menschenwürdigem Leben – nun systematisch als Anspruch auf Anerkennung der *Mündigkeit des Menschen* verstanden wird.[14] Die Menschenrechte zielen darauf ab, die Würde eines jeden Menschen dadurch gesellschaftlich wirksam zur Geltung zu bringen, dass jedem Menschen die gleichen Grundfreiheiten rechtlich garantiert werden. Alle Menschenrechtsverbürgungen sind in diesem Sinne Manifestationen des Respekts vor der Würde des Menschen als eines zur Selbstbestimmung befähigten Subjekts; das macht ihren ethischen Gehalt als »unveräußerliche« Rechte aus.

Die allmähliche Durchsetzung der Menschenrechte – zunächst im »Westen« – geschieht in lang anhaltenden politischen Auseinandersetzungen. Von Anfang an stoßen die Menschenrechte nicht nur auf Zustimmung, sondern zugleich auf Widerstand. Die Ideengeschichte der Menschenrechte in Europa enthält dementsprechend neben menschenrechts*förderndem* auch menschenrechts*kritisches* Gedankengut, dessen systematische Darlegung spätestens mit Edmund Burkes Abhandlung zur Französischen Revolution (1790)[15] und den Kampfschriften der katholischen Gegenrevolution einsetzt.[16] Darin werden Menschenrechte als eine abstrakte rationalistische Konstruktion dargestellt, durch die alle historisch gewachsenen Rechte aufgelöst werden – mit den Folgen gesellschaftlicher Nivellierung und kultureller Barbarei. Ähnliche skeptische Gedanken finden sich auch bei Hegel, Schopenhauer, Nietzsche, Carl Schmitt oder Arnold Gehlen. Zu den entschiedensten Gegnern der Menschenrechte in Europa zählen bis ins 20. Jahrhundert hinein nicht zuletzt die christlichen Kirchen. Die katholische Kirche macht offiziell

---

13 | Nur kurz angemerkt sei hier, dass mit der Betonung der Modernität der Menschenrechte keineswegs die These verbunden werden soll, dass Menschenrechte immanenter und notwendiger Bestandteil von Modernisierungsprozessen sind. Eine solche Modernisierungsthese menschenrechtlicher Entwicklung führt im Ergebnis zu ähnlichen Problemen wie ich sie oben in der Kritik am kulturgenetischen Entwicklungsschema skizziert habe.

14 | Vgl. Christoph Menke, »Von der Würde des Menschen zur Menschenwürde: Das Subjekt der Menschenrechte«, in: WestEnd. Neue Zeitschrift für Sozialforschung, 3. Jahrgang, Heft 2 (2006), S. 3-21.

15 | Edmund Burke, Betrachtungen über die Französische Revolution, Zürich o.J.

16 | Vgl. dazu Hans Maier, Revolution und Kirche. Zur Frühgeschichte der christlichen Demokratie, 5. erw. Aufl., Freiburg i.Br. 1988.

erst auf dem Zweiten Vatikanischen Konzil (1962-1965) ihren Frieden mit der Religionsfreiheit, die in mehreren päpstlichen Dokumenten des 19. Jahrhunderts als Weg in den Atheismus und in religiöse Beliebigkeit verurteilt worden war.[17]

In vielen ideengeschichtlichen Darstellungen kommen die prinzipiellen *Vorbehalte und Widerstände*, die lange Zeit in Europa gegen die Menschenrechte vorgebracht worden waren, allenfalls am Rande vor. Auch sie gehören aber zur westlichen Ideengeschichte der Menschenrechte. Vergegenwärtigt man sich die heftigen politischen Konflikte, die auf dem Wege der Anerkennung von Menschenrechten auch in Europa notwendig waren (und sind), wird einmal mehr deutlich, dass die Geschichte der Menschenrechte nicht angemessen als organische »Entfaltung« eines in den Grunddokumenten des Abendlands gleichsam schon angelegten kulturellen Potenzials beschrieben werden kann. Die Menschenrechte sind eben »keineswegs das eherne Erbe einer ursprünglichen kulturgenetischen Ausstattung Europas«, wie Dieter Senghaas resümiert.[18] Vielmehr handelt es sich bei der Geschichte ihrer Erarbeitung um eine *komplizierte Lerngeschichte*, die im Übrigen auch im Westen nicht abgeschlossen ist.[19]

Dass dieser gesellschaftliche Lernprozess nicht in einem kulturellen Vakuum stattgefunden hat, versteht sich von selbst. In die Argumente und Begründungen, mit denen der Anspruch der Menschenrechte im 18. Jahrhundert erstmals formuliert worden ist, haben Plausibilitäten des europäischen Naturrechtsdenkens, Motive der christlichen Tradition oder die Begriffe verschiedener europäischer philosophischer Schultraditionen Eingang gefunden. Sie gehören gleichsam zu den *kulturellen Medien*, in

17 | Vgl. Marianne Heimbach-Steins, Menschenrechte in Gesellschaft und Kirche. Lernprozesse – Konfliktfelder – Zukunftschancen, Mainz 2001, S. 26ff.

18 | Dieter Senghaas, Wohin driftet die Welt? Über die Zukunft friedlicher Koexistenz, Frankfurt a.M. 1994, S. 112.

19 | Die Geschichte der Menschenrechte ist schon deshalb prinzipiell unabgeschlossen, weil immer wieder neue Gefährdungen menschlicher Würde, Freiheit und Gleichheit auftreten. Hinzu kommt, dass der Universalitätsanspruch der Menschenrechte historisch stets mit partikularen (androzentrischen, eurozentrischen usw.) Menschenbildern, Gesellschaftsvorstellungen oder Lebensformen amalgamiert worden ist. Dementsprechend ist der Universalismus der Menschenrechte nicht nur in der Praxis der Staaten, sondern schon in der historisch-konkreten *Formulierung des Anspruchs* immer wieder verfehlt worden. Die Lerngeschichte der Menschenrechte besteht nicht zuletzt darin, solche in den menschenrechtlichen Formulierungen selbst enthaltenen »biases« kritisch aufzudecken und sukzessiv zu überwinden.

denen die Menschenrechtsidee erstmals artikuliert worden ist. Der universale Geltungsanspruch der Menschenrechte weist zugleich aber über die kulturell-spezifischen Formen hinaus, in denen er erstmals historisch wirksam geworden ist. Der normative Universalismus steht zwar keineswegs für jene geschichts- und kulturlose »Abstraktheit«, die ihm konservative Kritiker von de Maistre über Hegel bis zu Carl Schmitt immer wieder vorgeworfen haben. Tatsächlich aber verlangt er insofern Abstraktionsbereitschaft, als er die je spezifischen kulturellen Kontexte, in denen normative Ideen jeweils konkrete Wirksamkeit entfalten, als zuletzt immer nur *exemplarisch* begreift.

Der den Menschenrechten inhärente Universalismus gründet nicht in der globalen Expansion bestimmter Errungenschaften der westlichen Kultur, sondern in der *normativen Überzeugungskraft der Menschenrechtsidee* als einer modernen Konzeption politisch-rechtlicher Gerechtigkeit. Versteht man die zunächst westliche Ideengeschichte der Menschenrechte wesentlich als unabgeschlossene Lerngeschichte, dann erhält sie produktive Relevanz auch für einen *interkulturellen Menschenrechtsdiskurs.* Sie beinhaltet dann gerade nicht den imaginären historischen Fahrplan, den alle Gesellschaften gleichermaßen durchlaufen müssen, um schließlich zu den Menschenrechten zu gelangen. Und noch viel weniger impliziert sie die Forderung nach schlichter kultureller Konversion zu »westlichen Werten« als Voraussetzung der Anerkennung von Menschenrechten. Vielmehr bietet die Lerngeschichte der Menschenrechte in Europa Beispiele für den *Problemdruck,* der hinter den ersten Menschenrechtsforderungen stand, für gesellschaftliche und kulturelle *Hindernisse,* die in Europa die Durchsetzung der Menschenrechte lange Zeit erschwert haben und die teilweise auch heute noch fortbestehen, und für *Argumente,* die dazu beigetragen haben, solche Hindernisse auszuräumen und neuen kulturellen Selbstverständnissen und gesellschaftlichen Konsensen den Weg zu bereiten. Die zunächst »westlichen« Lernerfahrungen in der Konzeptionalisierung und institutionellen Ausgestaltung der Menschenrechte gewinnen somit *exemplarische Bedeutung* für das Verständnis von Lernprozessen, die auch in anderen kulturellen Kontexten möglich sind und faktisch stattfinden. Wie diese Lernprozesse im Einzelnen aussehen und ausgehen werden, lässt sich übrigens niemals mit Sicherheit prognostizieren.

Man kann die den Menschenrechten vorausgehenden und die sie begleitenden Lernprozesse auch als »Aufklärung« bezeichnen. Ohne Aufklärung sind Menschenrechte nicht möglich. Es wäre indessen verfehlt, den Begriff der Aufklärung auf eine bestimmte Epoche der europäischen Geschichte – auf das »siècle des lumières« – zu verkürzen, generell mit der westlich-modernen Zivilisation gleichzusetzen oder mit bestimmten westlichen Philosophien abschließend zu identifizieren. Die Vereinnahmung der Menschenrechte in eine auf diese Weise verdinglichte Vorstellung westlich-moderner Aufklärung wäre für den menschenrechtlichen Universalismus um nichts weniger problematisch als ihre kulturgenetische Reduzierung auf spezifisch abendländische »Wurzeln«. Denn in derart verdinglichter Gestalt geraten die Begriffe von europäischer Aufklärung und westlicher Moderne leicht entweder zum Programm einer imperialistischen Zivilisationsmission oder zu Ausgrenzungskategorien, die dazu herhalten, Menschen nicht westlicher Herkunft (z.B. Muslime) pauschal als »unaufgeklärt« zu diskreditieren und von der Mitgestaltung der modernen pluralistischen Gesellschaft auszuschließen.

Bedenkt man dagegen, dass selbst die europäische Aufklärung des 18. Jahrhunderts ein in sich sehr pluralistisches Unterfangen darstellt (zwischen Hume, Kant und den französischen Enzyklopädisten bestehen nicht nur marginale Differenzen!), dann öffnet sich der Raum dafür, auch andere Wege geschehener oder zukünftiger Aufklärung zur Kenntnis zu nehmen bzw. zumindest für möglich zu halten. Eine in Entlarvungsabsicht aufgeworfene Frage etwa nach einem »muslimischen Voltaire« wäre deshalb abwegig. Der Gehalt von Aufklärung kann nicht in der Wahrung und Nachahmung eines vorweg definierten »westlichen Modells« bestehen. Die Verdinglichung des Aufklärungsbegriffs zu einer quasi-kulturalistischen Kategorie wäre vielmehr das Ende von Aufklärung, sofern man darunter immer auch den Anspruch rückhaltloser und beständiger Selbstkritik, verbunden mit der Bereitschaft zu kommunikativer Auseinandersetzung versteht.

Menschenrechte stellen den Versuch dar, den religiösen, weltanschaulichen und kulturellen Pluralismus der modernen Gesellschaft dadurch »aufklärerisch« zu bewältigen, dass sie ihn an die Befähigung des Menschen zu mündiger Verantwortung zurückbinden, die ihrerseits politische Anerkennung in Gestalt durchsetzbarer Rechtspositionen findet. In dieser Weise innerlich auf den Pluralismus als Ausdruck menschlicher Würde und Freiheit bezogen, sind Menschenrechte selbst mit einer Vielzahl philosophischer und weltanschaulicher Deutungen vereinbar, einschließlich solcher Deutungen, die sich aus religiösen Traditionen speisen. Jedenfalls gibt es keine Rechtfertigung dafür, die legitimen Interpretationen von Menschenrechten von vornherein auf die Religionen und Philosophien europäischen Ursprungs zu beschränken, weil nur sie angeblich zur Aufklärung fähig seien.

3.3 Rückblickende Brückenschläge

Die zu Beginn dieses Kapitels formulierten kritischen Bemerkungen zum ideengeschichtlichen Entwicklungsschema der Menschenrechte hatten keineswegs die Absicht, ideengeschichtliche Ansätze per se als ideologisch zu verwerfen oder als sinnlos abzutun. Im Gegenteil: Ideengeschichtliche Studien können zum Verständnis der Menschenrechte wesentlich beitragen. Es kommt allerdings darauf an, dass man sich über den *»rekonstruktiven« Charakter* aller ideengeschichtlichen Bemühungen Klarheit verschafft: Menschenrechte sind nicht aus bestimmten ideengeschichtlichen Motiven genetisch zu erklären, sondern lassen sich nur *rückblickend* mit ihnen in Verbindung bringen. Wer dies tut, sollte deshalb wissen, dass er nicht gleichsam organisch verlaufene Entwicklungsprozesse beschreibt, sondern – von heute aus – Brücken zurück in die Geschichte schlägt.

Solche Brückenschläge sind in vieler Hinsicht möglich. Sie können auch außerhalb eines »westlichen« kulturellen Kontextes stattfinden. Es spricht nichts dagegen, beispielsweise auf Affinitäten zwischen modernen Menschenrechten und bestimmten ethischen Lehren des Konfuzius oder dem Gerechtigkeitspathos des Korans hinzuweisen. Wiederum ist Vorsicht angezeigt, damit es nicht zu Geschichtsklitterungen und kulturalistischen oder religiösen Vereinnahmungen kommt. In den Dokumenten des alten China oder in den Traditionen afrikanischer Völker unmittelbar nach Menschenrechten zu suchen, wäre ein problematisches Unterfangen. Die im zeitgenössischen islamischen Schrifttum häufig zu findende Behauptung, Menschenrechte seien bereits im Koran enthalten,[20] ist nicht weniger anachronistisch als der Versuch, die Menschenrechte unmittelbar in der Bibel zu verorten. Muslime mögen darauf verweisen, dass der Koran dem Menschen als Statthalter Gottes auf Erden[21] einen hohen Rang zuweist, aus dem sich – analog zum biblischen Motiv der Gottesebenbildlichkeit – die Menschenwürde religiös begründen lässt. Dies ändert aber nichts daran, dass der Koran sowenig wie die Bibel bereits menschenrechtliche Ansprüche in einem prägnanten Sinne enthält. Auch wenn zeitgenössische Muslime die koranische Aussage, dass es keinen Zwang in der Religion gibt,[22] als islamische Begründung der Religionsfreiheit anführen, gehen sie offenkundig von den Plausibilitäten

20 | Vgl. z.B. die Präambel der Allgemeinen Islamischen Menschenrechtserklärung des Islamrats für Europa von 1981, abgedruckt in CIBEDO-Dokumentationen Nr. 15/16, 1982.

21 | Vgl. Koran 2,30 u.ö.

22 | Vgl. Koran 2,256.

des modernen Menschenrechtsdenkens aus, das sie weniger aus dem Koran *heraus* entwickeln, als dass sie es in den Koran *hineinlesen*. Wiederum geschieht der Brückenschlag vom Standpunkt der Gegenwart aus, und es ist gut, sich dies klarzumachen.

Die hermeneutische Einsicht, dass jede Ideengeschichte der Menschenrechte nur *rückwärts erzählt* werden kann, hat praktische Relevanz. Sie kann dazu beitragen, exklusive Vereinnahmungen der Menschenrechte in bestimmte Kulturtraditionen kritisch aufzubrechen und deutlich zu machen, dass jede einzelne ideengeschichtliche Linie – auch die westliche Linie – zuletzt nur ein *Beispiel* für die vielfältigen ideengeschichtlichen Rückbezüge bietet, die sich um die Menschenrechte weben lassen. Dies wiederum macht es möglich, dass die spezifischen historischen Hintergründe, Erfahrungen und Motive, die zunächst in Europa und Nordamerika zum Postulat von Menschenrechten geführt haben, in den Zusammenhang einer *unabgeschlossenen menschenrechtlichen Lerngeschichte* gestellt werden. Darin muss auch den Narrationen und Reflexionen von außerhalb des Westens eine kritisch-produktive Rolle zukommen, damit der Universalitätsanspruch der Menschenrechte nicht selbst zu einer ideologischen Verabsolutierung eurozentrischer Perspektiven gerät.[23]

Diese Klarstellung hat auch für den öffentlichen Diskurs über Integration und multikulturelle Gesellschaft Bedeutung. Denn es ist offenkundig, dass die Menschenrechte nur dann eine integrative Wirkung in der Debatte über die Gestaltung multikultureller Koexistenz entfalten können, wenn ihr Geltungsanspruch nicht schlicht als Dominanzanspruch der Mehrheitskultur kommuniziert wird. Der Verzicht auf die Vereinnahmung der Menschenrechte in ein Set »westlicher Werte« ist indessen nicht nur ein Gebot interkulturellen Taktgefühls, sondern folgt darüber hinaus letztlich aus dem Universalismus der Menschenrechte selbst, der von innen her jede »leitkulturelle« Einhegung des menschenrechtlichen Geltungsanspruchs aufsprengt.

23 | Andernfalls droht eine Gefahr, die Bernhard Waldenfels wie folgt beschreibt: »Schön wäre es, wenn ›der Mensch‹ mit eigener Stimme spräche. Doch die Erfahrungen der Interkulturalität lehren uns nur zu gut, dass hinter einer solchen Stimme stets eine bestimmte Instanz steckt, die sotto voce für ›den Menschen‹ spricht, ohne ihn in seiner Allgemeinheit verkörpern zu können. Und nur oft verbirgt sich hinter der Prätention auf Allgemeinheit ein hierarchisches Gefälle […]«. Bernhard Waldenfels, Grundmotive einer Phänomenologie des Fremden, Frankfurt a.M. 2006, S. 113.

4. Grundzüge eines aufgeklärten Multikulturalismus

4.1 Krise der multikulturellen Gesellschaft?

Die Embleme der multikulturellen Gesellschaft sind unübersehbar: Kopftücher und Minarette, gelegentlich auch der Turban der Sikhs, Läden mit Halal-Fleisch oder koscherem Wein – all dies gehört in den urbanen Regionen Deutschlands längst zum alltäglichen Leben. Auch dass man in der U-Bahn und auf den Pausenhöfen von Grund- und Hauptschulen neben der deutschen Sprache Türkisch, Russisch, Arabisch und andere Sprachen hört, ist vielerorts selbstverständlich geworden. Deutschland ist durch die Einwanderung der vergangenen Jahrzehnte zu einer irreversibel multikulturellen und multireligiösen Gesellschaft geworden.

Allerdings war der Begriff des Multikulturalismus in Deutschland immer umstritten und gab in der Vergangenheit nicht selten Anlass für politische Polarisierungen. Mittlerweile lässt sich feststellen, dass von multikultureller Gesellschaft kaum noch positiv gesprochen wird. Nachdem einige Konservative bereits vor Jahren das Konzept der multikulturellen Gesellschaft öffentlich für gescheitert erklärt hatten, gewinnt man den Eindruck, dass vor allem nach den Mordanschlägen auf Theo van Gogh und Hatun Sürücü auch in liberalen oder linksalternativen Kreisen ein zumindest stillschweigender Abschied vom Multikulturalismus geschehen ist.

In den Wochen nach dem Attentat auf Theo van Gogh schwang bei allem Entsetzen über die Bluttat in manchen Äußerungen fast eine Art Erleichterung mit, dass man fortan über Defizite und Fehlentwicklungen der multikulturellen Gesellschaft offener würde reden können. So entstand der Eindruck, dass sich in breiten Kreisen der Gesellschaft schon seit längerem ein Unbehagen an der multikulturellen Gesellschaft angestaut hatte, das nun schärfer als früher Ausdruck findet. Die Gründe für ein solches Unbehagen dürften vielschichtig sein. Kulturelle Überfremdungsgefühle, die auch politisch ausgebeutet und angeheizt werden, mischen sich mit sozialer Frustration in niedergehenden Stadtvierteln. Kommunikationsprobleme oder Kommunikationsverweigerung zwischen Eingewanderten und Altansässigen verstärken wechselseitiges Misstrauen in Schule, Nachbarschaft und Beruf. Berichte über antiwestliche Propagandareden und antisemitische Verschwörungstheorien in einigen Moscheegemeinden sorgen für Beunruhigung. Es bestehen Befürchtungen, dass mühsam erarbeitete emanzipatorische Errungenschaften wie die Gleichberechtigung der Geschlechter durch autoritäre Milieustrukturen konterkariert werden, unter denen vor allem Frauen und Mädchen leiden. Über all dem schwebt schließlich die Angst vor terroristischen Gewaltakten, die die Integrationsdebatte seit dem 11. September 2001 überschattet.

Das gestiegene öffentliche Bewusstsein über mögliche Bruchstellen multikultureller Koexistenz gehört zur notwendigen, oft auch schmerzlichen Selbstaufklärung der Gesellschaft. Manche blinden Flecken in der Wahrnehmung – etwa bezogen auf die lange Zeit ignorierte Realität extrem konservativer, patriarchalischer Familienstrukturen im manchen Migrantenmilieus hierzulande – sind dadurch abgebaut worden. Die Ungebrochenheit, mit der die multikulturelle Gesellschaft noch vor zwanzig Jahren von manchen als Zugewinn an »Buntheit« zelebriert wurde, wäre so heute nicht mehr denkbar.

Es wäre aber völlig falsch, deshalb die multikulturelle Gesellschaft für gescheitert zu erklären. Mehr noch: Den Eindruck zu erwecken, es gebe gangbare Alternativen zur multikulturellen Koexistenz, wäre abenteuerlich. Statt eine Abkehr vom Multikulturalismus zu propagieren, ist es allerdings unumgänglich, sich über die normativen Kriterien, nach denen das Zusammenleben in unserer irreversibel pluralistisch und multikulturell gewordenen Gesellschaft politisch gestaltet werden sollte, genauer zu verständigen.

4.2 Antiliberale und liberale Formen des Multikulturalismus

In der deutschen Diskussion war man lange Zeit relativ unbesehen davon ausgegangen, dass Multikulturalismus per se eine Fortsetzung freiheitlicher Gesellschaftspolitik sei. Von daher erklärt sich der Enthusiasmus, der in linksalternativen Kreisen gegenüber dem Begriff der multikulturellen Gesellschaft ehedem den Ton angab. Mittlerweile hat sich die Stimmungslage parteienübergreifend so sehr geändert, dass Multikulturalismus nun eher als Ensemble von »Parallelgesellschaften« ausbuchstabiert wird. Tatsächlich wohnt dem Begriff des Multikulturellen indes von Anfang an eine Mehrdeutigkeit inne, die es möglich macht, dass sich sowohl emanzipatorische als auch ausgesprochen autoritäre politische Vorstellungen damit verbinden können.

Beispiel für eine autoritäre Konzeption von Multikulturalismus bietet das »Europäische Manifest für das 21. Jahrhundert«, das vom Vordenker der französischen neuen Rechten, Alain de Benoist, vorgelegt worden ist. Sein Text mit dem bezeichnenden Titel »Aufstand der Kulturen« wird in Deutschland vom Verlag der rechtsextremen Zeitung »Junge Freiheit« vertrieben.[1] Der darin propagierte rechte Multikulturalismus macht Anleihen bei der Kulturkreisphilosophie Herders und der deutschen Romantik, vor allem aber beim antiliberalen und anti-universalistischen Politikverständnis Carl Schmitts, wonach sich das Politische in der Kraft zur entschiedenen Abgrenzung gegen »das Andere« zu bewähren habe. Gemäß dem Schmitt'schen Diktum »Wer Menschheit sagt, will betrügen«,[2] geht es de Benoist darum, den normativen Universalismus der Menschenrechte als ideologisches Schmiermittel der von amerikanischen Interessen dominierten ökonomischen Globalisierung zu decouvrieren,[3] gegen deren angeblich zersetzenden Einfluss er die Vielfalt der Kulturen mobilisiert. Leitidee dieses dezidiert antiliberalen Multikulturalismus ist gerade nicht der offene Pluralismus der Überzeugungen und Lebensformen, sondern die Verteidigung gewachsener kultureller Identitäten, die gegen die vermeintlich nivellierenden Tendenzen von normativem Universalismus und ökonomischer Globalisierung möglichst weitgehend abgeschottet werden sollen. Eine multikulturelle Gesellschaft im Sinne der »nouvelle droite« und anderer neurechter Ideologien wäre demnach nicht die Weiterentwicklung der freiheitlichen Gesellschaft, sondern ihre Antithese: Die Spielräume persönlicher Lebensgestaltung werden in einem solchen Modell nicht etwa respektiert und erweitert, sondern sind durch eine vermeintlich schicksalhafte Bindung an primordiale kulturelle Gruppenidentitäten eng begrenzt. An die Stelle einer offenen Pluralität sich wandelnder Lebensentwürfe tritt ein Nebeneinander mehr oder

1 | Vgl. Alain de Benoist, Aufstand der Kulturen. Europäisches Manifest für das 21. Jahrhundert, Berlin 1999.

2 | Carl Schmitt, »Staatsethik und pluralistischer Staat«, in: Positionen und Begriffe im Kampf mit Weimar – Genf – Versailles 1923-1939, Berlin 1988, S. 133-145, hier S. 143.

3 | Vgl. de Benoist, Aufstand der Kulturen, a.a.O., S. 7: »Die Rhetorik der Menschenrechte dient vor allen Dingen dazu, den Widerstand gegenüber der Globalisierung zu brechen und die Erschließung neuer Märkte zu ermöglichen.«

weniger geschlossener und intern autoritär strukturierter kultureller Kollektive.

Auch einige von islamistischen Intellektuellen ins Spiel gebrachte Vorstellungen von Multikulturalismus weisen deutlich antiliberale Züge auf.[4] Denn auch in ihnen geht es darum, religiös-kulturelle Claims gegen Einspruch von außen abzustecken. Den Maßstab multikultureller bzw. multireligiöser Koexistenz bildet in diesen Konzeptionen die vormoderne islamische Toleranzpraxis, die historisch – etwa im Millet-System des Osmanischen Reiches – zwar kollektive Autonomierechte für die anerkannten monotheistischen Religionsgemeinschaften gewährte, für Angehörige nicht monotheistischer Religionen und erst recht für Atheisten jedoch wenig Lebensraum, geschweige denn Möglichkeiten öffentlicher Selbstdarstellung vorsah.[5] Außerdem unterscheidet sich die vormoderne islamische Toleranzkonzeption von der modernen, menschenrechtlich gedachten Religionsfreiheit dadurch, dass sie kein allgemeines Recht auf Glaubenswechsel anerkannte. Im Vergleich zu den mittelalterlichen und frühneuzeitlichen europäischen Gesellschaften erlaubte die islamische Toleranzkonzeption ein höheres Maß an religiösem Pluralismus, als dies in den zeitgenössischen christlichen Gesellschaften möglich war; darin besteht ihr historisches Verdienst.[6] Ein von ihr inspirierter Multikulturalismus stünde heute allerdings in der Gefahr, die Errungenschaften menschenrechtlicher Selbstbestimmung und Gleichberechtigung zugunsten einer kollektiven religiös-kulturellen Identitätspolitik zurückzuschrauben.

Im Unterschied zu den genannten antiliberalen Konzepten multikultureller Koexistenz geht es Charles Taylor um eine kritische Weiterentwicklung des politischen Liberalismus, dem er einen sensibleren Umgang mit kommunitärer kultureller Identität nahelegen möchte. Ziel ist

---

4 | Vgl. z.B. Murat Wilfried Hofmann, Der Islam im 3. Jahrtausend. Eine Religion im Aufbruch, Kreuzlingen 2000, S. 248ff.

5 | Unfreiwillig entlarvend ist Murat Hofmanns Versuch, Atheisten dadurch in sein Toleranzkonzept zu integrieren, dass er sie als »Götzendiener« bezeichnet und insofern doch gleichsam einer Religionsgemeinschaft zuschlägt (ebd., S. 254). Grundlage dieses Arguments ist die Unterstellung, dass Atheisten das ihnen eigene religiöse Vakuum faktisch immer mit irgendeiner Sucht – von Hofmann »Götzendienst« genannt – füllen. Mit einer Anerkennung von Atheisten hat ein solcher verquerer Gedankengang natürlich nichts zu tun.

6 | Vgl. Bülent Ucar, »Der Umgang mit Minderheiten im Osmanischen Reich«, in: Heiner Bielefeldt/Jörg Lüer (Hg.), Rechte nationaler Minderheiten. Ethische Begründung, rechtliche Verankerung und historische Erfahrung, Bielefeld 2004, S. 100-123.

ein Liberalismus, der sowohl für individuelle Freiheitsrechte als auch für eine Vielfalt gemeinschaftlicher kultureller Lebensformen Raum gibt.[7] Um beide Anliegen von einem übergeordneten Standpunkt her in eine Balance zu bringen, führt Taylor als vermittelnde Kategorie den Begriff der »*Authentizität*« ein, der seinen Ansatz insgesamt charakterisiert.[8] Die zentrale Funktion des Authentizitätsbegriffs besteht darin, dass er es möglich macht, sowohl die Sorge um die Besonderheit der je eigenen (individuellen und kommunitären) Identität als auch den Einsatz für menschenrechtliche Freiheit als komplementäre Aspekte des neuzeitlichen »Kampfes um Anerkennung« zu integrieren, in dem es immer um beides gehe: um Differenz und Gleichheit bzw. um historisch-kulturelle Besonderheit und normativen Universalismus. Auch wenn Taylor die normative Gleichursprünglichkeit dieser beiden Komponenten im Kampf um Anerkennung unterstellt, bleibt es jedoch dabei, dass sie in Konflikt zueinander geraten können und dann zuletzt doch auch *gegeneinander* abgewogen werden müssen. Dass bei solcher Abwägung der menschenrechtliche Universalismus gelegentlich zugunsten der Bestandspflege einer besonderen kulturellen Lebensform zurücktreten muss, wird von Taylor ausdrücklich konzediert.[9] Als Beispiel führt er die restriktive anti-englische Sprachengesetzgebung von Quebec an, mit der die frankophone Provinz auf Kosten einiger Grundrechte der kanadischen Bundesverfassung ihre gewachsene kulturelle Identität als »distinct society« innerhalb der kanadischen Föderation zu schützen versucht – ein Projekt, dem Taylor Verständnis und Sympathie entgegenbringt.[10]

Auch im politischen Einsatz für das Überleben einer bestimmten Kultur müssen nach Taylor zwar die »elementaren« Freiheitsrechte jeder

7 | Vgl. Charles Taylor, »Die Politik der Anerkennung«, in: Amy Gutman/Charles Taylor (Hg.), Multikulturalismus und die Politik der Anerkennung, Frankfurt a.M. 1993, S. 13-78.

8 | Vgl. Charles Taylor, The Ethics of Authenticity, Harvard 1992.

9 | Vgl. Taylor, Die Politik der Anerkennung, a.a.O., S. 53: »Vielmehr gilt es, die elementaren Freiheiten, die niemals eingeschränkt werden dürfen und deshalb fest verankert werden müssen, von Vor- und Sonderrechten zu unterscheiden, die zwar wichtig sind, aber aus politischen Gründen, allerdings nur aus sehr triftigen, widerrufen oder beschnitten werden können.«

10 | Generell verbindet Taylor mit seinem authentizitätsethischen Ansatz eine Kritik an der »Differenzblindheit« des politisch-rechtlichen Universalismus, der sich aufgrund seiner bewussten Ausblendung des historisch Besonderen als einseitig und »abstrakt« erweise. Damit führt er die von Burke und Hegel eröffnete Universalismuskritik auf seine Weise fort.

Abwägung entzogen bleiben. So schließt er beispielsweise aus, »das *habeas corpus*, also die Bestimmungen über die Freiheit der Person, in verschiedenen kulturellen Kontexten unterschiedlich zu handhaben«.[11] Generell aber gibt er keine Auskunft darüber, wo genau die Grenze zwischen »elementaren« Freiheitsrechten und solchen Rechten verläuft, die zugunsten kultureller Bestandssicherung notfalls dann doch politisch eingeschränkt oder relativiert werden können. Taylor verzichtet vermutlich deshalb auf klare Grenzziehungen, weil er gerade positiv den inneren Zusammenhang von persönlicher Freiheit einerseits und kultureller Zugehörigkeit andererseits gewahrt sehen möchte. Weil es ihm stets um die *Freiheit in konkretem kulturellem Kontext* geht, thematisiert er den Konfliktfall, in dem das Freiheitsanliegen die Einbindung in eine kulturelle Tradition kritisch aufsprengt, nur am Rande. Darin besteht ein blinder Fleck in Taylors Ansatz, der theoretisch zur Einbruchstelle antiliberalen Denkens werden könnte.

Klarer als bei Taylor kommt der Primat der Freiheit bei seinem kanadischen Landsmann Will Kymlicka zu Wort. Während Taylor das Überleben kultureller Traditionen letztlich doch als auch für die Politik relevanten Selbstzweck betrachtet,[12] schreibt Kymlicka kulturellen Traditionen nur insofern einen von vornherein bedingten Wert zu, als sie den Menschen Optionen freiheitlicher Lebensgestaltung eröffnen: »Eine Kultur ist nicht an sich und für sich wertvoll, sondern weil die Einzelnen nur durch den Zugang zu einer gesellschaftlichen Kultur über einen Bereich sinnvoller Optionen verfügen.«[13] Die vorrangige Orientierung an der Freiheit der Menschen, für die Kymlicka plädiert, hat zur Folge, dass die kulturelle Identität nur mehr *indirekt* Gegenstand politisch-rechtlicher Gewährleistungen sein kann. Unmittelbar beziehen letztere sich nämlich auf die Menschen, die allein Subjekte von Freiheitsrechten sein können und denen es folglich obliegt, als Individuen und in Gemeinschaft mit Anderen ihre kulturelle Tradition zu pflegen und weiterzuentwickeln, ihre kulturellen Identitäten auszubilden oder auch zu verändern. Ob und wie sie dies tun, kann und darf der Staat dabei letztlich nicht direkt beeinflussen. Er kann zwar die äußeren Rahmenbedingungen für die Chancen kultureller Traditionspflege schaffen und verbessern. Eine staatliche »Überlebensgarantie« für bestimmte kulturelle Traditionen ist nach Kymlicka innerhalb eines freiheitlichen Politikansatzes aber nicht möglich.

11 | Taylor, Die Politik der Anerkennung, a.a.O., S. 55.

12 | Vgl. Taylor, Die Politik der Anerkennung, a.a.O, S. 74, Endnote 16.

13 | Will Kymlicka, Multikulturalismus und Demokratie. Über Minderheiten und Staaten und Nationen, Berlin 1999, S. 34.

Entschiedener noch als bei Kymlicka wird diese Konsequenz des Primats der Freiheit von Seyla Benhabib formuliert, wenn sie schreibt: »Es ist nicht die Aufgabe des Staates oder der Gesetzgebung, in den Individuen ein Gefühl für die weihevolle Unantastbarkeit der Kultur zu verankern. Die Politik sollte dafür sorgen, dass die Bedingungen für die Regenerierung der Kultur im Rahmen der Institutionen einer freien Zivilgesellschaft gegeben sind.«[14] Was der Staat nach Benhabib leisten kann und soll, ist mithin lediglich die *Bereitstellung institutioneller Voraussetzungen* für eine freiheitliche Entwicklung kultureller Identitäten. Ob die Menschen diese Möglichkeiten tatsächlich nutzen, bleibt dabei ihre eigene persönliche Entscheidung. Ähnlich betont auch Habermas: »Rechtsstaatlich kann diese hermeneutische Leistung der kulturellen Reproduktion von Lebenswelten nur *ermöglicht* werden. Eine Überlebensgarantie müsste nämlich den Angehörigen genau die Freiheit des Ja- und Neinsagens rauben, die heute für die Besitznahme und Bewahrung eines kulturellen Erbes nötig ist.«[15]

Nach Benhabib sind Kulturen keine primordialen Entitäten, an die Menschen als Mitglieder kultureller Gemeinschaften schicksalhaft gebunden wären; sie sind »keine Zwangsjacken, sondern flexible, widersprüchliche und äußerst zwiespältige Verflechtungen von Interpretation und Symbolisierung, durch die dem kollektiven und individuellen Leben Bedeutung verliehen wird«.[16] Kulturen bilden in dieser Perspektive auch keine geschlossenen Kreise mit je eindeutigem Zentrum und klaren Grenzen (wie die von Herder inspirierte Metapher der »Kulturkreise« dies suggeriert). Bei allen Differenzen, die zwischen ihnen existieren mögen, sind sie keine je eigenen »Welten«, sondern in aller Regel intern pluralistische Felder symbolischer Praxis. Dass Grenzen des Verstehens zwischen ihnen verlaufen, lässt sich akzeptieren, solange diese sich nicht zu undurchlässigen und unveränderlichen Demarkationslinien verhärten. Auf dem Hintergrund eines solchen Kulturbegriffs kann das Konzept eines offenen Multikulturalismus Gestalt gewinnen, das gerade nicht wie bei de Benoist auf das Nebeneinander abgesteckter ethnisch-kultureller Claims hinausläuft, sondern sich an der Leitidee polyglotter Kommunikationsfähigkeit orientiert.[17]

---

14 | Seyla Benhabib, Kulturelle Vielfalt und demokratische Gleichheit. Politische Partizipation im Zeitalter der Globalisierung, Frankfurt a.M. 1999, S. 68.

15 | Jürgen Habermas, »Anerkennungskämpfe im demokratischen Rechtsstaat«, in: Gutmann/Taylor (Hg.), Multikulturalismus und die Politik der Anerkennung, a.a.O., S. 147-196, hier S. 174.

16 | Benhabib, Kulturelle Vielfalt, a.a.O., S. 52.

17 | Vgl. Benhabib, Kulturelle Vielfalt, a.a.O., S. 65.

4.3 Menschenrechte auf kulturelle Selbstbestimmung

Die aufgeführten Positionen von de Benoist bis Habermas sollten beispielhaft die Mehrdeutigkeit illustrieren, die dem Begriff der Multikulturalität von Haus aus innewohnt. Deshalb sind abstrakte Bekenntnisse pro oder contra Multikulturalismus für sich gesehen nicht viel wert. Vielmehr geht es darum, die Kriterien multikultureller Koexistenz zu klären. Den Menschenrechten kommt dabei eine entscheidende Rolle zu.

Menschenrechte bilden politisch-rechtliche Grundnormen des Zusammenlebens in der modernen pluralistischen Gesellschaft. Entstanden als Antworten auf strukturelle Unrechtserfahrungen, stellen sie jene individuellen und gemeinschaftlichen Grundfreiheiten unter besonderen Rechtsschutz, die einem jeden Menschen um seiner Menschenwürde willen gleichermaßen zukommen. Die emanzipatorische Ausrichtung der Menschenrechte impliziert die Freisetzung einer Vielfalt menschlicher Überzeugungen, Sinnorientierungen, Lebenswege und Lebensformen. Eine an den Menschenrechten orientierte freiheitliche Gesellschaft wird deshalb *immer eine religiös, weltanschaulich und kulturell pluralistische Gesellschaft* sein. Dies gilt erst recht unter den Bedingungen moderner Wanderungsbewegungen. Sie haben in den letzten Jahrzehnten zu einer enormen Ausweitung des Pluralismus in Deutschland und anderen europäischen Gesellschaften geführt, die sich spätestens seitdem zu de facto multikulturellen Gesellschaften entwickelt haben.

Die politische Gestaltung multikulturellen Zusammenlebens in der freiheitlichen Gesellschaft verlangt, dass auch die im weitesten Sinne des Wortes »kulturellen« Freiheitsrechte der Menschen von Staats wegen respektiert und gewährleistet werden.[18] Einschlägig ist in diesem Zusammenhang vor allem die Religions- und Weltanschauungsfreiheit. Über die Ebene der persönlichen Glaubens- und Gewissensfreiheit hinaus schließt sie auch die Freiheit zur äußerlich sichtbaren Manifestation religiös oder weltanschaulich orientierter Lebensführung mit ein, und zwar für Individuen wie für Gemeinschaften.[19] Viele der mit multi-

---

18 | Im vorliegenden Kapitel wird der Begriff der Kultur in einem umfassenden Sinne verwendet, wonach er auch Religionen und Weltanschauungen einschließt. Der Grund für diesen Sprachgebrauch besteht darin, eine durchgehende Verwendung von Doppelbezeichnungen (wie »multikulturelle und multireligiöse Gesellschaft«) zu vermeiden. In Kapitel 5 geht es – komplementär dazu – darum, einen prägnanten Begriff von Religionsfreiheit gegenüber Tendenzen ihrer Nivellierung in ein allgemeines Konzept kultureller Freiheitsrechte zu verteidigen.

19 | Vgl. Artikel 4 GG; Artikel 9 EMRK; Artikel 18 Internationaler Pakt über bürgerliche und politische Rechte.

kultureller Koexistenz assoziierten rechtlichen Konflikte – angefangen vom Moscheebau und dem Schächten über gewünschte Freistellungen vom schulischen Sportunterricht bis hin zu Feiertagsregelungen und Veränderungen in der Friedhofsordnung – werden über die Interpretation der Religionsfreiheit ausgefochten, der mittlerweile ein vor wenigen Jahrzehnten noch kaum vorstellbarer Stellenwert zugewachsen ist.[20]

Auch das Recht auf freie Entfaltung der Persönlichkeit umfasst kulturelle Aspekte der Lebensgestaltung.[21] Dass etwa die Pflege der Herkunftssprache zu den Rechten der freien Persönlichkeitsentfaltung gehört, kann keinem Zweifel unterliegen. Eine wichtige Rolle spielt auch das elterliche Erziehungsrecht.[22] Weiterhin zu nennen wären Bildungsrechte, wie sie besonders detailliert in der UN-Kinderrechtskonvention vorgegeben sind; auch darin kommen Optionen kultureller Lebensgestaltung zum Zuge.[23] Zu beachten sind schließlich außerdem spezifische Rechte kultureller Minderheiten, zu deren Einhaltung sich Deutschland durch Ratifikation internationaler Konventionen verpflichtet hat.[24]

Dass Menschen ihre religiösen oder nicht-religiösen Überzeugungen privat und öffentlich zum Ausdruck bringen, ihr Leben – für sich selbst und in Gemeinschaft mit anderen – nach ihren Überzeugungen gestal-

20 | Vgl. Dieter Grimm, »Kann der Turbanträger von der Helmpflicht befreit werden?«, in: Frankfurter Allgemeine Zeitung vom 21.06.2002, S. 49.

21 | Vgl. Artikel 2 Absatz 1 GG. Vor allem darauf stützt sich systematisch Gabriele Britz, Kulturelle Rechte und Verfassung. Über den rechtlichen Umgang mit kultureller Differenz, Tübingen 2000, S. 209ff.

22 | Vgl. Artikel 6 Absatz 2 Grundgesetz.

23 | Vgl. Artikel 28 und 29 der Kinderrechtskonvention.

24 | Die in der Rahmenkonvention des Europarats zum Schutz nationaler Minderheiten von 1995 verbürgten kulturellen Minderheitenrechte kommen nach offizieller Interpretation der Bundesrepublik Deutschland allerdings nur den traditionellen autochthonen Minderheiten – Sorben, Dänen, Friesen, Sinti und Roma – zu und haben insofern für die deutsche Migrations- und Integrationsdebatte bislang keine Bedeutung erlangt. Der im Internationalen Pakt über bürgerliche und politische Rechte formulierte Artikel zum Minderheitenschutz (Art. 27) ist nach Auffassung des Menschenrechtsausschusses der Vereinten Nationen hingegen prinzipiell auch auf in jüngerer Zeit zugewanderte religiöse, kulturelle und sprachliche Minderheiten anwendbar. Vgl. Deutsches Institut für Menschenrechte (Hg.), Die »General Comments« zu den VN-Menschenrechtsverträgen. Deutsche Übersetzung und Kurzeinführungen, Baden-Baden 2005, S. 97ff. Zum Gesamtkomplex vgl. Norman Weiß, »Völkerrechtlicher Minderheitenschutz und seine Bedeutung für die Bundesrepublik Deutschland«, in: Bielefeldt/Lüer (Hg.), Rechte nationaler Minderheiten, a.a.O., S. 71-90.

ten, ihre religiösen, kulturellen und sprachlichen Traditionen pflegen und an die nachfolgenden Generationen weitergeben, ist demnach ihr selbstverständliches Recht. Eine pluralistische Gesellschaft, die die Freiheit der Menschen in Fragen religiöser, weltanschaulicher und kultureller Selbstbestimmung respektiert, wird deshalb unter den Bedingungen zeitgenössischer Migration immer auch eine multikulturelle Gesellschaft sein. In diesem Sinne gibt es einen positiven Zusammenhang von Menschenrechten und Multikulturalität. Eine den Menschenrechten verpflichtete freiheitliche Integrationspolitik kann diesen Zusammenhang nicht ignorieren und darf sich deshalb nicht in einen pauschalen Gegensatz zur multikulturellen Gesellschaft hineinmanövrieren lassen.

Die in den Menschenrechten angelegte Freisetzung von Multikulturalität bedarf allerdings näherer Qualifizierung. Denn Gegenstand menschenrechtlicher Anerkennung sind, genau besehen, nicht etwa religiöse Überzeugungen und Traditionen oder kulturelle Lebensformen als solche. Unmittelbare Träger menschenrechtlicher Ansprüche sind vielmehr *die Menschen*, deren individuelle und gemeinschaftliche *Selbstbestimmung* durch Menschenrechte Achtung und Schutz erfährt. Nur *indirekt*, nämlich vermittelt über den Anspruch auf freie Selbstbestimmung der Menschen, kommen religiöse Überzeugungen und Praktiken bzw. kulturelle Lebensformen und Traditionen überhaupt in den Fokus menschenrechtlicher Überlegungen. Deshalb wäre beispielsweise die Forderung, das islamische Kopftuch anzuerkennen, aus menschenrechtlicher Sicht unpräzise formuliert. Worum es in diesem Fall stattdessen geht, ist die *Freiheit muslimischer Frauen*, das Kopftuch in der Öffentlichkeit zu tragen – oder es auch *nicht* zu tragen. In die Irre gehen auch Vorstellungen, wie sie im Frühjahr 2006 im Kontext des Streits um die Mohammed-Karikaturen gelegentlich laut wurden, wonach die Religionsfreiheit als Berufungsgrundlage gegen religionskritische Äußerungen, Satiren und Karikaturen fungieren könne. Demgegenüber ist klarzustellen, dass die Religionsfreiheit keinen »Ehrschutz« für Religionen, religiöse Traditionen oder religiöse Identität bedeutet, sondern die *Freiheit der Menschen* schützt, sich in religiösen und weltanschaulichen Fragen selbst zu orientieren und selbst zu organisieren. Wer sie als Anspruchsnorm für religiös motivierte Zensurforderungen ins Feld führt und gegen Meinungsfreiheit oder Kunstfreiheit ausspielt, hat den menschenrechtlichen Sinn der Religionsfreiheit nicht verstanden.

Ein an der freien Selbstbestimmung der Menschen orientierter Multikulturalismus muss im Übrigen stets auch die Rechte individueller »Grenzgängerinnen« und »Grenzgänger« beachten. Dazu zählen zum Beispiel religiöse Dissidentinnen und Dissidenten, Minderheiten innerhalb von Minderheiten, Konvertitinnen und Konvertiten, Personen mit multiplen oder uneindeutigen kulturellen Identitäten oder auch Menschen – insbesondere Frauen –, deren Lebensweise nicht mit herkömmlichen religiös oder kulturell konnotierten Ehrvorstellungen konform geht. Auch die Freiheit, sich gegenüber einer Herkunftstradition gleichgültig zu verhalten, sich davon öffentlich zu distanzieren oder sie – auch im Medium von Karikatur und Satire – zu kritisieren, ist Bestandteil der menschenrechtlich garantierten Selbstbestimmung. Sie umfasst schließlich auch die Möglichkeit, sich aus freier Entscheidung ganz an die kulturellen Gepflogenheiten der Mehrheitsgesellschaft zu assimilieren.

4.4 Grenzen multikultureller Toleranz

Kulturelle Vielfalt ist im Kontext der Menschenrechte kein Selbstzweck, sondern Folge der gebotenen *Anerkennung freier Selbstbestimmung*, die auch die – im weitesten Wortsinne – »kulturellen« Dimensionen der Lebensgestaltung (wie Religion, Sprache, Lebensformen usw.) umfasst. Durch diese Orientierung an der freien Selbstbestimmung aller unterscheidet sich eine menschenrechtliche Konzeption der multikulturellen Gesellschaft von kulturromantischen Vorstellungen, die vielfach ebenfalls unter dem – insofern immer schon mehrdeutigen – Begriff des Multikulturalismus firmieren.

Mit einem Kulturromantizismus, der die Vielfalt der Kulturen und Religionen als Wert an sich betrachtet und gegen die vermeintlich nivellierenden Tendenzen der Moderne abschotten will, haben Menschenrechte nichts gemein. Vielmehr enthält der emanzipatorische Anspruch der Menschenrechte immer auch *kulturkritisches Potenzial*, das es Menschen ermöglicht, kulturelle Plausibilitäten zu verändern und sich von kulturellen Bindungen, so sie dies möchten, auch zu lösen. Schon die Lerngeschichte der Menschenrechte in Europa hat gezeigt, dass beispielsweise die Anerkennung der Religionsfreiheit durch die christlichen Kirchen oder die allmähliche Durchsetzung der Gleichberechtigung der Geschlechter nur im Rahmen durchgreifender kultureller Wandlungsprozesse gelingen konnten bzw. können. Ähnliche Wandlungsprozesse (wie immer sie im Einzelnen verlaufen und verarbeitet werden mögen) sind auch für die kulturellen Milieus eingewanderter Minderheiten prinzipiell unvermeidlich. Es mag sein, dass manche Repräsentantinnen und Repräsentanten kultureller Minderheiten solche Ansprüche als Zumutungen oder als Anschlag auf ihre Identität zurückweisen und dafür womöglich sogar Gründe aufführen.[25] Die Zumutungen von Freiheit

25 | Vgl. Leslie Green, »Internal Minorities and their Rights«, in: Will Kym-

und Pluralismus kulturellen Minderheiten auf Dauer »ersparen« zu wollen, liefe aber auf eine falsche Form der Toleranz hinaus, durch die die Angehörigen von Minderheiten de facto aus dem gesellschaftlichen Menschenrechtsdiskurs ausgegrenzt werden würden.

Es kann nicht Anliegen der Menschenrechte sein, kulturelle Traditionen als solche zu bewahren. Kultur ist in der Perspektive der Menschenrechte kein Selbstzweck, sondern im Sinne Kymlickas oder Benhabibs ein gleichsam sekundärer Zweck, nämlich ein mögliches Medium selbstbestimmter Lebensführung der Menschen. Nicht die konkrete Gestalt einer historisch geronnenen Kultur, sondern allein die *freiheitlichen Voraussetzungen* für die Wahrung – das heißt aber auch: für Entwicklung und Veränderung – kultureller Identitäten bilden demnach den Schutzbereich kultureller Menschenrechtsgewährleistungen. Andernfalls würden kulturelle Menschenrechte zu einem freiheitsfeindlichen kulturellen Artenschutz degenerieren, wie Habermas – mit kritischer Spitze gegen Taylor – bemerkt: »Der ökologische Gesichtspunkt der Konservierung von Arten lässt sich nicht auf Kulturen übertragen. Kulturelle Überlieferungen und die in ihnen artikulierten Lebensformen reproduzieren sich normalerweise dadurch, dass sie diejenigen, die sie ergreifen und in ihren Persönlichkeitsstrukturen prägen, von sich überzeugen, d.h. zur produktiven Aneignung und Fortführung motivieren.«[26]

Der universale Anspruch der Menschenrechte macht nicht an tatsächlichen oder vermeintlichen kulturellen Grenzen halt, und es wäre nicht legitim, unter Hinweis auf kulturelle Selbstverständnisse oder Traditionen Abstriche an der Geltung menschenrechtlicher Normen zu rechtfertigen. Die durch die Menschenrechte ermöglichte Freisetzung eines kulturellen Pluralismus gilt insofern nicht vorbehaltlos. Vielmehr bildet die Orientierung an der gleichberechtigten Selbstbestimmung der Menschen nicht nur den *Grund*, sondern zugleich die *Grenze* eines legitimen kulturellen Pluralismus.

Wo genau diese Grenze verläuft, mag in vielen Fällen strittig sein. Soll das muslimische Kopftuch als Ausdruck von Selbstbestimmung respektiert werden, oder muss man es eher als Verweigerung von Selbstbestimmung und Gleichberechtigung betrachten? Diese Frage ist nicht zuletzt deshalb umstritten, weil neben Differenzen in der normativen

---

licka (Hg.), The Rights of Minority Cultures, Oxford 1995, S. 256-272, hier S. 270: »It may just be true of some groups that respect for the rights of their internal minorities would undermine them. And if so, there will be genuine and tragic conflict to face.«

26 | Habermas, Anerkennungskämpfe, a.a.O., S. 173f.

Bewertung des Kopftuchs und seines Symbolgehalts auch unterschiedliche empirische Einschätzungen der Motivationen von Kopftuch tragenden Frauen gegeneinander stehen. In anderen Fällen ist die Bewertung aber klar. So kann etwa Genitalverstümmelung, die einen schweren Eingriff in das Menschenrecht körperlicher und seelischer Unversehrtheit bedeutet, niemals mit Hinweis auf kulturelle Traditionen gerechtfertigt werden. Dass Zwangsverheiratungen mit dem Anspruch der Selbstbestimmung unvereinbar sind, ja deren direkte Negation darstellen, ist ebenfalls eindeutig. Schwieriger wiederum steht es um die Einschätzung sogenannter arrangierter Ehen, in denen unmittelbarer Zwang nicht stattfindet, gleichwohl ein unter Umständen erheblicher Erwartungsdruck auf die Betroffenen ausgeübt wird, der ihre freie Lebensplanung durchkreuzen kann und deshalb unter menschenrechtlichen Gesichtspunkten zumindest kritische Rückfragen aufwerfen muss.

4.5 Unterschiedliche Wege zur Selbstbestimmung

Bei aller Affinität zum kulturellen Pluralismus markieren die Menschenrechte *Grenzen der Toleranz*, die dann erreicht sind, wenn bestimmte Praktiken in Widerspruch zur freien Selbstbestimmung der Menschen geraten. Als Rechte gleicher Freiheit sind Menschenrechte unvereinbar mit Verhältnissen von Unfreiheit und Diskriminierung, auch wenn sie im Namen von Religion oder Kultur propagiert werden sollten. Die damit gegebene Grenze der Toleranz bedeutet hingegen *nicht das Ende interkultureller Sensibilität.* Unter Hinweis auf eindeutig inakzeptable Praktiken wie beispielsweise Zwangsverheiratungen schließlich jede interkulturelle Rücksichtnahme fahren zu lassen und eine schlichte Anpassung an die Mehrheitsgesellschaft zu verlangen, wäre aus mehreren Gründen problematisch:

Zum einen ist es ein Gebot des Respekts vor den Menschen, dass man auch bei der notwendigen öffentlichen Thematisierung nicht akzeptabler Unfreiheit pauschale, stigmatisierende Zuschreibungen vermeidet. Es geht nicht um Tabuisierung oder Schönfärberei bestehender Probleme, sondern um *Präzision und Fairness* in der Problemanalyse. Zwar gilt der menschenrechtlich geschuldete Respekt, wie eben dargestellt, nicht bestimmten Religionen oder Kulturen als solchen, sondern den *Menschen,* die sie tragen. Dies bedeutet indessen nicht, dass es aus menschenrechtlicher Sicht gleichgültig wäre, in welchem Ton öffentlich über religiöse Überzeugungen oder kulturelle Traditionen gesprochen wird. Denn hinter einer verächtlichen Rede über »fremde« Religionen und Kulturen verbirgt sich in aller Regel zugleich Menschenverachtung.

Reißerische Buchtitel wie »Tödliche Toleranz«[27] oder Titelbilder, in denen der islamische Halbmond die deutsche Flagge zerschneidet,[28] leisten keinen Beitrag zu Aufklärung und Emanzipation, sondern verstärken lediglich stigmatisierende Klischees.

Zum anderen wäre es falsch, wenn der Eindruck entstünde, der einzige Weg der Befreiung aus dem Autoritarismus bestimmter kultureller Milieus sei die vorbehaltlose Assimilation an die Mehrheitsgesellschaft. Zwar unterscheidet sich der eben skizzierte freiheitliche Multikulturalismus von kulturromantischen Vorstellungen unter anderem dadurch, dass er die Entscheidung zur Assimilierung nicht etwa als Verlust kultureller Vielfalt bedauert, sondern als eine Option persönlicher Lebensgestaltung ausdrücklich anerkennt. Diese Option der Assimilation ist aber nur *eine von vielen*, die allesamt Beachtung verlangen.

So mögen manche Menschen mit Migrationshintergrund ihren Weg zu selbstbestimmter Lebensführung darin sehen, sich von familiär bedingten religiösen oder kulturellen Traditionen mehr oder minder offen zu distanzieren. Andere hingegen mögen sich dafür entscheiden, innerhalb eines – eventuell durch persönliche Arrangements oder Auseinandersetzungen bewusst erweiterten – traditionellen kulturellen bzw. religiösen Bezugsrahmens ihren Weg zu gehen. Wiederum andere Menschen könnten dazu tendieren, sich gegenüber entsprechenden Themen gleichgültig zu verhalten, um auf diese Weise persönliche Freiräume zu gewinnen und zu erweitern. Wie immer die Lebenswege im Einzelnen aussehen – sie verdienen in jedem Fall Anerkennung und Unterstützung. Denn die in den Menschenrechten geschützte Freiheit bezieht sich nicht nur auf das *Ziel* emanzipierter Lebensführung, sondern schließt auch die Vielfalt möglicher *Wege* zu diesem Ziel ein. Diese Vielfalt der Wege zu berücksichtigen muss schließlich auch Bestandteil jeder menschenrechtlichen »Empowerment«-Strategie sein, die emanzipatorisches Potenzial der Menschen, wo immer es zu finden ist, entdecken und fördern sollte.[29]

27 | Vgl. Günther Lachmann, Tödliche Toleranz. Die Muslime und unsere offene Gesellschaft, München/Zürich 2005.

28 | So das Titelbild des Buches von Lachmann.

29 | Vgl. dazu unten die Ausführungen am Beispiel des Kampfes gegen Zwangsverheiratungen, Abschnitt 9.3.

4.6 Zum Konzept einer verbindlichen »Leitkultur«

Es ist in den letzten Jahren verschiedentlich vorgeschlagen worden, die tragenden Prinzipien der freiheitlichen Verfassungsordnung – darunter die Menschenrechte – in eine breiter gefasste »Leitkultur« einzubinden, deren Einhaltung verpflichtende Bedingung für das Zusammenleben in der Einwanderungsgesellschaft sein solle.[30] Der Begriff der Leitkultur hat zeitweise zu scharfen Kontroversen geführt, die ab und an wieder aufflammen. Die Befürworterinnen und Befürworter dieses Konzepts sehen darin die Chance, die Gemeinsamkeiten zwischen Angehörigen der Mehrheitsgesellschaft und Zugewanderten zu festigen. Dagegen steht die Befürchtung, dass eine politisch forcierte Leitkultur, gewollt oder ungewollt, auf einen politischen Homogenisierungsdruck hinausläuft, mit dem kulturelle Minderheiten vor die Alternative von Assimilation oder Marginalisierung gestellt werden.[31]

Löst man den Begriff der Leitkultur aus dem polemischen Debattenkontext, wird man zunächst feststellen müssen, dass ihm keineswegs per se eine autoritäre oder diskriminierende Bedeutung anhaftet. Vielmehr ist er für unterschiedliche – liberale, republikanische oder konservative – Lesarten offen. Der Begriff der Leitkultur changiert gleichsam zwischen einem Habermas'schen Verfassungspatriotismus, der die Normen und Institutionen des demokratischen Verfassungsstaates an eine gelebte Praxis des öffentlichen Diskurses rückbindet, und einer konservativen Identitätspolitik, die den Vorrang bestimmter kultureller Traditionsbestände gegen gesellschaftliche Pluralisierungsprozesse festschreiben will. Die Vielzahl der Attribute, mit denen die Leitkultur in den vergangenen Jahren versehen wurde – deutsch, europäisch, christlich, westlich, aufgeklärt, liberal, demokratisch, republikanisch usw. –, belegt in der Tat die semantische Weite dieses Konzepts.

Das legitime Anliegen, das im Namen der Leitkultur vorgetragen wird, besteht in der Idee, auf diese Weise die verbindlichen Grundlagen des Zusammenlebens in der pluralistischen Gesellschaft herauszustellen und zu bekräftigen. Es stellt sich allerdings die Frage, ob sich der Begriff der Leitkultur für eine solche Funktion wirklich eignet. Charakteristisch für diesen Begriff ist, dass er in seiner semantischen Weite stets *mehrere Komponenten* enthält, die aber nicht alle gleichermaßen klar definiert sind. Neben dem Bekenntnis zu den Menschenrechten und anderen

30 | Geprägt wurde der Begriff vor allem von Bassam Tibi, Europa ohne Identität. Leitkultur oder Wertebeliebigkeit, München 1998.

31 | Zur Debatte vgl. Norbert Lammert (Hg.), Verfassung – Patriotismus – Leitkultur. Was unsere Gesellschaft zusammenhält, Hamburg 2006.

zentralen Verfassungsprinzipien wird als Bestandteil der Leitkultur in aller Regel auch die Beherrschung der deutschen Sprache verlangt – ein Anliegen, dessen Berechtigung heute niemand mehr bestreitet. Wenn es nur um die allgemein geteilten Erwartungen verfassungspolitischer Loyalität und deutscher Sprachkenntnisse ginge, wäre der Begriff der Leitkultur allerdings eigentlich überflüssig. Tatsächlich schwingt bei seiner Verwendung meistens mehr mit – etwa die Erwartung einer generell affirmativen Einstellung zur hiesigen Kultur, auf die Eingewanderte sich aktiv einlassen sollten. Gerade dieser im Begriff der Leitkultur enthaltene »Überschuss« – d.h. die über die Wahrung der Verfassungsprinzipien und die Beherrschung der deutschen Sprache hinausgehende kulturelle Integrationserwartung – bleibt in aller Regel vage. Dieser Überschuss wird nicht klar definiert, lässt sich vielleicht auch nicht klar definieren. Damit aber besteht die Gefahr, dass im Begriff der Leitkultur die Grenze dessen, was an Integrationsleistungen politisch legitimerweise erwartet werden kann und muss, unscharf wird.

Seit die Forderung der Leitkultur vor einigen Jahren Eingang in die hiesige Debatte gefunden hat, fungiert sie im politischen Diskurs außerdem fast durchgängig als polemischer Kontrapunkt zum Konzept der multikulturellen Gesellschaft. Es fällt auf, dass der Begriff der multikulturellen Gesellschaft in diesem Zusammenhang vielfach mit dem Attribut der *Beliebigkeit* versehen wird, gegen die dann im Namen der Leitkultur *Verbindlichkeit* angemahnt wird.[32] In dieser diskursiven Konstellation aber gewinnt der Begriff der Leitkultur bei aller semantischen Offenheit, die ihm von Haus aus eigen ist, de facto eine antipluralistische Schlagseite. Es kann daher nicht verwundern, dass er von vielen Angehörigen kultureller Minderheiten als Zumutung abgelehnt wird.

Der Begriff der Leitkultur ist in seiner semantischen Weite einerseits zu unbestimmt, als dass er geeignet wäre, berechtigte Erwartungen an normative und kulturelle Integrationsleistungen von Migrantinnen und Migranten politisch mit der nötigen Klarheit zu transportieren. Andererseits signalisiert er aufgrund seiner typischen diskursiven Verwendung als Gegenbegriff zur multikulturellen Gesellschaft einen politischen Homogenisierungsdruck, durch den Angehörige kultureller Minderheiten sich vor die Alternative von Assimilation oder Marginalisierung gestellt sehen. Dies wiederum rechtfertigt die Annahme, dass das Konzept der Leitkultur die von seinen Befürwortern erhoffte integrative Signalwirkung faktisch nicht entfalten kann. Statt eine Einladung zur Mitgestaltung der Gesellschaft zu vermitteln, die gleichzeitig an bestimmte

32 | Vgl. z.B. Tibi, Im Schatten Allahs, a.a.O., S. 214: »Der Multikulturalismus ist wertebeliebig und verleugnet den Zivilisationskonflikt [...]«.

Bedingungen geknüpft ist, behindert, so Salomon Korn, »der widersprüchliche, im Wind der Definitionen und Bedeutungen flatternde Begriff der ›Leitkultur‹ die Debatte um Grundfragen der Gesellschaft«[33] und stellt somit eher eine Hürde für die Integration dar.

Es spricht deshalb viel dafür, auf den Begriff der Leitkultur zu verzichten. Das darin enthaltene berechtigte Anliegen, nämlich die Anmahnung von Verbindlichkeit im Umgang miteinander und die Besinnung auf ein gemeinsames Wertefundament, lässt sich auch anders formulieren. Die Menschenrechte bieten dabei entscheidende Orientierung. Indem sie den legitimen kulturellen Pluralismus von der freien und gleichberechtigten Selbstbestimmung der Menschen her begründen, ziehen sie dem Konzept einer multikulturellen Gesellschaft *normative Konturen* und auch *Grenzen* ein. Im Unterschied zum semantisch sehr offenen Begriff der Leitkultur sind die Menschenrechte im Grundgesetz und in anderen verbindlichen Dokumenten außerdem klar formuliert.[34] Mit Recht betont deshalb Navid Kermani: »Das Grundgesetz ist verbindlicher und präziser als jeder denkbare Begriff einer Leitkultur; zugleich deutet sich darin keine Hierarchie der Menschen an, sondern allenfalls der Werte und Handlungen. Vor dem Grundgesetz sind alle gleich, in einer Leitkultur nicht.«[35]

---

33 | Salomon Korn, (Beitrag ohne Titel), in: Lammert (Hg.), Verfassung – Patriotismus – Leitkultur, a.a.O., S. 114-119, hier S. 116.

34 | Vgl. Walter Kälin, Grundrechte im Kulturkonflikt. Freiheit und Gleichheit in der Einwanderungsgesellschaft, Zürich 2000, S. 232: »Eine der Idee der strukturellen Integration dienliche Grundrechtspraxis trägt wesentlich zur Verwirklichung einer freiheitlichen und gerechten Staats- und Gesellschaftsordnung bei, an welcher neben der Mehrheit auch alle kulturellen und ethnischen Gruppierungen mit Minderheitsmerkmalen teilhaben können, ohne dass damit der gesamtgesellschaftliche Zusammenhang gefährdet wird.«

35 | Navid Kermani, (Beitrag ohne Titel), in: Lammert (Hg.), Verfassung – Patriotismus – Leitkultur, a.a.O., S. 86-90, hier S. 88.

5. Religiös-weltanschauliche Neutralität des säkularen Rechtsstaats

5.1 Vorsicht gegenüber religionspolitischen Aufladungen des Kulturbegriffs

Im letzten Kapitel sind Menschenrechte auf kulturelle Freiheit lediglich summarisch zur Konturierung eines Konzepts des aufgeklärten Multikulturalismus angesprochen worden. Eine solche summarische Rede von kulturellen Freiheitsrechten hat allerdings ihre Grenze. Sie würde dann problematisch werden, wenn die *Differenzen* in den spezifischen Schutzrichtungen der jeweiligen Freiheitsrechte – Religionsfreiheit, freie Entfaltung der Persönlichkeit, Bildungsrechte, elterliches Erziehungsrecht usw. – durch eine nivellierende Subsumierung unter einen allgemeinen Begriff kultureller Freiheit aus dem Blick gerieten. Denn dadurch entstünde das Risiko, dass erreichte menschenrechtliche Standards konzeptionell diffus und in der Praxis unterboten werden.

Eine solche Gefahr besteht aktuell vor allem hinsichtlich der Religionsfreiheit (die, weil sie auch die Freiheit nicht-religiöser weltanschaulicher Bekenntnisse umfasst, korrekt als »Religions- und Weltanschauungsfreiheit« gefasst werden muss[1]). Die Religionsfreiheit hat innerhalb des Gesamtbereichs kultureller Freiheitsrechte einen besonderen

1 | Aus Gründen sprachlicher Vereinfachung werde ich im Folgenden gelegentlich abgekürzt von der Religionsfreiheit sprechen; es sei klargestellt, dass damit immer auch nicht-religiöse Überzeugungen und die auf sie gestützte Lebensformen geschützt sind. Auch wenn im Folgenden von Religionsgemeinschaften die Rede ist, schließt dies der Sache nach nicht-religiöse Weltanschauungsgemeinschaften ein.

Stellenwert. Dies zeigt sich u.a. darin, dass sie das Postulat *»religiös-weltanschaulicher Neutralität«* begründet, auf das der freiheitliche Rechtsstaat um des fairen, diskriminierungsfreien Umgangs mit religiöser und weltanschaulicher Vielfalt willen verpflichtet ist. Dieses Neutralitätspostulat lässt sich offenkundig nicht auf den gesamten Bereich der Kultur ausweiten.[2] Denn unter einem Begriff einer generellen »Kulturneutralität« des Staates könnte sich vermutlich niemand etwas Sinnvolles vorstellen, und er wäre auf jeden Fall in der Praxis unanwendbar.

Während der freiheitliche Rechtsstaat beispielsweise durchaus berechtigt ist, eine offizielle Amtssprache zu definieren und diese gegenüber anderen Sprachen zu privilegieren, darf er sich unter dem Anspruch der religiös-weltanschaulichen Neutralität kein religiöses Bekenntnis zu eigen machen. Er darf um der gleichberechtigten Religionsfreiheit aller willen kein Konfessionsstaat sein, sondern soll sich als *säkularer Rechtsstaat* verstehen, der für alle im Staatsgebiet lebenden Menschen ungeachtet ihrer unterschiedlichen religiösen oder nicht-religiösen Überzeugungen und Lebensformen eine rechtliche Heimstatt bietet.[3] Dieser Anspruch religiös-weltanschaulicher Neutralität kann offensichtlich nur dann zur Geltung kommen, wenn man die ihn tragende Religionsfreiheit von anderen kulturellen Freiheitsrechten – zum Beispiel vom Recht auf Gebrauch der eigenen Muttersprache – unterscheidet. In diesem Kapitel geht es deshalb, gleichsam komplementär zum letzten Kapitel, um genau diese spezifische Prägnanz der Religionsfreiheit, die sie aus dem Gesamt kultureller Freiheitsrechte, zu denen sie einerseits zählt, andererseits auch heraushebt.

Das Prinzip religiös-weltanschaulicher Neutralität des säkularen Rechtsstaats ist einer Reihe möglicher Missverständnisse ausgesetzt, die in den folgenden Abschnitten aufgeklärt werden sollen. So wird es gelegentlich als Projekt einer forcierten Privatisierung des Religiösen missverstanden oder mit Varianten eines weltanschaulichen Säkularismus verwechselt, die selbst den Charakter postreligiöser Bekenntnisse und sogar Staatsbekenntnisse annehmen können. Immer wieder wird auch die Frage aufgeworfen, ob der freiheitliche Rechtsstaat nicht letztlich von konfessionellen Überlieferungen zehre und sein Anspruch auf religiös-weltanschauliche Neutralität deshalb illusionär sei.

2 | Vgl. in diesem Sinne auch Britz, Kulturelle Rechte und Verfassung, a.a.O.

3 | So auch das Bundesverfassungsgericht in ständiger Rechtsprechung. Vgl. z.B. BVerfGE 19, S. 206ff., hier S. 216: »Das Grundgesetz legt [...] dem Staat als Heimstatt aller Staatsbürger ohne Ansehen der Person weltanschaulich-religiöse Neutralität auf.«

Die derzeit größte Erosionsgefahr droht dem religiös-weltanschaulich neutralen säkularen Rechtsstaat jedoch dadurch, dass der Religionsbegriff im öffentlichen Diskurs vielfach in die Nähe des Kulturbegriffs gerückt und mit diesem manchmal geradezu amalgamiert wird. Statt vom Christentum als religiösem Bekenntnis ist dann typischerweise von der »christlich geprägten Kultur« die Rede, die es – etwa gegenüber einem »muslimischen Kulturimport« – zu verteidigen gelte.[4] Der Kulturbegriff übernimmt dabei offenkundig gleichsam die Funktion eines Trägerbegriffs für religionspolitische Interessen und identitätspolitische Selbstvergewisserungsbedürfnisse. Der Anspruch der religiös-weltanschaulichen Neutralität des Staates wird auf diese Weise zwar nicht formell bestritten, aber materiell unterlaufen. Ein Beispiel dafür bietet die jüngere Kopftuchgesetzgebung mehrerer Bundesländer, die einen Sonderstatus für christliche Symbole mit dem Argument reklamiert, es handele sich dabei nicht um christliche *Bekenntniszeichen* im engeren Sinne, sondern um allgemeine, gleichsam überkonfessionelle *»Kultur- und Bildungswerte«*, auf deren Vermittlung auch der säkulare Staat nicht verzichten könne.[5]

Durch Zwischenschaltung eines semantisch weiten und für religionspolitische Interessen anschlussfähigen Kulturbegriffs gerät die kategoriale Differenzierung zwischen Staat und Religion bzw. Weltanschauung ins Schwimmen; sie verliert ihre Trennschärfe, ohne die der Anspruch religiös-weltanschaulicher Neutralität des Staates ins Leere zu laufen droht. Wenn es offenkundig weder möglich noch sinnvoll ist, das Neutralitätspostulat generell auf den Umgang des Staates mit kultureller Differenz zu übertragen, bleibt nur der Ausweg, gegenüber religionspolitischen und identitätspolitischen Aufladungen des Kulturbegriffs wachsam zu sein. Schon deshalb darf die Religionsfreiheit nicht in ein undifferenziertes Verständnis kultureller Freiheitsrechte eingeschmolzen werden.

5.2 Das säkulare Prinzip »respektvoller Nicht-Identifikation«

Der Begriff der religiös-weltanschaulichen Neutralität des Staates hat immer wieder Anlass für Missverständnisse gegeben. Wichtig ist zuvorderst die Klarstellung, dass die religiös-weltanschauliche Neutralität des

4 | Vgl. z.B. Christian Hillgruber, »Der deutsche Kulturstaat und der muslimische Kulturimport. Die Antwort des Grundgesetzes auf eine religiöse Herausforderung«, in: Juristenzeitung 11 (1999), 538-547.

5 | Vgl. dazu unten, Abschnitt 8.4.

Rechtsstaates keine generelle »Wertneutralität« meint. Es geht nicht etwa um den abstrakten Neutralismus eines normativ ungebundenen Staates, der sich nur noch funktional als Regelungs- und Versorgungsinstanz versteht, wie dies in der konservativen Säkularitätskritik oft unterstellt worden ist.[6] Vielmehr ergibt sich die religiös-weltanschauliche Neutralität des Rechtsstaats aus der Achtung gegenüber einem zentralen Verfassungswert, nämlich dem Menschenrecht der Religions- und Weltanschauungsfreiheit.[7]

Worin aber besteht näherhin der Zusammenhang zwischen Religionsfreiheit und Neutralitätsprinzip? Die Religions- und Weltanschauungsfreiheit trägt, wie dies für alle Menschenrechte gilt, den *Anspruch diskriminierungsfreier Gewährleistung* in sich. Sie steht allen Menschen – den Angehörigen territorialer Mehrheitsreligionen oder Minderheiten, den Gläubigen traditioneller wie neuer Religionen und Weltanschauungen – *gleichermaßen* zu. Dieser Anspruch auf Gleichberechtigung unterscheidet den menschenrechtlichen Ansatz von den verschiedenen Varianten religiöser Toleranzpolitik, in denen der Staat an sich sehr wohl eine Kompetenz zur Regelung religiös-weltanschaulicher Fragen beansprucht, um des gesellschaftlichen Friedens willen zugleich aber – vorläufig oder auf Dauer – darauf verzichtet, religiöse Minderheiten mit Zwang auf die herrschende Staatsreligion zu verpflichten. Religionsfreiheit ist etwas Anderes als Toleranz, nämlich ein universales Menschenrecht.[8] Wenn der Staat seine Bindung an die Religions- und Weltanschauungsfreiheit einschließlich des darin enthaltenen Gleichberechtigungsanspruchs ernst nimmt, dann darf er sich nicht mit einer bestimmten religiösen oder weltanschaulichen Tradition auf Kosten der Angehörigen anderer Traditionen und Überzeugungen identifizieren. Die von dorther gebotene *»Nicht-Identifizierung«* folgt gleichsam aus dem menschenrechtlichen Strukturprinzip der *»Nicht-Diskriminierung«*. Sie ist zugleich Ausdruck des Respekts vor der Freiheit der Menschen, sich in Fragen von Religion und Weltanschauung selbst zu orientieren. Insofern

6 | Vgl. etwa Carl Schmitt, Der Begriff des Politischen, Berlin 1963 (als Nachdruck der 2. Aufl. von 1934), S. 79.

7 | Artikel 4 des Grundgesetzes lautet: »Die Freiheit des Glaubens, des Gewissens und die Freiheit des religiösen und weltanschaulichen Bekenntnisses sind unverletzlich. Die ungestörte Religionsausübung wird gewährleistet.« Das Menschenrecht der Religionsfreiheit ist auch in der Europäischen Menschenrechtskonvention sowie im Internationalen Pakt über bürgerliche und politische Rechte verankert.

8 | Näheres dazu bei Heiner Bielefeldt, Muslime im säkularen Rechtsstaat. Integrationschancen durch Religionsfreiheit, Bielefeld 2003, S. 24ff.

lässt sich der menschenrechtliche Sinn des Neutralitätsprinzips mit dem Begriff der *»respektvollen Nicht-Identifikation«* umschreiben.[9] Es ist ein unverzichtbares liberales Fairnessprinzip für den Umgang mit religiöser und weltanschaulicher Vielfalt.

Das Prinzip der respektvollen Nicht-Identifikation weist den freiheitlichen Rechtsstaat als bescheiden und anspruchsvoll zugleich aus. Die Bescheidenheit zeigt sich in der *inhaltlichen Selbstbeschränkung* seines Geltungsanspruchs: Der Staat ist weder Heilsinstrument noch Instanz einer umfassenden Sinnorientierung. Als säkularer, »rein weltlicher« Staat steht er nicht im Dienste einer religiösen Wahrheit oder eines religiösen Gesetzes. Vielmehr überlässt er die Suche nach Sinn und nach umfassender Wahrheit den Menschen, denen es obliegt, als Individuen und in Gemeinschaft mit anderen in Freiheit ihren Lebensweg zu finden. Genau in dieser Option für die Freiheit der Menschen zeigt sich zugleich der positive normative Anspruch, den der säkulare Rechtsstaat formuliert. Denn für die Ermöglichung der Freiheit, und zwar der gleichen Freiheit aller, trägt der Staat *grundlegende politisch-rechtliche Verantwortung*, die ihrerseits durch die gemeinschaftlich wahrgenommene freie Selbstbestimmung der Rechtsunterworfenen – d.h. demokratisch – legitimiert ist. Deshalb beansprucht der Staat für das von ihm gesetzte säkulare Recht einen *praktischen Geltungsvorrang*, der ggf. auch gegenüber konkurrierenden Vorstellungen religiösen Rechts durchgesetzt werden muss.

Dies geschah in Europa in langwierigen politischen und kulturellen Auseinandersetzungen. Im Frankreich des 19. Jahrhunderts waren sie so heftig, dass das Land geradezu in »zwei Frankreichs« zerrissen wurde. Bis heute tragen die Begriffe »Säkularität«, »Säkularisierung« und ihre Derivate an der Erblast kulturkämpferischer Verwerfungen.[10] Eine friedliche Lösung der europäischen Kulturkämpfe konnte erst erreicht

9 | Vgl. ähnlich Janbernd Oebbecke, »Das deutsche Recht und der Islam«, in: Adel Theodor Khoury/Peter Heine/Janbernd Oebbecke, Handbuch Recht und Kultur des Islams in der deutschen Gesellschaft, Gütersloh 2000, S. 287-327, hier S. 292.

10 | Zur Diskussion vgl. nur exemplarisch Hermann Lübbe, Säkularisierung. Geschichte eines ideenpolitischen Begriffs, Freiburg i.Br. 1965; Hans Blumenberg, Säkularisierung und Selbstbehauptung, Frankfurt a.M. 1974; Gerhard Dilcher/Ilse Staff (Hg.), Christentum und modernes Recht. Beiträge zum Problem der Säkularisierung, Frankfurt a.M. 1984; Mathias Hildebrandt/Manfred Brocker/Hartmut Behr (Hg.), Säkularisierung und Resakralisierung in westlichen Gesellschaften. Ideengeschichtliche und theoretische Perspektiven, Opladen 2001.

werden, als sich auf allen Seiten allmählich die Einsicht durchsetzte, dass der Geltungsvorrang des vom religiös neutralen Staat gesetzten säkularen Rechts keinen weltanschaulichen Primat impliziert, sondern sich auf einen *praktischen* Geltungsvorrang konzentriert.

Es geht beim Primat des säkularen staatlichen Rechts gerade nicht um die Forderung, dass Menschen ein Bekenntnis zur prinzipiellen »Höherwertigkeit« des säkularen Rechts gegenüber religiösem Recht und den sie tragenden religiösen Wertvorstellungen ableisten sollen. Es wäre beispielsweise absurd, in Deutschland lebenden Muslimen heutzutage ein Bekenntnis abzuverlangen, dass sie der säkularen Verfassungsordnung eine höhere Dignität zuerkennen als dem Koran und der Sunna. Entscheidend ist vielmehr, dass alle in Deutschland dauerhaft lebenden Menschen den *praktischen* (nicht weltanschaulichen!) Geltungsvorrang des Grundgesetzes, der sich seinerseits auf den Anspruch menschenrechtlicher Freiheitsgewährleistung stützt, in ihrem tatsächlichen Verhalten anerkennen. Wie immer das Verhältnis zwischen religiösem und säkularem Recht im Einzelnen gedacht sein mag – dass die an der Religions- und Weltanschauungsfreiheit orientierte säkulare staatliche Rechtsordnung als Grundlage des Zusammenlebens in der freiheitlichen und pluralistischen Gesellschaft gilt, muss klar sein.

5.3 Religionsgemeinschaften in der Öffentlichkeit

Die Religions- und Weltanschauungsfreiheit beschränkt sich nicht auf das *forum internum* des Einzelnen; sie erstreckt sich darüber hinaus auch auf die gemeinschaftliche religiöse Praxis sowie öffentliche Manifestationen religiöser bzw. weltanschaulicher Überzeugungen. Paradigmatisch zeigt sich dies in der Formulierung der Religionsfreiheit durch die Europäische Menschenrechtskonvention. Artikel 9 Absatz 1 lautet: »Jede Person hat das Recht auf Gedanken-, Gewissens- und Religionsfreiheit; dieses Recht umfasst die Freiheit, seine Religion oder Weltanschauung zu wechseln, und die Freiheit, seine Religion oder Weltanschauung einzeln oder gemeinsam mit anderen öffentlich oder privat durch Gottesdienst, Unterricht oder Praktizieren von Bräuchen und Riten zu bekennen.« Der Sache nach verbürgt das Grundgesetz in Artikel 4 die Religionsfreiheit in mindestens derselben inhaltlichen Reichweite. Die von der Religionsfreiheit her entwickelte Säkularität des Rechtsstaats hat deshalb mit einer von Staats wegen forcierten »Privatisierung« des Religiösen nichts gemein.

Dass sich gerade auf der Grundlage einer institutionellen Trennung von säkularem Staat und staatsfreien Religionsgemeinschaften ein öffentliches religiöses Leben in der Gesellschaft entfalten kann, war übrigens die Entdeckung, die bereits vor über 170 Jahren Alexis de Tocqueville auf seiner Expedition nach Amerika machte. Selbst katholische Geistliche, so seine auf dem Hintergrund der kulturkämpferischen Verwerfungen im postrevolutionären Frankreich höchst überraschende Beobachtung, »schrieben es hauptsächlich der völligen Trennung von Kirche und Staat zu, dass die Religion friedlich in ihrem Lande herrscht«.[11]

Die Möglichkeit öffentlichen Wirkens bezieht sich nicht nur auf die allgemeine *gesellschaftliche* Öffentlichkeit, in der sich Religionsgemeinschaften sichtbar präsentieren können, indem sie beispielsweise durch den Bau von Gotteshäusern – darunter heute auch repräsentativen Moscheen – den öffentlichen Raum mitgestalten. Öffentlichkeit schließt darüber hinaus die *politische* Öffentlichkeit ein. Auch Religionsgemeinschaften können sich als Akteure der modernen Zivilgesellschaft konstituieren und an öffentlich-politischen Debatten mitwirken, wie dies die christlichen Kirchen oder auch der Zentralrat der Juden in Deutschland schon lange erfolgreich praktizieren. Muslimische Organisationen haben erst in den letzten Jahren begonnen, sich innerhalb der Zivilgesellschaft Gehör zu verschaffen.

Wenn aber die Religionsfreiheit auch öffentliche und im weiteren Sinne des Wortes politische Aktivitäten der Religionsgemeinschaften umfasst, so folgt daraus, dass die gängige Formel von der Trennung zwischen Religion und Politik zu kurz greift; sie ist zur Bestimmung eines auf Achtung der Religionsfreiheit gegründeten säkularen Rechtsstaats ungeeignet. Richtig ist, dass die Religionsfreiheit eine institutionelle Trennung von Religion und *Staat* verlangt. In einer freiheitlichen Demokratie hat der Staat aber gerade nicht das Monopol des Politischen inne, sondern ist seinerseits zurückgebunden an den öffentlich-politischen Diskurs in der Zivilgesellschaft, an dem sich auch die Religionsgemeinschaften beteiligen können.[12] Das gern verwendete Schlagwort von der »Trennung von Religion und Politik« wäre deshalb, wollte man es wörtlich nehmen, letztlich eine Absage an ein freiheitliches Politikverständnis: Es impliziert entweder eine Entpolitisierung der Gesellschaft oder eine erzwungene Privatisierung der Religion (oder auch beides), in jedem Fall aber eine Einschränkung politisch-rechtlicher Freiheit. Eine

11 | Alexis de Tocqueville, Über die Demokratie in Amerika. Zwei Bände, Stuttgart 1959/62, Band I, S. 341.

12 | Vgl. Jürgen Habermas, »Religion in der Öffentlichkeit. Kognitive Voraussetzungen für den ›öffentlichen Vernunftgebrauch‹ religiöser und säkularer Bürger«, in: Zwischen Naturalismus und Religion. Philosophische Aufsätze, Frankfurt a.M. 2005, S. 119-154.

von Staats wegen erzwungene pauschale Trennung von Religion und Politik kann es deshalb in einem freiheitlichen Gemeinwesen nicht geben.

Das Prinzip der respektvollen Nicht-Identifikation schließt im Übrigen auch förmliche Kooperationsbeziehungen zwischen Staat und Religionsgemeinschaften, wie sie beispielsweise für den Religionsunterricht an staatlichen Schulen vorausgesetzt werden, keineswegs aus. Es wäre ein Missverständnis, wollte man die gebotene Nicht-Identifikation mit Beziehungslosigkeit gleichsetzen. Auch der säkulare Rechtsstaat hat die Möglichkeit, ja die Aufgabe, sich zu Fragen der Religion und Weltanschauung aktiv zu verhalten; allerdings – und dies ist entscheidend – geschieht staatliches Handeln dabei nicht mit dem Anspruch, religiöser *Wahrheit* zur Anerkennung zu verhelfen, sondern mit dem Ziel, religiöse und weltanschauliche *Freiheit* der Menschen zu fördern.

Schon ein Blick auf die europäische Landschaft zeigt, wie vielfältig die Regelungen des Verhältnisses von Staat und Religionsgemeinschaften ausfallen:[13] Während Frankreich in der Tradition des laizistischen Trennungsgesetzes von 1905 offiziell keinerlei förmliche Kooperationsstrukturen zwischen Staat und Religionsgemeinschaften kennt, weisen einige europäische Staaten wie England, Norwegen und Dänemark bis heute Komponenten eines Staatskirchentums auf, die mit dem säkularen Prinzip der religiös-weltanschaulichen Neutralität streng genommen unvereinbar sind; die praktische Bedeutung dieser staatskirchlichen Relikte hält sich aber in engen Grenzen. Die meisten europäischen Staaten – darunter auch Deutschland – pflegen förmliche Kooperationsverhältnisse mit den Religionsgemeinschaften auf der Grundlage einer Trennung von Staat und Kirchen, wie sie in Deutschland seit der Weimarer Republik besteht.[14] In der Perspektive der respektvollen Nicht-Identifikation sind solche Kooperationsverhältnisse unter dem Vorbehalt legitim, dass es dadurch nicht unter der Hand zu Verhältnissen von »Quasi-Identifikation« des Staates mit bestimmten Religionsgemeinschaften kommen darf.

13 | Vgl. Gerhard Robbers, »Status und Stellung von Religionsgemeinschaften in der Europäischen Union«, in: Michael Minkenberg/Ulrich Willems (Hg.), Politik und Religion. Politische Vierteljahresschrift, Sonderheft 33/2002, Wiesbaden 2003, S. 139-163.

14 | Artikel 137 Absatz 1 der Weimarer Reichsverfassung (der über Art. 140 GG ins Grundgesetz inkorporiert worden ist) bestimmt: »Es besteht keine Staatskirche.«

5.4 Abgrenzung von Formen des weltanschaulichen Säkularismus

Das säkulare Prinzip der respektvollen Nicht-Identifikation verlangt nicht nur die Absage an einen religiösen Konfessionsstaat; dem Staat ist es auch untersagt, sich mit einer nicht-religiösen Weltanschauung bekenntnishaft zu identifizieren. Manche Verwirrung entsteht indessen aus der Tatsache, dass einige postreligiöse Weltanschauungen selbst unter dem Begriff des Säkularen firmieren.

Ein Beispiel für eine säkulare Weltanschauungsgemeinschaft bietet die Mitte des 19. Jahrhunderts in England um George Holyoake gebildete »Secular Society«, die ihr zentrales Bekenntnis »Science is the Providence of Man« in kirchenähnlichen Kultstätten regelrecht liturgisch zelebriert hat.[15] Auch in Deutschland sind im Laufe des 19. Jahrhunderts säkularistische Weltanschauungsgemeinschaften entstanden, etwa die von Friedrich Jodl und Ferdinand Tönnies gegründete »Deutsche Gesellschaft für Ethische Kultur«.[16] Wie sehr eine säkularistische Weltsicht religiöse Sprache annehmen kann, zeigt das Beispiel der »monistischen Sonntagspredigten«, die der »Monistenbund« um den Darwinjünger Ernst Haeckel herausgegeben hat.[17]

Fest steht, dass auch Anhängerinnen und Anhänger eines weltanschaulichen Säkularismus ein Recht darauf haben, gleichberechtigt in den Genuss der Religions- und Weltanschauungsfreiheit zu kommen. Dies schließt die Möglichkeit zu politischem Engagement ein, in dem sich der weltanschauliche Säkularismus als gesellschaftliche Kraft darstellen und mit seinen ethischen Prinzipien politische Debatten mitgestalten kann. Die Grenze legitimen Engagements wäre allerdings dann überschritten, wenn der Versuch gemacht würde, den Staat auf ein säkularistisches Glaubensbekenntnis zu verpflichten. Denn ein säkularistischer Konfessionsstaat würde das Prinzip der respektvollen Nicht-Identifikation verletzen und stünde damit – nicht weniger als ein religiöser Konfessionsstaat – im Gegensatz zur gebotenen religiös-weltanschaulichen Neutralität des Staates.

Dass ein ideologisch-säkularistischer Staat gleichsam auf eine postreligiöse Form von Theokratie hinauslaufen kann, lässt sich am Beispiel der um die Mitte des 19. Jahrhunderts von Auguste Comte entworfenen

15 | Vgl. Bernhard Plé, »Säkularismus als Religion?«, in: Hildebrandt/Brocker/Behr (Hg.), Säkularisierung und Resakralisierung, a.a.O., S. 97-116, hier S. 105.

16 | Vgl. Lübbe, Säkularisierung, a.a.O., S. 42.

17 | Vgl. ebd., S. 51.

Wissenschaftsreligion illustrieren. Deren »soziokratischer« Anspruch ist ganz analog zu den theokratischen Vorstellungen Joseph de Maistres und anderer Denker der katholischen Gegenrevolution konstruiert, deren Position Comte zwar bekämpft, für die er aber zugleich offene Bewunderung hegt.[18] An die Stelle des traditionellen christlichen Klerus treten in seiner Fortschrittsvision wissenschaftlich ausgebildete Soziologen, die als »Priester der Humanität« im Bund mit den aufsteigenden Kräften von Wirtschaft und Industrie das öffentliche Leben formieren und die Staatsgewalt auf ihr um »Liebe, Ordnung und Fortschritt« zentriertes Bekenntnis verpflichten sollen.[19] Bei allem Fortschrittspathos hat die postreligiöse Soziokratie Comtes mit Menschenrechten und Religionsfreiheit nichts zu tun. Vielmehr will Comte die, wie er schreibt, »stets subversiven« Menschenrechte durch einen Kodex universeller Pflichten ablösen, die den Einzelnen ganz in das gesellschaftliche Kollektiv und den post-religiösen Kult der Humanität einbinden.[20]

Das historisch wirkmächtigste Beispiel einer säkularistischen Staatsideologie ist bekanntlich der Marxismus. Seine Intention der Überwindung der Religionen zeigt sich schon beim frühen Marx, wenn er in seiner Kritik an der Menschenrechtserklärung der Französischen Revolution statt des Rechts auf Religionsfreiheit die *Befreiung des Menschen von der Religion* erwartet, die sich mit der Abschaffung der privaten Eigentumsverhältnisse, wie Marx meinte, von selbst ergeben werde.[21] Die dem Marxismus verpflichteten Staaten haben den Religionsgemeinschaften im Rahmen der herrschenden Staatsideologie dementsprechend bestenfalls gewisse Toleranzspielräume konzediert, die zwischen den Volksrepubliken Polen und Albanien zwar erheblich differieren konnten, an eine rechtsverbindlich gewährleistete Religionsfreiheit aber nicht heranreichten.

Der weltanschauliche Säkularismus in all seinen Varianten unterscheidet sich von der Säkularität des Rechtsstaats nicht nur graduell (etwa derart, dass die rechtsstaatliche Säkularität die mildere und der weltanschauliche Säkularismus die entschiedenere Variante wäre), sondern *prinzipiell*. Wer beide miteinander vermengt oder miteinander identifiziert, verbaut sich deshalb von vornherein die Möglichkeit, den normativen Anspruch des säkularen Rechtsstaats überhaupt zur Kennt-

18 | Vgl. Auguste Comte, Système de Politique Positive ou Traité de Sociologie, Instituant la Religion de l'Humanité, 3 Bde., Nachdruck Osnabrück 1967, Bd. 3, S. 605.

19 | Vgl. ebd., Bd. 1, S. 321ff.

20 | Vgl. ebd., Bd. 1, S. 363ff.; Bd. 3, S. 601.

21 | Vgl. Karl Marx, Zur Judenfrage, a.a.O., S. 369.

nis zu nehmen. Eine klare Unterscheidung zwischen beiden Konzepten ist deshalb zur Vermeidung von Verwirrung unumgänglich.

Geschlossen säkularistische Weltanschauungen im Verständnis Auguste Comtes oder Ernst Haeckels kommen uns heute eher befremdlich vor. Die Fortschrittshoffnungen, die darin Ausdruck finden, lassen sich nach den Katastrophen des 20. Jahrhunderts nur noch schwer nachvollziehen; und auch die Erwartung, dass die Wissenschaft mit der Zeit alle »Welträtsel« werde lösen können, wird heute kaum mehr geteilt. Es spricht aber viel für die Annahme, dass bestimmte Facetten des weltanschaulichen Säkularismus, eher unsystematisch und fragmentiert, nach wie vor in der Öffentlichkeit präsent sind. Es mag sein, dass sich z.B. hinter dem immer wieder formelhaft beschworenen Postulat der Trennung von Religion und Politik ideologische Positionen verbergen, die die Religionen als Relikte der Vergangenheit betrachten und aus dem öffentlichen Leben herausdrängen wollen. Dass solche Positionen öffentlich geäußert werden und ggf. Anlass zur Kontroverse bieten, gehört zur Normalität einer pluralistischen Gesellschaft. Als Programm staatlicher Politik müssten sie jedoch in Widerspruch zur religiös-weltanschaulichen Neutralität des säkularen Staates geraten.

5.5 Bindung an die Menschenwürde als verkapptes Religionsbekenntnis?

Der Anspruch religiös-weltanschaulicher Neutralität des Staates stößt immer wieder auf prinzipielle Skepsis. Zehrt nicht auch der säkulare Rechtsstaat, so ein häufig zu hörender Einwand, von religiösen Gehalten, die in Europa vor allem durch die christliche Tradition geprägt sind?[22] Pflegt er nicht ein besonderes Näheverhältnis zu den christlichen Kirchen, und greift nicht sogar das Grundgesetz in Artikel 1 ausdrücklich zu einer Bekenntnisformel zurück, um die Bindung des Staates an Menschenwürde und Menschenrechte zu bekräftigen? Müssen wir dann aber nicht die Konsequenz ziehen, dass der Staat letztlich mit seiner Verpflichtung auf Menschenwürde und Menschenrechte doch einen *Konfessionsstaat* (vielleicht in einem weiteren, eher ökumenischen oder »zivilreligiösen« Sinne) bildet, von religiös-weltanschaulicher Neutralität jedoch streng genommen keine Rede sein kann?

22 | Vgl. Robert Spaemann, »Über den Begriff der Menschenwürde«, in: Ernst-Wolfgang Böckenförde/Robert Spaemann (Hg.), Menschenrechte und Menschenwürde. Historische Voraussetzungen – säkulare Gestalt – christliches Verständnis, Stuttgart 1987, S. 295-313.

Gegen den Einwand, der Neutralitätsanspruch sei unrealistisch oder diene gar zur Verschleierung faktischer Privilegierungen, ist von vornherein einzuräumen, dass der Neutralitätsbegriff nicht unmittelbar zur Beschreibung der politischen *Wirklichkeit* taugt; denn man wird leicht Beispiele dafür finden können, dass der Staat unterschiedliche Grade von Nähe, Kooperation und Distanz zu den verschiedenen Religionsgemeinschaften aufweist und sich somit faktisch nicht neutral verhält. Der Sinn des Neutralitätsbegriffs besteht indessen genau darin, dass er die Möglichkeit schafft, die diskriminierenden Konsequenzen bewusster oder nicht bewusster de-facto-Identifikationen des Staates mit bestimmten Religionsgemeinschaften aufzudecken und Veränderungen in Richtung echter Gleichberechtigung anzumahnen. Insofern macht der Begriff der religiös-weltanschaulichen Neutralität des Staates nicht als deskriptives, sondern nur als *kritisch-normatives Konzept* Sinn. Ihn preiszugeben oder im Gestus der Entlarvung zu diskreditieren hieße, sich einer Berufungsgrundlage zur Artikulation von Gleichberechtigungsforderungen zu berauben.

Wie aber steht es um das in Artikel 1 des Grundgesetzes formulierte »Bekenntnis« des deutschen Volkes zu Menschenwürde und Menschenrechten? Stoßen wir nicht spätestens hier auf einen Widerspruch, der das Konzept des religiös-weltanschaulich neutralen Rechtsstaats als ganzes fragwürdig erscheinen lässt? Diese Meinung wird mit unterschiedlichen Konsequenzen vertreten. Während beispielsweise Walter Leisner auch dem modernen Staat eine bleibende Nähe zu christlich-theologischen Grundlagen zuspricht,[23] tritt Franz Josef Wetz dafür ein, die Säkularisierung des Staates durch die Preisgabe der Idee einer Wesenswürde des Menschen zu vollenden.[24] Beide Positionen stimmen darin überein, dass sie die Möglichkeit einer in der Menschenwürde begründeten freiheitlichen Säkularität negieren: Im ersteren Fall wird der Anspruch der Säkularität als verdecktes Erbe der christlichen Tradition decouvriert, im letzteren Fall soll er durch die Kappung der staatlichen Bindung an eine vorgegebene Menschenwürde radikalisiert werden.

Will man demgegenüber am Prinzip einer im Respekt der Men-

23 | Vgl. Walter Leisner, »Geglaubtes Recht. Säkularisierte religiöse Grundlagen der Demokratie«, in: Josef Isensee/Wilhelm Rees/Wolfgang Rüfner (Hg.), Dem Staate, was des Staates, der Kirche, was der Kirche ist. Festschrift für Joseph Listl zum 70. Geburtstag, Berlin 1999, S. 115-128, hier S. 119.

24 | Franz Josef Wetz, Illusion Menschenwürde. Aufstieg und Fall eines Grundwerts, Stuttgart 2005, S. 144: »So gesehen führt der weltanschauliche Neutralismus des säkularen Staates geradezu zwangsläufig zu einer allmählichen Entleerung der viele Jahrhunderte alten Idee menschlicher Wesenswürde.«

schenwürde und der Menschenrechte begründeten religiös-weltanschaulichen Neutralität festhalten, bleibt nur der Weg, eine Differenzierung innerhalb des Bekenntnisbegriffs einzuführen und zwischen einem *rechtsethischen* Bekenntnis einerseits und einem *umfassenden religiösen bzw. weltanschaulichen Bekenntnis* andererseits zu unterscheiden. Diese Unterscheidung liegt implizit auch der Rechtsprechung des Bundesverfassungsgerichts zugrunde, wenn dort das Verständnis eines »wertgebundenen« und gleichwohl religiös-weltanschaulich neutralen Staates entfaltet wird.

Eine Schwierigkeit besteht freilich darin, dass zwischen den beiden genannten Ebenen von »Bekenntnis« keine ein für allemal vorgegebene, von außen erkennbare Trennungslinie verläuft. Vielmehr bleibt die Grenze zwischen rechtsethischem und religiös-weltanschaulichem Bekenntnis im Einzelnen offen, veränderlich und umstritten. Selbst wenn Menschen um der normativen Verständigung mit Andersdenkenden willen bereit sind, ihre umfassenderen Weltsichten gleichsam in Klammern zu setzen und sich auf die politisch-rechtliche Ebene zu konzentrieren, kann sich ex post herausstellen, dass ihre Formulierung und Deutung der rechtsethischen Prinzipien mit religiösen oder weltanschaulichen Prämissen durchwirkt waren, die ihnen nicht einmal bewusst gewesen sein mögen. Der Sinn der Differenzierung zwischen rechtsethischem und religiös-weltanschaulichem Bekenntnis liegt denn auch nicht in der vorgängigen Abgrenzung zweier in sich ruhender »Bereiche«, die es in solcher Geschlossenheit nicht gibt. Vielmehr muss die Differenz von rechtsethischem und religiös-weltanschaulichem Bekenntnis inhaltlich immer wieder neu konkret *erarbeitet* werden. Dies kann nur dadurch geschehen, dass die Menschen – vor allem auch Minderheiten – den Anspruch auf politisch-rechtlichen Respekt ihrer religiös-weltanschaulichen Überzeugungen und Lebensformen öffentlich artikulieren und etwaige Diskriminierungen, die sich aus der staatlichen Nähe zu einer bestimmten Religion oder Weltanschauung ergeben, konkret aufdecken. Als Bedingung der Möglichkeit solcher kritischen Erarbeitung muss die Differenzierung zwischen rechtsethischer und religiös-weltanschaulicher Ebene zugleich kategorial vorausgesetzt werden.

Um den Modus jenes rechtsethischen Bekenntnisses, das die Grundlage des religiös-weltanschaulich neutralen säkularen Rechtsstaates bildet, näher zu bestimmen, kann ein Blick auf analoge Überlegungen zur normativen Rekonstruktion des politischen Liberalismus, wie John Rawls sie vorgelegt hat, hilfreich sein.[25] Rawls unterscheidet zwischen der in

25 | Vgl. John Rawls, Political Liberalism, New York 1993, S. 133ff. Zur philosophischen Begründung der Religionsfreiheit ist dieser Ansatz aufgegriffen

einer freiheitlichen und pluralistischen Gesellschaft verbindlichen Gerechtigkeitsvorstellung (»political justice«) einerseits und den innerhalb der Gesellschaft präsenten umfassenden Überzeugungen (»comprehensive doctrines«) andererseits; unter letzteren versteht er religiöse oder weltanschauliche Bekenntnisse im weitesten Sinne des Wortes. Bei der Bestimmung des Verhältnisses zwischen »political justice« und »comprehensive doctrines« stehen für Rawls drei Aspekte im Vordergrund: (1) Im Unterschied zu umfassenden religiösen oder weltanschaulichen Überzeugungen ist die politische Gerechtigkeitsvorstellung von vornherein *inhaltlich begrenzt:* Sie konzentriert sich auf die »basic structure of society« und beansprucht keineswegs, sämtliche Aspekte des guten Lebens abzudecken oder gar eine weltanschauliche Gesamtorientierung der Menschen zu leisten. (2) Im Konfliktfall enthält die liberale Gerechtigkeitsvorstellung indessen den Anspruch auf *praktischen Geltungsvorrang* gegenüber etwaigen konkurrierenden religiösen oder weltanschaulichen Lehren; denn sie – und nur sie – bildet die verbindliche Grundlage des politisch-rechtlichen Zusammenlebens in der Gesamtgesellschaft. (3) Schließlich bietet die leitende Gerechtigkeitsvorstellung aber auch positive Anknüpfungsoptionen für unterschiedliche religiöse bzw. weltanschauliche Deutungen, die darin normative Anliegen ihrer jeweils eigenen Traditionen entdecken können. Auf diese Weise soll die leitende Gerechtigkeitsvorstellung Gegenstand eines *»overlapping consensus«* werden können, in dem Menschen mit bleibend unterschiedlichen weltanschaulichen Orientierungen gleichwohl zur politisch-rechtlichen Koexistenz zusammenfinden, und zwar so, dass sie dies möglichst auch aus der Perspektive ihrer jeweiligen Religionen oder Weltanschauungen als sinnvoll begreifen können.

Die für die staatliche Verfassung grundlegenden rechtsethischen Prinzipien, so ließe sich in freiem Anschluss an die Überlegungen von Rawls sagen, sind der Vielfalt der religiösen und weltanschaulichen Überzeugungen in der Gesellschaft nicht in einem kompakten Sinne inhaltlich übergeordnet. Sie beanspruchen *keinen weltanschaulichen Primat,* wohl aber einen *Primat rechtlicher Geltung,* dessen Respektierung sich vorrangig in der tatsächlichen Beachtung der freiheitlichen Verfassungsordnung bewährt. Gleichzeitig besteht die Chance, dass Menschen mit unterschiedlichen religiösen oder weltanschaulichen Orientierungen die als rechtsethisches Bekenntnis formulierten obersten Verfassungsprinzipien *je für sich* in umfassendere Horizonte religiöser oder nicht-

---

worden von Tore Lindholm, »Philosophical and Religious Justifications of Freedom of Religion or Belief«, in: ders. u.a. (Hg.), Facilitating Freedom of Religion or Belief. A Deskbook, Leiden 2004, S. 19-61.

religiöser Letztdeutung integrieren, um auf diese Weise einen die gemeinschaftliche politisch-rechtliche Praxis tragenden »overlapping consensus« auszubilden.

So mag für gläubige Christen das Verständnis der Menschenwürde zuletzt in der biblischen Idee der Gottesebenbildlichkeit des Menschen gründen, während Muslime eher an die im Koran proklamierte Sonderstellung des Menschen als Statthalter Gottes auf Erden denken dürften. Ein buddhistisch inspiriertes Verständnis der Menschenwürde könnte sich von dem Gedanken leiten lassen, dass der Mensch gleichsam einen Knotenpunkt von Bewusstsein im Netzwerk des Lebendigen darstellt. Wieder anders verlaufen humanistische Begründungen der Würde, die auf die sittliche Vernunft des Menschen rekurrieren. Vielen Menschen mögen derartige Begründungsversuche der Menschenwürde auch gleichgültig sein oder unsinnig vorkommen. Die Idee der Menschenwürde – und analog gilt dies auch für andere Grundbegriffe der verfassungsrechtlichen Ordnung – kann jedenfalls in verschiedenen religiös-weltanschaulichen Resonanzböden durchaus unterschiedlich »klingen«. Es ist keineswegs erforderlich, dass die unterschiedlichen »Klänge« sich zu einem Gleichklang zusammenfügen. Sie müssen nicht einmal ökumenisch harmonieren, sondern können durchaus eine »Kakophonie« ergeben, solange dies die *praktische Verständigung auf der politisch-rechtlichen Ebene* nicht ausschließt. Genau dies ist mit der Rawls'schen Idee des »overlapping consensus« gemeint. Damit ein solcher weltanschaulich offener Konsens möglich ist, darf sich der Staat allerdings keine der konkurrierenden umfassenden Deutungen zu eigen machen. Auch bei der Auslegung der ihn tragenden normativen Prinzipien ist er – unter dem Anspruch religiös-weltanschaulicher Neutralität – zur Zurückhaltung verpflichtet.[26]

26 | Als nicht sonderlich hilfreich erweist sich in diesem Zusammenhang der Begriff der Zivilreligion, weil er einen so weiten Religionsbegriff impliziert, dass die grundlegende Differenz zwischen rechtlichen Sollensansprüchen (einschließlich ihrer rechtsethischen Fundierung) einerseits und umfassenden religiösen oder weltanschaulichen Sinndeutungen andererseits von vornherein nicht mehr zur Sprache kommen kann. Der schillernde Charakter der Zivilreligion als einer gleichermaßen deskriptiven wie normativen, affirmativen wie kritischen Kategorie zeigt sich etwa bei Rolf Schieder, Wieviel Religion verträgt Deutschland?, Frankfurt a.M. 2001, S. 119: »Die Weigerung führender deutscher Intellektueller der Nachkriegszeit, sich am Aufbau einer deutschen Zivilreligion zu beteiligen, war ihre größte zivilreligiöse Leistung.«

5.6 Die Gefahr kulturgenetischer Vereinnahmungen des Säkularitätsprinzips

Erosionsgefahren für die Säkularität des Rechtsstaats drohen in den westeuropäischen Staaten derzeit weniger im Namen der Religion als vielmehr im Namen der Kultur. Während in Deutschland keine ernst zu nehmende politische Kraft an die Restauration eines religiösen *Bekenntnisstaates* denkt, gibt es durchaus starke Tendenzen, den Staat als *Kulturstaat* auf die vorrangige Pflege bestimmter religiöser, nämlich insbesondere christlicher Traditionen zu verpflichten. Es geht dabei nicht etwa um einen »christlichen Staat« im prägnant-konfessionellen Sinne, sondern um einen vage definierten »christlich geprägten Kulturstaat«, der sich teilweise in der Antithese zum Islam konstituiert.[27]

Solche Projekte stützen sich u.a. auf das Argument, der religiös-weltanschauliche neutrale Rechtsstaat sei als solcher das Produkt einer bestimmten, nämlich durch das Spannungsfeld von Christentum und Aufklärung geprägten »westlichen« Kulturentwicklung und an deren religionshistorische und kulturhistorische Voraussetzungen substanziell gebunden.[28] Handelt es sich beim säkularen Rechtsstaat deshalb, wie oft behauptet wird, um ein exklusiv »westliches Modell«, das in nicht westlichen kulturellen und religiösen Kontexten entweder gar nicht oder nur um den Preis einer durchgreifenden kulturellen »Verwestlichung« Anerkennung finden kann? Wir stoßen hier auf eine Problemstellung, die uns bereits oben, im Kontext der allgemeinen Erörterung der Menschenrechte als Bestandteil einer interkulturell anschlussfähigen Lerngeschichte beschäftigt hat. Die dort formulierte Antwort[29] gilt analog auch hier: Ohne die spezifischen Erfahrungen, die im Westen zur Erarbeitung des säkularen Rechtsstaats geführt haben, auszublenden, kommt es darauf an, die dabei erzielten *Lernprozesse und Lernergebnisse* gegen kulturgenetische Vereinnahmungen *für mögliche interkulturelle und interreligiöse Anknüpfungen offen* zu halten.

Besondere Brisanz erhält die Fragestellung im Blick auf hier lebende

27 | Vgl. in diesem Sinne z.B. Josef Isensee, »Die Zukunftsfähigkeit des deutschen Staatskirchenrechts. Gegenwärtige Legitimationsprobleme«, in: Isensee/Rees/Rüfner (Hg.), Dem Staate, was des Staates, der Kirche, was der Kirche ist, a.a.O., S. 67-90.

28 | Vgl. z.B. Wolfhart Pannenberg, »Civil Religion? Religionsfreiheit und pluralistischer Staat: Das theologische Fundament der Gesellschaft«, in: Peter Koslowski (Hg.), Die religiöse Dimension der Gesellschaft. Religion und ihre Theorien, Tübingen 1985, S. 63-75.

29 | Vgl. oben, Abschnitt 3.2.

Muslime. Geht man von der Prämisse aus, dass der säkulare Rechtsstaat an spezifische Voraussetzungen der abendländischen Kultur substanziell gebunden ist, liegt es nahe, religiöse oder kulturelle Minderheiten aus »nicht westlichen« Kontexten – und dazu zählen hierzulande vor allem Muslime – als latente Bedrohung des säkularen Modells zu betrachten. Für diese Meinung gibt es zahlreiche Beispiele. So hat der renommierte Historiker Hans-Ulrich Wehler in einem Zeitungsinterview die These vertreten, dass Muslime nicht in die freiheitliche Verfassungsordnung integrierbar sind, weil sie »einen militanten Monotheismus« repräsentieren, »der seine Herkunft aus der Welt kriegerischer arabischer Nomadenstämme nicht verleugnen kann« und mit einem westlichen säkularen Politikverständnis unvereinbar ist.[30] Der Religionssoziologe Hartmut Zinser plädiert dafür, analog zur »wehrhaften Demokratie« auch ein Konzept der »wehrhaften Religionsfreiheit« auszubilden, und äußert Bedenken, ob Muslime aufgrund der, wie er meint, im Islam generell behaupteten Einheit von Religion und Politik darin Platz finden würden.[31] Und für die Öffentlichrechtler Karl-Heinz Ladeur und Ino Augsburg repräsentiert der Islam eine vormoderne religiös-kulturelle Mentalität, die im Unterschied zum Christentum mit den systemischen Postulaten der modernen, funktional ausdifferenzierten Gesellschaft – zu der eben auch die Differenz zwischen Religion und Politik gehöre – nicht kompatibel sei.[32]

Sofern Muslime die Religionsfreiheit des säkularen Rechtsstaats für sich einfordern, tun sie dies nach Logik kulturalistischer Denkansätze lediglich als Trittbrettfahrer westlicher Errungenschaften, zu denen sie nicht nur keinen eigenen kulturellen Zugang haben, sondern deren kulturelle Voraussetzungen sie durch ihre Präsenz letztlich sogar gefährden. Von dorther leiten sich Forderungen her, Muslimen die Religionsfreiheit nur möglichst restriktiv zu konzedieren[33] bzw. die volle Gewährleistung

30 | Hans-Ulrich Wehler in einem Interview vom 10. September 2002 mit der Tageszeitung (taz), das unter dem Titel »Muslime sind nicht integrierbar« erschienen ist (ebd., S. 6).

31 | Vgl. Hartmut Zinser, »Wehrhafte Religionsfreiheit und religiöser Verbraucherschutz. Grenzen der Religionsfreiheit in der Bundesrepublik Deutschland«, in: Gritt Klinkhammer/Tobias Frick (Hg.), Religionen und Recht. Eine interdisziplinäre Diskussion um die Integration von Religionen in demokratische Gesellschaften, Marburg 2002, S. 71-82.

32 | Vgl. Karl-Heinz Ladeur/Ino Augsberg, »Der Mythos vom neutralen Staat«, in: Juristenzeitung 1/2007, S. 12-18.

33 | Dafür plädiert etwa Hillgruber, Der deutsche Kulturstaat und der muslimische Kulturimport, a.a.O.

der Religionsfreiheit von einer künftigen durchgreifenden kulturellen Assimilierung abhängig zu machen, für die Bassam Tibi den schillernden Begriff des »Euro-Islam« geprägt hat.[34]

Gegen die kulturgenetische Vereinnahmung des religiös-weltanschaulich neutralen säkularen Rechtsstaats zu einem exklusiven Erbe des Abendlands sprechen allerdings historische und systematische Gesichtspunkte. Zunächst sei gegen etwaige Vorstellungen, der säkulare Rechtsstaat habe sich gleichsam organisch aus bestimmten »Wurzeln« der europäischen Kultur heraus entwickelt, daran erinnert, dass die rechtsstaatliche Säkularität in langwierigen *politischen Auseinandersetzungen* durchgesetzt werden musste (wie dies für die Menschenrechte generell gilt). So hat die katholische Kirche erst nach einer langen Phase des Widerstands auf dem Zweiten Vatikanischen Konzil (1962-1965) endgültig von der bis dahin immer noch wenigstens theoretisch hochgehaltenen Norm eines katholischen Konfessionsstaates Abstand genommen.[35] Vorausgegangen ist diesem kirchlichen Positionswechsel ein langwieriger und konflikthafter Prozess theologischen Umdenkens, innerhalb dessen es gelang, Affinitäten zwischen christlicher Theologie und modernen Freiheitsrechten herauszuarbeiten. In diesem Zusammenhang wurde auch dem Jesuswort »Gebt dem Kaiser, was des Kaisers ist, und Gott, was Gottes ist«, eine neue Bedeutung als zentrales Motiv für die theologische Würdigung der institutionellen Trennung von Staat und Religion zuerkannt.

Dieses viel zitierte Jesus-Wort bildet demnach aber gerade nicht die religiös-kulturelle »Wurzel«, aus der im Laufe von fast zweitausend Jahren der säkulare Staat gleichsam organisch erwachsen wäre.[36] Sonst

---

34 | Vgl. Tibi, Im Schatten Allahs, a.a.O., S. 286ff. Schillernd ist der Begriff des Euro-Islam insofern, als er einerseits für einen Islam steht, der mit dem in Europa herrschenden Typus freiheitlicher Verfassung kompatibel ist, andererseits von Bassam Tibi für eine bestimmte theologische Denkrichtung in Anspruch genommen wird, die die »theozentrische« Perspektive des Islams überwinden möchte.

35 | Vgl. Konrad Hilpert, Die Menschenrechte. Geschichte – Theologie – Aktualität, Düsseldorf 1991, S. 147 sowie Abschnitt 3.2 in diesem Buch.

36 | So aber die Position des Vatikanischen Ökumene-Beauftragten Kardinal Walter Kasper in einem Interview im SPIEGEL 38/2006 (18.09.06), S. 75: »Für das heutige Christentum ist die Unterscheidung von religiöser und weltlicher Ordnung grundlegend. Diese Unterscheidung stellt sowohl gegenüber dem Judentum wie gegenüber dem Islam eine Neuerung und einen Vorzug dar, welche die Gestalt Europas geprägt hat. Sie ist in dem Wort grundgelegt, man solle dem Kaiser geben, was des Kaisers ist, und Gott, was Gottes ist.«

wären die Kulturkämpfe, die die allmähliche Durchsetzung des säkularen Verfassungsmodells begleitet haben, kaum erklärlich. Vielmehr verhält es sich eher umgekehrt so, dass auf dem Boden der Moderne das Jesuswort von den unterschiedlichen Ansprüchen des Kaisers und Gottes *rückblickend* eine symbolische Bedeutung erhält, durch die es möglich wird, den säkularen Rechtsstaat auch theologisch als eine sinnvolle Option zu integrieren. Ein solches christlich-theologisches ex-post-Interpretament kann aber nicht zur *conditio sine qua non* der historischen Entwicklung des säkularen Rechtsstaats stilisiert werden.[37]

Was für die Menschenrechte im Allgemeinen gilt, muss im Besonderen auch für den in der Religionsfreiheit begründeten säkularen Rechtsstaat festgehalten werden: Er ist nicht das Produkt einer gleichsam organischen Entfaltung spezifischer kultureller Potenziale des Abendlandes, sondern das *Ergebnis einer komplizierten Lerngeschichte* in der Auseinandersetzung mit dem irreversiblen religiösen und weltanschaulichen Pluralismus moderner Gesellschaften. Diese Lerngeschichte ist im Übrigen, wie die aktuellen Schwierigkeiten im Umgang mit neuen religiösen Minderheiten zeigen, auch in Europa nicht abgeschlossen. Die im Rahmen solcher Lernprozesse erarbeiteten Einsichten auf die Angehörigen bestimmter Traditionen zu beschränken – etwa auf die Christen, weil das Neue Testament zwischen dem, »was des Kaisers und was Gottes ist«, differenziere, während der Koran eine solche Differenzierung nicht kenne –, wäre weder historisch plausibel noch sachlich legitim. Vielmehr drängt die universalistische Grundlegung des säkularen Rechtsstaats durch das Menschenrecht auf Religions- und Weltanschauungsfreiheit danach, die kulturalistische Verdinglichung des Säkularitätsprinzips zu einem exklusiv abendländischen oder christlichen Modell aufzubrechen.

Gewiss: Die historische Tatsache, dass der religiös-weltanschaulich neutrale säkulare Rechtsstaat in Nordamerika und Westeuropa erstmals wirksam geworden ist, kann genauso wenig bestritten werden wie die faktische Prägekraft bestimmter religiös-kultureller Motive des Christentums bei der historischen Erarbeitung der unterschiedlichen säkularen Verfassungsmodelle. Deshalb aber die Geltung des Säkularitätsprinzips von vornherein auf die »westliche Kultur« zu beschränken, wäre gleichwohl ein identitätspolitischer Kurzschluss, durch den die Pointe der Säkularität geradezu unterminiert werden würde. Denn durch die letzt-

37 | Genauso problematisch wäre es, die im Investiturstreit des 11. und 12. Jahrhunderts entwickelte begriffliche Unterscheidung von »spiritualia« und »temporalia« oder die Luther'sche Lehre von den beiden Regimenten zu Etappen innerhalb eines historischen Fahrplans zu hypostasieren, der folgerichtig in die Säkularisierung von Staat und Recht münden musste.

endliche *Identifizierung* der rechtsstaatlichen Säkularität mit einer bestimmten religiös-kulturellen Tradition würde genau jenes Fairnessprinzip der *respektvollen Nicht-Identifikation*, das dem säkularen Rechtsstaat normativ zugrunde liegt, seine kritische Funktion einbüßen. Das Ergebnis wäre der Rückfall in eine neue Variante diskriminierender Religionspolitik, die über die Figur der zu schützenden *»kulturellen Voraussetzungen«* des säkularen Rechtstaats »kulturell fremden« Menschen – im Klartext: muslimischen Minderheiten – zwar gewisse Toleranzräume konzedieren, ihnen die gleichberechtigte Partizipation aber streitig machen würde.[38] Die kulturalistische Vereinnahmung des säkularen Rechtsstaats liefe somit, konsequent durchgeführt, letztlich auf die dialektische Aufhebung des Säkularitätsbegriffs als eines kritisch-normativen Prinzips für den diskriminierungsfreien Umgang mit religiöser und weltanschaulicher Differenz hinaus.

Mit der Zunahme des religiösen und weltanschaulichen Pluralismus in der modernen Einwanderungsgesellschaft gewinnt das Prinzip der religiös-weltanschaulichen Neutralität an praktischer Bedeutung. Es schafft die Voraussetzung dafür, dass das staatlich gesetzte säkulare

38 | Um die religiös-kulturellen Grundlagen der säkularen Rechtsordnung zu wahren, plädiert beispielsweise Pannenberg dafür, die Beziehung von Staat und Religion auf der Basis einer spezifisch christlichen Toleranzkultur neu zu definieren. In bewusster Abgrenzung zu einer *prinzipiellen* Anerkennung des modernen religiösen und weltanschaulichen Pluralismus insistiert er darauf, dass die politische Toleranz des demokratischen Verfassungsstaates ihr kulturelles Zentrum im christlichen Glauben habe, der somit für die politische Kultur des säkularen Rechtsstaates im Ganzen tragend bleiben müsse. Mit seinem Plädoyer für Toleranz verbindet Pannenberg daher die Verteidigung der christlichen Grundlagen als der geistig-kulturellen *Basis* politischer Toleranz, wenn er betont: »Allerdings handelt es sich dabei um ein bestimmtes – nämlich das christliche – Glaubensbekenntnis, das solche Toleranz ermöglicht. Das ist eine andere Grundlage als die öffentliche Gleichgültigkeit gegenüber der Religion überhaupt und darum auch gegenüber den Unterschieden des religiösen Bekenntnisses.« (Civil Religion?, a.a.O., S. 74) Offen für die Rückkehr zu einem traditionellen Toleranzmodell plädieren auch Ladeur und Augsberg, Der Mythos vom neutralen Staat, a.a.O., S. 18: »Neutralität im engen Sinne bloßer Indifferenz kann es demnach für den Staat sowohl wegen der engen Verknüpfung von Staat, Gesellschaft und Religion nicht geben. In diesem Sinne bietet sich zur Fortentwicklung des Verständnisses der Religionsfreiheit in der Moderne eher das Toleranzprinzip in seiner tradierten Lesart an; denn dieses bietet eine größere Differenzierungsfähigkeit zwischen den unterschiedlichen Dimensionen der Religion und ihren Leistungen für das Individuum wie die Gesellschaft.«

Recht als die für alle Mitglieder der Rechtsgemeinschaft – quer zu ihren religiösen oder nicht-religiösen Überzeugungen – verbindliche Grundlage des Zusammenlebens verstanden werden kann. Seine Anerkennung kann mit guten Gründen von allen Menschen erwartet werden. Diese auch integrationspolitisch wichtige Funktion des Neutralitätsprinzips hängt indessen davon ab, dass der Staat bewusst darauf verzichtet, durch Rekurs auf einen für religionspolitische Interessen anschlussfähigen Begriff staatlicher Kulturidentität die Konturen des Neutralitätsprinzips zu verwischen. Deshalb ist gegen religionspolitisch motivierte Aufladungen des Kulturbegriffs im Zusammenhang staatlichen Handelns heute besondere Wachsamkeit angezeigt.

Teil II: Exemplarische Streitfragen

6. Islam – Scharia – Grundgesetz

6.1 Eine legitime Themenstellung?

Die wenigsten hier lebenden Menschen mit muslimischem Hintergrund dürften in der Lage sein, auf die Frage, wie sie die Ordnung des Grundgesetzes »aus islamischer Sicht« bewerten, eine klare und intellektuell anspruchsvolle Antwort zu formulieren. Sie unterscheiden sich in dieser Hinsicht nicht von der großen Mehrheit der Christinnen oder Christen, die bei der – allerdings weit seltener gestellten – Frage nach einer christlichen Würdigung des Grundgesetzes ebenfalls in Verlegenheit geraten oder zu vagen Hinweisen auf nicht näher definierte »christliche Werte« Zuflucht nehmen dürften. Eine öffentlich formulierte Erwartung, das Verhältnis zwischen eigener religiöser Tradition und den Prinzipien der freiheitlichen demokratischen Verfassungsordnung eindeutig und nachvollziehbar darzulegen, würden viele gläubige Christen – und erst recht solche, die sich nicht einmal als eigentlich Gläubige verstehen – vermutlich als Zumutung zurückweisen. Mit einer solchen Zumutung sehen sich Muslime (bzw. solche Menschen, die aufgrund ihrer Herkunft oder ihres Namens als muslimisch wahrgenommen werden) indessen in ihrem Alltag und in der politischen Öffentlichkeit ständig konfrontiert. Wenn sie eine Antwort verweigern oder wenn ihre Antwort nicht zufriedenstellend ausfällt, setzen sie sich dem Verdacht aus, dass mit ihrer Einstellung zur demokratischen Verfassungsordnung etwas nicht stimme.

Angesichts der Tatsache, dass viele Millionen Menschen mit muslimischem Hintergrund – Strenggläubige, weniger Gläubige, Orthodoxe und Volksreligiöse, Zweifler und Gleichgültige – seit langem in den demokratisch verfassten Gesellschaften Europas leben, arbeiten, sich heimisch fühlen, ihre Kinder großziehen und an öffentlichen Angelegenheiten teilnehmen, sollte sich die Frage, ob »der Islam« überhaupt mit einer freiheitlichen demokratischen Verfassungsordnung kompatibel sei, inzwischen erledigt haben. Zumindest kann sie nicht mehr in solcher Abstraktheit gestellt werden. Dass dies trotzdem immer wieder geschieht – so als sei die Realität friedlicher Koexistenz mit Muslimen in den liberalen Gesellschaften Europas nur eine Marginalie –, ist mindestens ignorant und sicherlich oft genug Ausdruck kulturrassistischer Ausgrenzung.[1] In ihrer breit angelegten Studie über »Europas muslimische Eliten« stellt Jytte Klausen jedenfalls fest: »Viele Muslime in Führungspositionen berichten, dass sie die argwöhnische Betrachtung ihrer Absichten als verletzend empfinden. Außerdem sind sie die Frage leid, wie es um ihre Bereitschaft stehe, ihre Interpretation des Islams so zurechtzubiegen, dass er zu westlichen demokratischen Werten passe.«[2]

Die folgenden Ausführungen gehen von der Annahme aus, dass für die große Mehrheit der hier lebenden Muslime die Frage nach einer expliziten Verhältnisbestimmung von Islam und Grundgesetz von *eher geringer Relevanz* ist, und zwar deshalb, weil ihnen die Ordnung des Grundgesetzes als normativer Rahmen mehr oder weniger *selbstverständlich* geworden ist. Diese lebensweltliche Selbstverständlichkeit gilt es zunächst zur Kenntnis zu nehmen. Mit dieser Kenntnisnahme verliert die Frage nach dem Verhältnis von Islam, Scharia und Grundgesetz nicht ihre Bedeutung, wohl aber ihren inquisitorischen Charakter: Sie *muss nicht* von jeder Muslimin oder jedem Muslim beantwortet werden. Erst auf dem Hintergrund einer solchen praktisch-politischen Entlastung der Fragestellung wird es überhaupt möglich, die Positionierungen, die von Muslimen zum Grundgesetz vorgetragen werden, ohne inquisitorische Überspannung zu diskutieren und ggf. zu kritisieren.

Das Ziel des vorliegenden Abschnitts besteht darin, den Facettenreichtum muslimischer Positionen exemplarisch aufzuzeigen. Dabei geht es näherhin um das Verhältnis zwischen der Scharia einerseits und der Ordnung des Grundgesetzes andererseits. In der Regel wird Scharia – verengend – als »islamisches Recht« übersetzt. In einem weiteren Sinne bezeichnet sie die Gebote der religiösen Orthopraxie, die – gegründet auf Koran und Sunna sowie ggf. auf einige weitere, subsidiäre Quellen – für die meisten gläubigen Muslime einen unverzichtbaren Bestandteil ihres religiösen Selbstverständnisses und ihrer religiösen Praxis bedeuten. Wichtig ist deutlich zu machen, dass über viele inhaltli-

1 | Vgl. dazu European Monitoring Centre on Racism and Xenophobia: Muslims in the European Union, a.a.O., S. 34ff.

2 | Jytte Klausen, Europas muslimische Eliten. Wer sie sind und was sie wollen, Frankfurt a.M. 2006, S. 68.

che Fragen der Scharia, darunter Fragen der Gestaltung des Geschlechterverhältnisses und des Umgangs mit Andersgläubigen, sowie über die Art und Weise der Umsetzung von Scharia-Normen innerislamisch erhebliche Meinungsunterschiede bestanden und auch heute noch bestehen.[3] »Scharia ist nicht gleich Scharia, und Islam ist nicht gleich Islam«, betonen Katajun Amirpur und Ludwig Amman im Vorwort zu dem von ihnen herausgegebenen Band über zeitgenössische islamische Reformansätze.[4] Eine große Spannweite von Interpretationen zeigt sich heutzutage auch in der Bestimmung des Verhältnisses von Scharia und säkularer Verfassungsordnung.

6.2 Die fundamentalistische Opposition: Scharia statt Grundgesetz

Wenn im Kontext innenpolitischer Debatten der Begriff Scharia fällt, wird typischerweise unterstellt, es handele sich dabei um einen systematischen Gegenentwurf zur freiheitlichen demokratischen Verfassungsordnung. Muslime, die sich zur Scharia bekennen, geraten damit schnell in den Verdacht einer zumindest latenten Verfassungsfeindlichkeit. Dabei bildet die Entgegensetzung von Scharia und Grundgesetz – also eine Position, die darauf abzielt, die freiheitliche demokratische Verfassung durch die Scharia zu ersetzen – lediglich *eine von mehreren* Konstellationen im Spannungsfeld von Scharia und Grundgesetz. Sie steht für die ideologisch-fundamentalistische Variante des Islams, für die sich mittlerweile die Bezeichnung Islamismus durchgesetzt hat.

Charakteristisch für die Denkweise des Islamismus ist, dass er die Scharia als geschlossenes religionsrechtliches »System« versteht, das sich auf alle Bereiche menschlichen Lebens erstreckt. Es umfasst auch die politisch-rechtliche Ordnung des Zusammenlebens, die durchgängig von religiösen Imperativen her gestaltet werden soll.[5] Diese Intention einer systematischen Durchdringung aller gesellschaftlichen Bereiche erweist den Islamismus als eine spezifisch moderne politische Ideologie, die nicht nur mit liberal-säkularen Rechtsprinzipien der Moderne, sondern

3 | Vgl. z.B. Mechthild Rumpf/Ute Gerhard/Mechtild M. Jansen (Hg.), Facetten islamischer Welten. Geschlechterordnungen, Frauen- und Menschenrechte in der Diskussion, Bielefeld 2003.

4 | Katajun Amirpur/Ludwig Amman (Hg.), Der Islam am Wendepunkt. Liberale und konservative Reformer einer Weltreligion, Freiburg i.Br. 2006, S. 19.

5 | Vgl. Peter Heine, »Islamismus – ein ideologiegeschichtlicher Überblick«, in: Bundesministerium des Inneren (Hg.), Islamismus. Texte zur inneren Sicherheit, Berlin 2003, S. 7-18.

oft auch mit traditionell-orthodoxen oder volkstümlichen Formen islamischer Praxis in Widerspruch gerät.[6] Ein solcher Widerspruch kann unterschiedliche Grade der Militanz erreichen, die von der individuellen inneren Emigration und Partizipationsverweigerung über politische Mobilisierung bis – im Grenzfall – hin zu gewaltsamer Opposition reichen.

Sayyid Qutb, der 1966 hingerichtete Märtyrer der ägyptischen Muslimbruderschaft, behauptet die prinzipielle Überlegenheit des islamistischen politischen Systems gegenüber einer liberal-säkularen Demokratie mit den folgenden Worten: »Die menschliche Gesetzgebung, so wie sie vom herrschenden Individuum, der herrschenden Familie, Klasse, Nation oder Rasse praktiziert wird, kann angesichts ihres menschlichen Ursprungs unmöglich völlig unbeeinflusst von den Wünschen und Interessen des Gesetzgebers bleiben. Wenn jedoch die von Gott offenbarte Religion das menschliche Leben beherrscht, dann wird dieser Fehler ausgeschaltet und echte, völlige und umfassende Gerechtigkeit wird erreicht – eine Gerechtigkeit, wie sie von keinem von Menschen erdachten System erzielt werden kann.«[7] Während die säkulare Demokratie nach Qutb geradezu wesensnotwendig in Korruption und Partikularinteressen verfangen bleibt, nimmt er für die islamistische Gegenposition in Anspruch, dass sie durch die strikte Bindung an das göttliche Gesetz korruptionsfreie Gerechtigkeit garantieren könne.

Trotz der Rückbindung an göttliches Recht berufen sich auch Vertreterinnen und Vertreter des Islamismus vielfach auf Demokratie und Menschenrechte, also die mittlerweile beinahe global anerkannten Legitimationsprinzipien moderner Staatlichkeit.[8] Es wäre voreilig, wollte man darin nur taktische Motive sehen. Vielmehr zeigt die Bezugnahme auf Demokratie und Menschenrechte, dass der Islamismus als eine moderne politische Ideologie auch die politisch-rechtlichen Legitimationsprinzipien der Moderne auf seine Weise aufgenommen hat. In den islamistischen Konzeptionen von Demokratie und Menschenrechten geht

---

6 | Zur Modernität des islamischen Fundamentalismus im Unterschied zum traditionellen, volkstümlichen Islam vgl. Aziz Al-Azmeh, Die Islamisierung des Islam. Imaginäre Welten einer politischen Theologie, Frankfurt a.M. 1996, S. 74f.; Levent Tezcan, Religiöse Strategien der »machbaren« Gesellschaft. Verwaltete Religion und islamistische Utopie in der Türkei, Bielefeld 2003, S. 107ff.

7 | Sayyid Qutb, Dieser Glaube. Der Islam, Kuwait Stadt 1992, S. 35f.

8 | Vgl. dazu grundlegend Gudrun Krämer, Gottes Staat als Republik. Reflexionen zeitgenössischer Muslime zu Islam, Menschenrechten und Demokratie, Baden-Baden 1999; Anna Würth, Dialog mit dem Islam als Konfliktprävention? Studie des Deutschen Instituts für Menschenrechte, Berlin 2003.

allerdings – und dies ist entscheidend – deren spezifisch freiheitlicher Gehalt weitgehend verloren; er wird durch den Primat religiös-rechtlicher Vorgaben regelrecht erdrückt.

Die im islamistischen Schrifttum propagierten antiliberalen Vorstellungen von Demokratie laufen auf eine Art kollektives Kalifat hinaus, in dem die Bevölkerung in Verantwortung vor Gott die Vorgaben der Scharia realisieren soll. So plädiert Abul A'la Mawdudi, ein Vierteljahrhundert nach seinem Tod längst zum Klassiker des Islamismus avanciert, für eine islamische »Theo-Demokratie«, die theokratische und demokratische Komponenten verbindet.[9] Durch die demokratische Komponente unterscheidet sich Mawdudis Verfassungsmodell von den mittelalterlichen Formen des autokratischen Kalifats. Allerdings handelt es sich bei der Theo-Demokratie um eine Demokratie primär der Muslime. Zumindest die politischen Schlüsselfunktionen des Staates müssen nach Mawdudi gläubigen Muslimen vorbehalten bleiben, weil nur sie die von Gott vorgegebenen und deshalb jeder diskursiven Infragestellung entzogenen religiös-normativen Grundlagen der Verfassung verstehen und konsequent verwirklichen könnten. Gegenüber der säkularen Demokratie stelle die an der Scharia orientierte Theo-Demokratie eine totale Alternative dar: »Was natürlich die islamische Demokratie von der westlichen Demokratie unterscheidet, ist, dass die westliche auf dem Konzept der Herrschaft des Volkes begründet ist, während die islamische auf dem Grundsatz des Kalifats des Volkes basiert. In der westlichen säkularen Demokratie sind die Menschen die Herrscher; im Islam ruht die Herrschaftsgewalt bei Gott und die Menschen sind Seine Kalifen oder Statthalter. In der westlichen Demokratie erlassen die Menschen ihre eigenen Gesetze, in der islamischen müssen sie den von Gott durch Seinen Propheten erlassenen Gesetzen folgen und gehorchen.«[10]

Nicht weniger einschneidend als die autoritäre Umdeutung der Demokratie sind die Konsequenzen der islamistischen Okkupierung menschenrechtlicher Begriffe. Ein Beispiel dafür bietet die »Allgemeine Islamische Menschenrechtserklärung«, die der Islamrat für Europa im Jahre 1981 vorgelegt hat. Alle dort aufgeführten Rechte werden direkt aus den Hauptquellen der Scharia – Koran und Sunna – hergeleitet und gelten von daher per se unter dem Vorbehalt, dass sie mit der Scharia übereinstimmen müssen.[11] Streitfragen wie die Gleichberechtigung von Frauen

9 | Abul A'la Mawdudi, The Islamic Law and Constitution, 3. Aufl., Lahore 1967, S. 147f.

10 | Abul A'la Mawdudi, Islamische Lebensweise, Beirut 1983, S. 62f.

11 | Vgl. Martin Forstner, »Übersetzung und Kommentar zur ›Allgemei-

und Männern, grausame Strafpraktiken wie die Amputation von Gliedmaßen oder die Todesstrafe, die Rechte religiöser Minderheiten oder das Recht zum Glaubenswechsel werden in der Erklärung von 1981 nicht offen angesprochen, geschweige denn geklärt.

Schärfer noch als in der Erklärung des Islamrats von 1981 kommt die ideologische Islamisierung menschenrechtlicher Begriffe im Entwurf einer Erklärung der Menschenrechte im Islam zum Ausdruck, der von der Organisation der Islamischen Konferenz im August 1990 in Kairo angenommen wurde.[12] Wiederum stehen sowohl die Erklärung im Ganzen als auch die einzelnen Rechte unter dem Vorbehalt, dass sie mit der Scharia übereinstimmen müssen.[13] Zwar proklamiert die Kairoer Erklärung in Artikel 1 die gleiche Würde aller Menschen »ohne Ansehen von Rasse, Hautfarbe, Sprache, Geschlecht, politischer Einstellung, sozialem Status oder anderen Gründen«. Auf dieses Bekenntnis zur Gleichheit folgt jedoch der Hinweis: »Der wahrhafte Glaube ist die Garantie für das Erlangen solcher Würde auf dem Pfad zur menschlichen Vollkommenheit.« Ob dieser Zusatz als Einschränkung der zuvor proklamierten universalen Würde verstanden werden soll, bleibt offen. Doch auch dann, wenn man annimmt, dass die Gleichheit der Würde uneingeschränkt gelten soll, ist offensichtlich, dass aus der gleichen Würde keineswegs notwendig auch gleiche Rechte folgen. In Bezug auf das Geschlechterverhältnis wird jedenfalls die ungleiche Rollenverteilung und Rechtsstellung ausdrücklich festgeschrieben. So lautet Artikel 6: »a) Die Frau ist dem Mann an Würde gleich, sie hat Rechte und auch Pflichten; sie ist rechtsfähig und finanziell unabhängig, und sie hat das Recht, ihren Namen und ihre Abstammung beizubehalten. b) Der Ehemann ist für den Unterhalt und das Wohl der Familie verantwortlich.« Besonders krass zeigt sich der Widerspruch zu einem offenen, universalistischen Menschenrechtsverständnis in Artikel 10, der anstelle eines allgemeinen Rechts auf Religionsfreiheit den Vorrang des Islams behauptet und – gegen etwaige Missionierungsversuche – unter staatlichen Schutz stellt:

nen Islamischen Menschenrechtserklärung‹ des Islamrats für Europa von 1981«, in: CIBEDO-Dokumentationen Nr. 15/16, 1982.

12 | In deutscher Übersetzung abgedruckt in: Gewissen und Freiheit. Halbjahreszeitschrift der Internationalen Vereinigung zur Verteidigung und Förderung der Religionsfreiheit, Bd. 36 (1991/1), S. 93-98.

13 | Artikel 24 bestimmt in diesem Sinne: »Alle Rechte und Freiheiten, die in dieser Erklärung genannt werden, unterstehen der islamischen Scharia.« Und der abschließende Artikel 25 bekräftigt noch einmal: »Die islamische Scharia ist die einzige zuständige Quelle für die Auslegung oder Erklärung jedes einzelnen Artikels dieser Erklärung.«

»Der Islam ist die Religion der reinen Wesensart. Es ist verboten, irgendeine Art von Druck auf einen Menschen auszuüben oder seine Armut oder Unwissenheit auszunutzen, um ihn zu einer anderen Religion oder zum Atheismus zu bekehren.«

So wenig sich eine »Theo-Demokratie« im Verständnis Mawdudis mit der freiheitlichen demokratischen Orientierung des Grundgesetzes vereinbaren lässt, so wenig entspricht das auf dem Vorrang der Scharia gegründete Menschenrechtsverständnis der »Allgemeinen Islamischen Menschenrechtserklärung« oder der Kairoer Erklärung den säkularen Menschenrechtsnormen der Vereinten Nationen, des Europarats oder des Grundgesetzes. Muslime, die sich derartigen islamistischen Konzeptionen verbunden fühlen, stehen damit der Sache nach in Konflikt zu den Verfassungsprinzipien des Grundgesetzes. Ob sie deshalb auch aktiv gegen die Verfassungsordnung vorgehen oder sich eher in die innere Emigration begeben, bleibt damit immer noch eine offene Frage.

Obwohl es keine verlässlichen statistischen Grundlagen dazu gibt, ist nach Einschätzung von Fachleuten davon auszugehen, dass nur eine Minderheit der in Europa lebenden Muslime islamistischen Vorstellungen anhängt. Die »Allgemeine Islamische Menschenrechtserklärung« ist – trotz ihres Anspruchs auf innerislamische Universalität – keineswegs repräsentativ für die Einstellung des Mehrheitsislams. Ähnliches gilt auch für die anderen hier angeführten Texte. Die Vision eines Scharia-Staates dürfte für die ganz überwiegende Mehrheit der in Europa lebenden Muslime befremdlich, wenn nicht eine Schreckensvorstellung sein.[14]

6.3 Islamistische Realutopie: Schariapraxis im Rahmen eines Minderheitenstatuts

Die Ersetzung der Ordnung des Grundgesetzes durch einen Scharia-Staat bzw. eine auf die Scharia gegründete »Theo-Demokratie« ist offenkundig eine völlig unrealistische Perspektive. Etwas weniger utopisch klingt eine Politik, die langfristig auf die Durchsetzung *kollektiver Autonomierechte für muslimische Minderheiten* zielt, um auf diese Weise wichtige Teilbereiche der Scharia im Rahmen der säkularen Ordnung des Grundgesetzes praktizieren zu können.[15] Solche Forderungen schließen

14 | So auch die Einschätzung von Klausen, Europas muslimische Eliten, a.a.O., S. 16.

15 | Zu diesbezüglichen Forderungen vgl. Felice Dassetto, »The New European Islam«, in: Silvio Ferrari/Anthony Bradney (Hg.), Islam and European Legal Systems, Ashgate 2000, S. 31-45, hier S. 39.

an den europäischen Multikulturalismusdiskurs der vergangenen zwanzig Jahre an, dem sie eine besondere islamistische Wendung geben. Im Vordergrund steht dabei das Projekt einer fakultativen Einführung des islamischen Familien- und Erbrechts, das in der Scharia besonders dicht geregelt ist und in vielen islamisch geprägten Gesellschaften bis heute von mittelbarer oder unmittelbarer rechtlicher Relevanz ist.[16]

Überlegungen in diese Richtungen kommen etwa bei Murat Hofmann zu Wort. Zwar betont er, dass Muslime in einem freiheitlichen demokratischen Rechtsstaat wie der Bundesrepublik Deutschland durchaus gut leben können. Er behauptet zugleich aber eine Überlegenheit der historischen islamischen Reiche, die religiösen Minderheiten unter der Hegemonie des Islams eine weitgehende kollektive rechtliche Autonomie eingeräumt hätten. Damit sei »das islamische Statut für Minderheiten das liberalste [...], das die Welt je gekannt hat«.[17] Auch wenn Hofmann ironisch vermerkt, dass Muslime die »Gewährung des liberalen islamischen Minderheitenstatuts«[18] nicht unbedingt für sich selbst erwarten, lässt er durchblicken, dass er es für wünschenswert hielte, dieses Modell mit gleichsam umgekehrten Vorzeichen auf die Situation der muslimischen Diaspora zu übertragen. Dies hieße, dass innerhalb einer säkularen staatlichen Rahmenordnung kollektive religions-rechtliche Autonomieräume geschaffen werden sollten und – als Voraussetzung dafür – der Regelungsanspruch des säkularen Rechtsstaates in Fragen des Familien- und Erbrechts zugunsten religionsrechtlicher Normen suspendiert werden müsste.

Ob die Einführung eines solches Systems tatsächlich einen Zugewinn an Liberalität erbringen würde, wie Hofmann dies unterstellt, kann indessen mit guten Gründen bezweifelt werden. Zunächst bleibt unklar, wie das Verfassungsgebot der Gleichberechtigung der Geschlechter im Rahmen eines islamischen Familienrechts gewahrt werden könnte. Zwar gibt es schon seit längerem innerislamische Debatten über eine Weiterentwicklung der Scharia, bei der auch Frauenrechte und Gleichberechtigung eine wichtige Rolle spielen.[19] Innerhalb des konservativen islamischen Spektrums orientiert man sich jedoch nach wie vor eher an der

16 | Vgl. Anna Würth, »Frauenrechte in der arabisch-islamischen Welt: eine Bestandsaufnahme«, in: Jahrbuch Menschenrechte 2005, Frankfurt a.M. 2004, S. 205-217.

17 | Hofmann, Der Islam im 3. Jahrtausend, a.a.O., S. 248.

18 | Ebd., S. 257.

19 | Vgl. Ziba Mir-Hosseini, »Neue Überlegungen zum Geschlechterverhältnis im Islam. Perspektiven der Gerechtigkeit und Gleichheit für Frauen«, in: Rumpf u.a. (Hg.), Facetten islamischer Welten, a.a.O., S. 53-81.

Vorstellung, dass Männer und Frauen komplementäre Rollen in der Gesellschaft wahrnehmen und dieser Differenz auch unterschiedliche Rechtspositionen entsprechen. An die Stelle der Gleichberechtigung setzt man im konservativen Lager eher auf eine vage »Gleichwertigkeit« der Geschlechter, hinter der das Festhalten an traditionellen Geschlechterrollen unverkennbar ist.

Vorbehalte gegen die fakultative Einführung eines islamischen Familienrechts im Rahmen eines Minderheitenstatus wären aber selbst dann angebracht, wenn man davon ausginge, dass dabei eine »frauenrechtsfreundlich« modernisierte Variante der Scharia zum Zuge käme. Denn auch dann bliebe zu bedenken, dass ein religiöses Familienrecht für bestimmte Fälle eines Glaubenswechsels (z.B. für den späteren Glaubenswechsel eines Ehepartners innerhalb einer zuvor religionsrechtlich geschlossenen Ehe) kaum in der Lage sein dürfte, liberale Lösungen bereitzustellen – es sei denn, es stünde für solche Fälle die Option eines Appells an *vorrangig gültige* säkulare staatliche Rechtsnormen offen.[20]

Plädoyers für die Einführung des islamischen Familien- und Erbrechts auf fakultativer Basis laufen auf eine Form von Multikulturalismus mit antiliberalen Nebenwirkungen hinaus. An die Stelle des *offenen kulturellen Pluralismus* der freiheitlichen Gesellschaft würde ein Nebeneinander mehr oder weniger *geschlossener* und religionsrechtlich partiell autonomer Gruppen treten. Vor allem für religiöse Dissidentinnen und Dissidenten, Distanzierte sowie für Personen mit multiplen oder uneindeutigen religiösen Identitäten wäre in einem solchen Modell wenig Raum gegeben. Es gibt Hinweise darauf, dass bezeichnenderweise vor allem muslimische Frauen dem Projekt einer fakultativen Einführung des Scharia-Familienrechts, das insgesamt bei der Mehrheit der in Westeuropa lebenden Muslime eher auf Skepsis stoßen dürfte, ausgesprochen kritisch gegenüberstehen.[21]

Die Gewährleistungspflicht des Staates für die Menschenrechte eines jeden schließt es aus, dass zentrale Teilbereiche der Rechtsordnung insgesamt aus der Regelungskompetenz des Staates ausgegliedert werden. Der praktische Geltungsvorrang des säkularen Rechts sollte deshalb in jedem Fall auch für die Bereiche des Familien- und Erbrechts aufrechterhalten werden. Die Möglichkeit, *zusätzlich* zu einer staatlichen, standesamtlichen Heirat einen Eheabschluss auch religiös zu sanktionieren

20 | Vgl. auch Matthias Rohe, »Zur rechtlichen Integration von Muslimen in Deutschland«, in: Bendel/Hildebrandt (Hg.), Integration von Muslimen, a.a.O., S. 89-116, hier S. 112f.

21 | Vgl. Klausen, Europas muslimische Eliten, a.a.O., S. 242.

und zu feiern, bleibt Muslimen, die dies wünschen, dabei unbenommen.[22]

6.4 Pragmatische Arrangements für die Diaspora: das Grundgesetz im Rahmen der Scharia

Der Rigorismus des religiösen Fundamentalismus mit seinem Anspruch auf systematische religionsrechtliche Rationalisierung aller Lebensbereiche ist für den islamischen Mainstream eher untypisch. Vielmehr ist der traditionelle Islam durch ein hohes Maß an Geschmeidigkeit angesichts der Herausforderungen des Alltags gekennzeichnet – getreu dem koranischen Motto, wonach das Religionsgesetz das Leben der Menschen erleichtern und nicht erschweren soll.[23] Ein stark pragmatischer Zug ist auch den klassischen Scharia-Schulen eigen.[24] Von Anfang an mussten die islamischen Rechtsgelehrten nämlich mit der Tatsache zurechtkommen, dass ungeachtet des theoretisch festgehaltenen Vorrangs der Scharia rechtliche Elemente und Institutionen nicht-religiöser Herkunft – gewohnheitsrechtliche Traditionen aus der arabischen Halbinsel, Anleihen aus Byzanz oder dem persisch-sassanischen Reich, später zunehmend Einflüsse aus Europa – in den islamischen Gesellschaften eine oft entscheidende Rolle spielten.[25] Man versuchte die daraus resultierende Spannung einerseits dadurch zu mildern, dass man nicht islamische Rechtselemente gewissermaßen sekundär »islamisierte«, indem man zum Beispiel das Gewohnheitsrecht oder Gemeinwohlgesichtspunkte zu subsidiären Auslegungsprinzipien religiösen Rechts aufwertete. Andererseits wurden Regeln der Scharia (beispielsweise manche strafrechtliche Vorgaben) dadurch partiell suspendiert, dass man ihre vollständige

22 | Auch die (von Muslimen gelegentlich als vorbildlich gelobte) seit einigen Jahren in Spanien bestehende Möglichkeit, dass eine nach islamischem Ritus geschlossene Ehe staatlich anerkannt wird, bedeutet nicht, dass Ehe- und Familienfragen deshalb islamischem Recht unterworfen wären. Vgl. dazu Javier Martinez-Torrón, »The Legal Status of Islam in Spain«, in: Ferrari/Bradney (Hg.), Islam and European Legal Systems, a.a.O., S. 47-71, hier S. 57.

23 | Vgl. Koran, 2.185.

24 | Vgl. zum Folgenden Mathias Rohe, Der Islam – Alltagskonflikte und Lösungen. Rechtliche Perspektiven, 2. Aufl., Freiburg i.Br. 2001, S. 28ff.

25 | Vgl. Baber Johansen, »Staat, Recht und Religion im sunnitischen Islam. Können Muslime einen religionsneutralen Staat akzeptieren?«, in: Essener Gespräche zum Thema Staat und Kirche, Heft 20 (1986), S. 12-60 (einschließlich der Diskussion des Referates).

Geltung auf eine ideale muslimische Gemeinschaft – nach dem Modell der Urgemeinde des Propheten in Medina – beschränkte und somit den sich wandelnden Notwendigkeiten der gesellschaftlichen Verhältnisse Rechnung trug. Dem auf prinzipieller Ebene festgehaltenen umfassenden Geltungsanspruch der Scharia korrespondierte somit vielfach eine recht pragmatische Handhabung ihrer Regeln. »Festzuhalten bleibt«, so das Fazit von Rita Breuer, »dass die Scharia [...] ein umfassendes Werte- und Lebenssystem darstellt, das für die überwältigende Mehrheit der Muslime wenigstens ideell oberste Gültigkeit hat. In der Praxis manche Aspekte anders zu handhaben, als es der Wortlaut der Quellen verlangt, stellt für sie in Geschichte und Gegenwart keinen Widerspruch dar.«[26]

Für die Situation der islamischen Diaspora haben die meisten Rechtsschulen, insbesondere die (im Osmanischen Reich herrschende) hanafitische Schule, zusätzliche Spielräume konzediert.[27] Zwar hielten sie in der Theorie daran fest, dass ein Leben außerhalb einer islamischen Gesellschaftsordnung in religiöser Hinsicht eigentlich nicht wünschenswert und nur als Provisorium akzeptabel sei. Gleichwohl haben sie Wege gefunden, sich unter Berufung auf die Quellen und Auslegungsprinzipien der Scharia auch mit einer solchen Situation langfristig zu arrangieren. Demnach sollen Muslime in der Diaspora die bestehende (d.h. nicht islamische) Rechtsordnung respektieren, sofern sie in ihr Rechtsschutz genießen und ihren Glauben praktizieren können.[28]

Ein Beispiel dafür, dass dieser Ansatz auch heute noch Wirkung zeigt, bietet die »Islamische Charta«, die der Zentralrat der Muslime in Deutschland, eine der islamischen Spitzenvereinigungen, im Februar 2002 vorgelegt hat.[29] Artikel 10 der Charta besagt: »Muslime dürfen sich in jedem beliebigen Land aufhalten, solange sie ihren religiösen Hauptpflichten nachkommen können. Das islamische Recht verpflichtet Muslime in der Diaspora, sich grundsätzlich an die lokale Rechtsordnung zu

---

26 | Rita Breuer, »Grundlagen der Scharia und ihre Anwendung im 21. Jahrhundert«, in: Bundesministerium des Inneren (Hg.), Islamismus, a.a.O., S. 83-101, hier S. 101.

27 | Vgl. Khaled Abou El Fadl, »Legal Debates on Muslim Minorities. Between Rejection and Accomodation«, in: Journal of Religious Ethics 22 (1994), S. 127-162.

28 | Vgl. Muhammad Kalisch, »Muslime als religiöse Minderheit. Ein Beitrag zur Notwendigkeit eines neuen Igtihad«, in: Thorsten Gerald Schneiders/Lamya Kaddor (Hg.), Muslime im Rechtsstaat, Münster 2005, S. 47-67.

29 | Zu beziehen ist die Islamische Charta beim Zentralrat der Muslime in Deutschland (ZMD, Postfach 12 24, D-52232 Eschweiler); sie ist auch im Internet verfügbar.

halten. In diesem Sinne gelten Visumserteilung, Aufenthaltsgenehmigung und Einbürgerung als Verträge, die von der muslimischen Minderheit einzuhalten sind.«

In der ausdrücklichen Bezugnahme auf die Situation der muslimischen Diaspora steckt einerseits ein Moment von Distanz. Andererseits erstreckt sich die im Namen des islamischen Rechts formulierte Akzeptanz der bestehenden Rechtsordnung auch auf das Familien- und Erbrecht, das in der Scharia besonders dicht geregelt ist. So lautet Artikel 13: »Das Gebot des islamischen Rechts, die jeweilige lokale Rechtsordnung anzuerkennen, schließt die Anerkennung des deutschen Ehe-, Erb- und Prozessrechts ein.« Die Charta folgt also offenbar der Vorstellung, dass im Namen des islamischen Rechts partieller Dispens von islamrechtlichen Normen erteilt werden kann, um auf diese Weise Raum für flexible Arrangements mit der Lebenswirklichkeit in der muslimischen Diaspora zu geben.

Eine ähnliche Position wird auch von Tariq Ramadan, einem der einflussreichsten muslimischen Intellektuellen Europas, vertreten, wenn er betont, »dass die Muslime eindeutig unter Beachtung der islamischen Lehre der Scharia und des Fiqh im Westen leben können und das Recht des Landes achten müssen. Mit anderen Worten: das islamische Recht *verlangt* von der muslimischen Person, sich dem Rahmen des in seinem Aufenthaltsland geltenden Rechts im Namen des stillschweigenden Abkommens, das bereits seiner bloßen Anwesenheit zugrunde liegt, verpflichtet zu fühlen. Und mit wieder anderen Worten: die Anwendung der Scharia für einen muslimischen Bürger oder Einwohner Europas bedeutet die ausdrückliche Achtung des konstitutionellen und rechtlichen Rahmens des Landes, dessen Bürger er ist oder in dem er sich aufhält.«[30]

In beiden zitierten Stellungnahmen – aus der Islamischen Charta und aus dem Buch von Ramadan – bildet wohlgemerkt die Scharia die religiös-rechtliche Argumentationsgrundlage. Insofern muss man davon ausgehen, dass ihr innerhalb der Argumentation ein formaler Vorrang gegenüber dem säkularen Recht zuerkannt wird. Inhaltlich geht es dabei jedoch darum, eine Gehorsamspflicht gegenüber den existierenden säkularen Rechtsordnungen in Europa religionsrechtlich zu begründen. Mit anderen Worten: Der *praktische Geltungsvorrang* des Grundgesetzes wird paradoxerweise im Rahmen des *formalen Geltungsvorrangs* der Scharia gerechtfertigt. Damit bleiben zwar viele konzeptionelle und praktische Grundfragen offen. Unklar bleibt vor allem, ob mit dem Hinweis auf die Diaspora-Situation ein Vorbehalt gemacht wird, der die Utopie eines

30 | Tariq Ramadan, Muslimsein in Europa. Untersuchung der islamischen Quellen im europäischen Kontext, Köln 2001, S. 211.

künftigen Scharia-Staates theoretisch aufrechterhalten soll. Gleichwohl bietet die religionsrechtlich begründete Formulierung einer Gehorsamspflicht gegenüber der existierenden Rechtsordnung Möglichkeiten, zumindest einen pragmatischen *modus vivendi* zu finden.

Im Gespräch mit Muslimen begegnet man gelegentlich auch der befremdlich anmutenden Vorstellung, dass das Grundgesetz eigentlich auf »islamischen Werten« basiere.[31] Diese Vorstellung beruht auf zwei Prämissen: Zunächst wird unterstellt, dass das Grundgesetz die Wertvorstellungen einer christlich geprägten Gesellschaft enthalte und letztlich »christlich« begründet sei. Hinzu kommt als zweite Prämisse der Anspruch, dass der Islam als die letzte in der Reihe der monotheistischen Offenbarungsreligionen die Wahrheiten früherer Offenbarungsreligionen – also auch des Christentums – in sich aufgenommen und zugleich von menschlichen Hinzufügungen gereinigt habe. Von einem solchen inklusiven Ansatz her, der die Verfassungsordnung bzw. ihre tragenden Werte als ganzes gleichsam islamisch okkupiert, können Grundgesetz und Scharia nah aneinander gerückt werden. Die praktischen Konsequenzen eines solchen »sanften Integralismus« sind nicht immer klar. Ein angemessenes Verständnis des säkularen Rechtsstaats lässt sich von dorther sicher nicht entwickeln.

6.5 Reformerische Perspektiven: Scharia als Bestandteil der Religionsfreiheit

Das Verständnis der Scharia als »islamisches Recht« legt die Vermutung nahe, dass damit eine Konkurrenz zur Ordnung des säkularen demokratischen Rechtsstaates angelegt ist – sei es als ideologische *Totalkonkurrenz* im Sinne des islamischen Fundamentalismus, sei es als *partielle Konkurrenz*, insbesondere in Bereichen des Familien- und Erbrechts, sei es auch in Form einer möglicherweise immer noch *latenten Konkurrenz*, durch die die Akzeptanz der säkularen Verfassungsordnung unter eine Art von Diaspora-Vorbehalt gestellt wird. Innerhalb des reformislamischen Spektrums gibt es hingegen unterschiedliche Ansätze, um einen solchen Antagonismus nicht nur pragmatisch zu mildern, sondern systematisch und reflektiert auszuräumen.[32]

31 | Leider ist es mir nicht gelungen, Literaturbelege dafür zu finden. Es bleibt daher vorerst nur der Verweis auf zahlreiche persönliche Gespräche oder öffentliche Debatten, in denen diese Vorstellung angeklungen ist.

32 | Vgl. Andreas Jakobs, Reformist Islam. Protagonists, Methods, and

Gegen legalistische Engführungen in der Auffassung der Scharia versteht Aziz Al-Azmeh die Scharia eher als »eine allgemeine Bezeichnung für die sittliche Ordnung, ähnlich wie *nomos* oder *dharma*«.[33] Mit derselben Absicht macht auch Ali Merad darauf aufmerksam, dass Scharia vom Wort her nicht »Gesetz«, sondern »Wegweisung« bedeutet. Die islamistische Verdinglichung der Scharia zu einem geschlossenen politisch-rechtlichen System weist er mit scharfen Worten zurück: »Man hat [...] aus einigen Zeilen des Koran, die schmiegsam, leicht, ätherisch und spirituell sind, Stahl und Bomben geschmiedet und dann festgelegt, dass dies das Gesetz Gottes sei. Dabei handelt es sich doch in Wahrheit gar nicht um ein Gesetz, sondern um einen Weg! Hier geschieht heute eine Art Betrug, sofern man Worte Gottes und des koranischen Gesetzes mit einem Gesetz umkleidet, das zu 90 Prozent Menschenwerk und historisch bedingt ist.«[34]

Um ein solches nicht legalistisches Konzept von Scharia zu schärfen, differenziert der bekannte ägyptische Richter Muhammad Said al-Ashmawy kategorial zwischen der Scharia einerseits und der historischen islamischen Jurisprudenz (Fiqh) andererseits.[35] Während die Scharia als eine ethisch-religiöse Wegweisung göttlichen Ursprungs sei, müsse die detailliert ausgearbeitete mittelalterliche Rechtskasuistik (Fiqh) als Menschenwerk und folglich als historisch bedingt angesehen werden. Die weithin übliche Vermischung beider Konzepte verstoße gegen den Islam, weil dadurch die Transzendenz des Göttlichen gegenüber dem Menschlichen und damit zugleich der strenge islamische Monotheismus geleugnet werden.

Mit der kategorialen Unterscheidung zwischen Scharia und Fiqh wird das traditionelle Corpus religions-rechtlicher Normen als geschichtliches Recht erkannt. Damit öffnet sich der Raum sowohl für historisch-kritische Untersuchungen als auch für politisch-rechtliche Reformen nach Maßgabe demokratischer und menschenrechtlicher Prinzipien. Die im reformislamischen Denken mittlerweile durchgängig betonte Differenz zwischen Scharia und Fiqh kann außerdem dazu beitragen, eine einseiti-

---

Themes of Progressive Thinking in Contemporary Islam, Arbeitspapier Nr. 155/2006 der Konrad-Adenauer Stiftung (September 2006).

33 | Al-Azmeh, Die Islamisierung des Islam, a.a.O., S. 30.

34 | Ali Merad, »Die Scharia – Weg zur Quelle des Lebens (Diskussionsbeitrag)«, in: Johannes Schwartländer (Hg.), Freiheit der Religion. Christentum und Islam unter dem Anspruch der Menschenrechte, Mainz 1993, S. 392-393, hier S. 392.

35 | Vgl. Muhammad Said al-Ashmawy, l'islamisme contre l'islam, Paris 1989, S. 11, 34, 85 u.ö.

ge Fixierung auf die juridische Komponente, mit der die Scharia in der öffentlichen Wahrnehmung, aber auch im islamistischen Lager oftmals geradezu identifiziert wird, zu überwinden.[36] In dieser Perspektive wird die Scharia nicht in erster Linie als eine *Rechts*ordnung, sondern als eine religiöse *Lebens*ordnung verstanden.

Um diese Lebensordnung zeitgemäß zu konkretisieren, bringen manche Reformtheologen wie der aus Ägypten ins niederländische Exil vertriebene Literaturwissenschaftler Nasr Hamid Abu Zaid oder der in Iran lehrende Mohammed Schabestari auch hermeneutische Überlegungen ins Spiel. Sie wollen das Bewusstsein für den historischen Abstand vertiefen, den es bei jeder Auslegung religiöser Texte zu berücksichtigen gelte, um auf diese Weise der autoritären Implementierung eines vermeintlich eindeutig erkennbaren und zeitlos gültigen göttlichen Gesetzes zu wehren. Einen solchen Ansatz vertritt auch Norani Othman, Sprecherin der malaysischen »Sisters in Islam«, einer liberal-islamischen Organisation zur Durchsetzung der Frauenrechte. Sie schreibt: »[W]e in the present have to read those texts in order to understand them at all; but in seeking to understand them we – like all Muslims throughout history – bring to our own reading of those past texts the frameworks of understanding of our own time and place. We hear the past voices that speak to us speaking with contemporary accents, as it were – our own. So we are always, like all the great ulama of the past – even if they were not aware of it – both reading the present back into the past from which we seek contemporary guidance, and also left with the problem [...] of deciding *how* we are now to implement or proceed upon that understanding.«[37]

Zentrale Bereiche der Scharia haben eher wenig mit dem zu tun, was in Europa landläufig unter »Recht« verstanden wird. Dies gilt insbesondere für die Regeln, die das Verhältnis des Menschen zu Gott betreffen: Gebetspraxis, Reinheitsregeln, Speisevorschriften usw. Da sie sich auf einer anderen Ebene bewegen als die Rechtsnormen des demokratisch verfassten säkularen Rechtsstaats, müssen sie mit diesen nicht in Konkurrenz geraten. Es ist deshalb durchaus möglich, dass Muslime in Europa ihr persönliches Leben sowie ihre individuelle und gemeinschaftliche religiöse Praxis weitgehend an der Scharia orientieren, ohne dass dadurch unüberwindliche Widersprüche gegenüber den Normen und Prinzipien des freiheitlichen säkularen Rechtsstaates auftreten.

36 | Vgl. dazu Krämer, Gottes Staat als Republik, a.a.O., S. 51ff.

37 | Norani Othman, »The Sociopolitical Dimensions of Islamisation in Malaysia: A Cultural Accomodation of Social Change?«, in: dies. (Hg.), Shari'a Law and the Modern Nation-State. A Malaysian Symposium, Kuala Lumpur 1994, S. 123-143, hier S. 128.

Viele Muslime anerkennen darüber hinaus, dass eine an den Menschenrechten im Allgemeinen und an der Religionsfreiheit im Besonderen orientierte säkulare Demokratie auch für sie selbst günstige Voraussetzungen für ihre religiöse Praxis bietet. Es gibt unter muslimischen Intellektuellen schon seit Längerem auch einen affirmativen islamischen Säkularitätsdiskurs.[38] Statt auf das utopische Projekt einer islamistischen »Theo-Demokratie« oder auf die Einführung des Scharia-Familienrechts innerhalb eines noch zu schaffenden kollektiven Minderheitenstatuts zu hoffen, setzen sie darauf, islamische Religionspraxis im Rahmen der verfassungsmäßig garantierten Religionsfreiheit zu ermöglichen.

Auch dabei kann es bekanntlich zu Konflikten kommen, zum Beispiel um das Kopftuch in der Schule und am Arbeitsplatz, die Möglichkeit des Einhaltens von Gebetszeiten während der betrieblichen Arbeitszeit, die Genehmigung zum Schächten, die Errichtung repräsentativer Moscheen, der Ausweis islamischer Gräberfelder, die Gestaltung eines islamischen Religionsunterrichts unter Mitwirkung der islamischen Verbände. Diese und andere Konflikte beschäftigen seit einigen Jahren in wachsendem Maße Parlamente und Gerichte. Bei den entsprechenden Streitfragen geht es über den jeweils konkret anstehenden Fall hinaus vielfach auch um die Grundfrage, wieweit eine an der Scharia orientierte individuelle und gemeinschaftliche religiöse Lebensführung durch das Menschenrecht der Religionsfreiheit abgedeckt ist.

Es ist davon auszugehen, dass diese Frage sowohl die Parlamente und Gerichte des säkularen Staates als auch muslimische Intellektuelle noch lange beschäftigen wird. In Europa lebende muslimische Juristen sind jedenfalls zunehmend bemüht, Möglichkeiten für die Anwendung der Scharia innerhalb der bestehenden Rechtsordnungen auszuloten, praktikable Modelle zu entwickeln und Gutachten (»Fatwas«) zu religionsrechtlichen Kontroversen zu erstellen, die sich heute auch als »Cyberfatwas« im Internet abrufen lassen.[39] Kaum öffentlich zur Kenntnis genommen ist bisher beispielsweise die Tatsache, dass mittlerweile auch in Europa »Islamic banking« praktiziert wird, im dem statt fester Zinssätze Anteils-

38 | Im Jahre 1925 veröffentlichte Ali Abdarraziq ein Buch mit dem Titel »Der Islam und die Grundlagen der Macht«, in dem er mit islamischen Argumenten die Säkularität des Staates fordert. Dieses Buch gilt gemeinhin als Beginn eines affirmativen innerislamischen Säkularitätsdiskurses. In der Tradition Abdarraziqs stehen heute Denker wie Muhammad Said al-Ashmawy, Nasr Hamid Abu Zaid und Fuad Zakariya, die mit unterschiedlichen Akzenten die Säkularität von Recht und Staat aus islamischer Sicht vertreten.

39 | Detaillierte Auskünfte erhält man beispielsweise unter http://www.cyberfatwa.com.

eigentum an den mit Kredit unterstützten Unternehmen vorgesehen sind.[40]

6.6 »Kulturmuslime« und andere: Distanzierung von der Scharia

Während für strenggläubige Muslime die Scharia, was immer sie genau darunter verstehen mögen, einen wichtigen Bestandteil ihres religiösen Selbstverständnisses und ihrer religiösen Praxis bildet, gibt es auch viele Muslime, die sich gegenüber der Scharia gleichgültig verhalten oder sie mehr oder weniger entschieden ablehnen. Letzteres gilt insbesondere für die Aleviten, von denen nach Schätzungen 400.000 bis 600.000 in Deutschland leben.[41] Die meisten von ihnen verstehen sich als Muslime; einige legen dagegen Wert darauf, das Alevitentum als eigenständige nicht-islamische Religionsgemeinschaft zu bezeichnen. In jedem Fall ist typisch, dass sie sich von der sunnitischen Mehrheitsrichtung innerhalb des Islams scharf abgrenzen. Trotz der internen Differenzen, die das Alevitentum derzeit kennzeichnen, besteht außerdem Einigkeit in der dezidierten Ablehnung der Scharia.

Zur Kenntnis zu nehmen sind daneben auch die zahlreichen Menschen muslimischer Herkunft oder Prägung, für die die Religion nicht im Zentrum ihres Selbstverständnisses und ihrer Lebenspraxis steht. Einerseits wäre es illegitim, sie allein aufgrund ihres Namens oder ihrer Familienherkunft aus einem traditionell islamischen Land als »Muslime« zu etikettieren, wie dies ständig geschieht. Viele Menschen mit einem türkischen oder arabischen Namen erleben zu ihrem Ärgernis, dass man ihnen immer wieder unbesehen eine islamische Identität unterstellt. Noch mehr verstimmt es manche eher religionsferne Menschen türkischer oder arabischer Herkunft, wenn Moscheegemeinden, mit denen sie selbst womöglich ausdrücklich nichts zu tun haben wollen, in der Öffentlichkeit und in der Politik gleichsam als ihre »natürlichen« Interessenvertretungen angesehen werden.[42] Andererseits wäre es aber ebenfalls falsch, religionsferne Menschen mit muslimischer Familiengeschichte von vornherein gar nicht als Bestandteil des im weitesten Wort-

40 | In Deutschland ist ein Programm des »Islamic banking« vor einigen Jahren von der Commerzbank gestartet worden.

41 | Vgl. Dursun Tan, »Aleviten in Deutschland. Zwischen Selbstethnisierung und Emanzipation«, in: Gerdien Jonker (Hg.), Kern und Rand. Religiöse Minderheiten aus der Türkei in Deutschland, Berlin 1999, S. 65-88.

42 | Vgl. kritisch dazu Levent Tezcan, »Interreligiöser Dialog und politische Religionen«, in: Aus Politik und Zeitgeschichte 28/29 (2006), S. 26-32.

sinne »muslimischen Spektrums« wahrzunehmen. Wie im Christentum gibt es analog auch im Islam neben regelmäßig praktizierenden Gläubigen viele Menschen, die sich gar nicht oder nur gelegentlich mit religiösen Fragen beschäftigen und die sich eher in einem weiten »kulturellen« Sinne als im Sinne eines eindeutigen religiösen Bekenntnisses als muslimisch verstehen. Ob und inwieweit dies der Fall ist, lässt sich letztlich nur individuell – nämlich im Respekt vor dem Selbstverständnis der Betroffenen – feststellen. Ludwig Amman kommt auf der Grundlage verschiedener empirischer Untersuchungen gleichwohl zu folgender grober Einschätzung: »Einem Drittel auffallend glaubensstarker Muslime steht ein Drittel Kulturmuslime gegenüber; das letzte Drittel schwankt zwischen den Extremen. Das heißt für die gegenwärtigen Islamdebatten: Mindestens ein Drittel unserer überwiegend türkischen Zuwanderer wird ständig überislamisiert.«[43] Für die meisten dieser Menschen dürfte die Scharia keine oder allenfalls eine sehr geringe lebenspraktische Bedeutung haben.

6.7 Kein Grund für pauschale Verdächtigungen

Die hier idealtypisch skizzierten Positionen sind im Sinne einer offenen Heuristik zu verstehen, durch die eine Vielfalt bestehender Grundhaltungen keineswegs abschließend aufgezählt, sondern nur *exemplarisch* beleuchtet werden soll. Um einem möglichen Missverständnis vorzubeugen, sei betont, dass die Sequenz der genannten Positionen keine Prognose über eine etwaige sukzessive Entwicklung in Richtung Liberalisierung beinhaltet. Es gibt keinerlei »natürliche« historische Tendenz weg von fundamentalistischen und konservativen hin zu liberalen und säkularitätsfreundlichen Auslegungen des Islams.[44]

Möglichkeiten zu einer präzisen quantifizierenden Einschätzung der Relevanz der aufgeführten Positionen bestehen derzeit nicht. Dies wäre auch deshalb schwierig, weil durchaus Überlappungen zwischen zwei oder mehreren der hier umrissenen Haltungen vorkommen können. Dies gilt für Individuen gleichermaßen wie für Organisationen. Gewiss

43 | Ludwig Amman, »Auf dem Weg zu einem europäischen Islam? Muslime in Deutschland und Europa«, in: Evangelische Akademien in Deutschland (Hg.), Christen und Muslime. Verantwortung zum Dialog, Darmstadt 2006, S. 53-59, hier S. 58.

44 | Vgl. Guido Steinberg, »Der Islamismus im Niedergang? Anmerkung zu den Thesen Gilles Kepels, Olivier Roys und zur europäischen Islamismusforschung«, in: Bundesministerium des Inneren (Hg.), Islamismus, a.a.O., S. 19-42.

gibt es eindeutige Fälle wie die Ende 2003 verbotene Kalifatsstaatsbewegung, die sich einem radikalen islamischen Fundamentalismus verschrieben hat. Weit weniger eindeutig fällt hingegen die Einschätzung der Islamischen Gemeinschaft Milli Görüs (IGMG) aus, in der islamistisches Gedankengut neben internen Liberalisierungsdiskursen existiert. Die Tatsache, dass die DITIB, der größte muslimische Verband in Deutschland, von der türkischen Religionsbehörde Diyanet gesteuert wird und damit auf den türkischen Laizismus verpflichtet ist, schließt keineswegs aus, dass manche DITIB-Imame für einen »Osmanischen Multikulturalismus« Sympathie bekunden mögen, der in der Türkei unter das Verdikt der Verfassungsfeindlichkeit fallen könnte. Der Islamrat für die Bundesrepublik Deutschland (dominiert von der IGMG) und der Zentralrat der Muslime in Deutschland versammeln als Spitzenvereinigungen unter ihrem Dach ganz unterschiedliche Gruppierungen, darunter auch unterschiedliche Strömungen des mystischen Islams.

Die hier entworfene Unterscheidung idealtypischer Haltungen zum Verhältnis von Scharia und Grundgesetz soll denn auch nicht als Raster für die Einordnung islamischer Organisationen fungieren. Sie dient vor allem dem Zweck, exemplarisch deutlich zu machen, wie komplex dieses Spannungsfeld gestaltet ist. Während im islamistischen Schrifttum ein auf die Scharia gestütztes umfassendes politisches System als prinzipielle Alternative zur säkularen demokratischen Verfassungsordnung propagiert wird, steht für liberale Muslime eher der religiös-ethische Gehalt der Scharia im Vordergrund; als vorrangig verbindlich gelten dabei insbesondere diejenigen Teile der Scharia, die sich auf das Verhältnis des Menschen zu Gott beziehen. Manche Muslime zeigen auch ausgesprochene Distanz gegenüber der Scharia; dies gilt durchgängig für Aleviten. Andere wiederum verhalten sich gleichgültig und mögen dennoch – gegen den Einspruch »orthodoxer« Muslime – darauf bestehen, dass auch sie in einem weiten Sinne als Muslime anerkannt werden wollen. Auch in den eher konservativen Strömungen des »orthodoxen« sunnitischen Islams kann sich das Bekenntnis zur Scharia durchaus verbinden mit einer faktischen Akzeptanz der säkularen demokratischen Verfassungsordnung, für die sich unterschiedliche pragmatische oder religionsrechtliche Argumente finden lassen. Mit Blick auf diese – hier nur angedeutete – Komplexität möglicher Positionen wäre es weder angemessen noch legitim, die Integrationsfähigkeit von Muslimen pauschal zu bestreiten oder diejenigen Muslimen, die sich zur Scharia bekennen, allein schon deshalb aus dem Verfassungskonsens zu exkommunizieren.

Die Zustimmung zum Grundgesetz impliziert nicht notwendig eine Absage an die Scharia. Gewiss: Das Erfordernis, den praktischen Geltungsvorrang der säkular-liberalen Verfassungsordnung als Grundlage des Zusammenlebens aufrechtzuerhalten, schließt es aus, von Staats wegen zu dulden, dass Menschen unter Berufung auf religiöse Normen den Rechtsgehorsam gegenüber dem Grundgesetz aufkündigen oder unter Generalvorbehalt stellen. Der staatliche Auftrag zum umfassenden Schutz der Menschenrechte in allen gesellschaftlichen Lebensbereichen ist außerdem unvereinbar mit der im gemäßigt-islamistischen Spektrum gewünschten Ausgliederung von Teilbereichen der Rechtsordnung – etwa des Familien- und Erbrechts – aus der Regelungskompetenz des säkularen Rechtsstaats. Dass Muslime sich in ihrem Selbstverständnis und in ihrer Lebenspraxis an Normen islamischer Orthopraxie orientieren, ist aber Bestandteil der Religionsfreiheit und damit – sofern dadurch nicht Menschenrechte anderer beeinträchtigt werden – ihr gutes Recht.

7. Auf dem Weg zu einem islamischen Religionsunterricht?

7.1 »Dialog mit dem Islam«

Die aktuellen integrationspolitischen Programme der politischen Parteien, der Bundesregierung und einiger Landesregierungen enthalten Vorsätze für einen Dialog mit dem Islam. So heißt es im Koalitionsvertrag zwischen CDU, CSU und SPD vom November 2005: »Ein interreligiöser und interkultureller Dialog ist nicht nur wichtiger Bestandteil von Integrationspolitik und politischer Bildung; er dient auch der Verhinderung und Bekämpfung von Rassismus, Antisemitismus und Extremismus. Gerade dem Dialog mit dem Islam kommt in diesem Zusammenhang eine bedeutende Rolle zu.«[1]

Es ist sicherlich an der Zeit, Gesprächskontakte des Staates mit Muslimen und ihren Organisationen auszubauen und zu verstetigen. Solche Kontakte dienen nicht nur der besseren Verständigung zwischen den unmittelbar am Gespräch Beteiligten, sondern signalisieren auch, dass Muslime einen selbstverständlichen Bestandteil der Gesamtgesellschaft bilden. In diesem Sinne betonte Innenminister Schäuble im Vorfeld des von ihm organisierten »Islamgipfels« im September 2006: »Im Land leben rund drei Millionen Muslime, aber wir haben keine Beziehung zur vielfältigen muslimischen Gemeinschaft, obwohl sie ein fester Teil unserer Gesellschaft ist.«[2]

Dialogveranstaltungen zwischen Vertreterinnen und Vertretern des

---

1 | Koalitionsvertrag vom 11.11.2005, a.a.O., S. 117f.

2 | Bundesinnenminister Wolfgang Schäuble im Interview des SPIEGEL 38/2006 (vom 18.09.06), S. 85f.

säkularen Staates und des (organisierten oder nicht organisierten) Islams werfen die Frage auf, um was für eine Art Gespräch es sich dabei handelt. Klar sein sollte, dass der säkulare Rechtsstaat *keinen interreligiösen Dialog* betreiben kann. Zwar steht es ihm frei, christlich-islamische Gesprächskreise oder andere Projekte einer interreligiösen Ökumene zu ermutigen und zu fördern. Er kann als säkularer Staat aber nicht selbst solche Gespräche führen. Denn dafür müsste er in der Lage sein, zu Fragen religiöser Wahrheit einen Standpunkt einzunehmen, was er sich jedoch aufgrund seiner Verpflichtung zu religiös-weltanschaulicher Neutralität versagen muss. Da der säkulare Rechtsstaat in Fragen des religiösen Bekenntnisses grundsätzlich keine Kompetenz hat, kann er zumindest *nicht unmittelbar* als Akteur interreligiöser Projekte auftreten.[3] Und wenn Inhaberinnen und Inhaber repräsentativer Staatsfunktionen bei interreligiösen Veranstaltungen mitwirken und dabei ihren persönlichen Glaubensstandpunkt äußern, sollte deutlich sein, dass sie dabei nicht im Namen des Staates sprechen.

Diese Grenze wird nicht immer klar eingehalten. Grenzverwischungen entstehen vor allem durch den Begriff des *interkulturellen Dialogs*, der im Zusammenhang mit islampolitischen Initiativen gern bemüht wird. Das Neutralitätsprinzip, das den säkularen Staat in Fragen religiösen und weltanschaulichen Bekenntnisses zur strikten Zurückhaltung verpflichtet, gilt hinsichtlich der Kultur nicht; es gibt keine Verpflichtung zur »kulturellen Neutralität« des Staates. Gerade weil es sich beim Begriff der Kultur um eine eigentümlich »weiche« Kategorie handelt, besteht allerdings die Gefahr, dass die für die Säkularität des Rechtsstaats konstitutive kategoriale Differenz zwischen Staat und Religion durch die Zwischenschaltung des scheinbar unverdächtigen Kulturbegriffs unscharf wird.

Typisch ist in diesem Zusammenhang die Berufung auf die kulturelle Prägung von Gesellschaft und Staat durch das Christentum. Als historisches Faktum ist dies unbestreitbar richtig. Ein Problem entsteht aber dann, wenn sich der säkulare Rechtsstaat mit Hinweis auf seine christliche Kulturprägung mit bestimmten Gehalten und Symbolen der christlichen Tradition de facto identifiziert und auf diese Weise das säkulare Fairnessprinzip der »respektvollen Nicht-Identifikation« partiell zurücknimmt.[4] Zwar wird der Staat damit noch lange nicht zum christlichen

3 | Genau dies aber klingt im Koalitionsvertrag an: »Wir werden einen intensiven Dialog mit den großen christlichen Kirchen und mit Juden und Muslimen führen.« Unmittelbar im Anschluss daran findet sich die oben zitiert Wendung über die Bedeutung interreligiöser und interkultureller Dialoge.

4 | Das Paradigma dafür bietet die Gesetzgebung mehrerer Bundesländer

Bekenntnisstaat. Wohl aber besteht die Gefahr, dass die Grenzziehung zwischen säkularem Staat und Religionsgemeinschaften durch Einschiebung der Figur der christlichen Kulturprägung des Staates ihre Trennschärfe verliert. Der in identitätspolitischer Absicht hervorgehobenen Nähe des Staates zum Christentum korrespondiert außerdem eine – meist unausgesprochen unterstellte, manchmal aber auch offensiv betonte – größere Distanz gegenüber anderen Glaubensrichtungen, namentlich gegenüber dem Islam.

Hinter der identitätspolitischen Markierung der christlichen Kulturprägung des Staates können unterschiedliche Motive stehen. Neben unverhohlenen Versuchen, auf diese Weise die Auswirkungen des »muslimischen Kulturimports« abzufangen,[5] wird die politische Betonung des christlichen Kulturerbes zum Teil auch ausdrücklich mit Dialogabsichten gegenüber Muslimen begründet. Ein Dialog mit dem Islam, so ein in manchen Variationen häufig anklingender Topos, könne nur gelingen, wenn man sich der »eigenen Wurzeln« bewusst sei. Auf diese Weise gerät der interkulturelle Dialog mit dem Islam kategorial in die Dialektik des »Eigenen und des Fremden«. Der intendierte Brückenschlag mit dem Islam beginnt dann damit, dass man Muslime, bildhaft gesprochen, auf dem anderen Ufer verortet – was ironischerweise exakt dem Selbstverständnis islamistischer Gruppierungen entspricht. Damit wird die integrationspolitische Absicht, den Islam im Dialog als selbst-

zu religiösen Symbolen in der Schule, in denen jüdisch-christliche Symbole ausdrücklich von den ansonsten vorgesehenen Beschränkungen ausgenommen werden. Vgl. dazu unten, Kap. 8.4. Auch bei der rechtlichen Bewertung des islamischen Gebetsrufs werden Gesichtspunkte kultureller Üblichkeit ins Spiel gebracht, um auf diese Weise eine Differenzierung gegenüber dem Glockenläuten zu begründen. Vgl. dazu Stefan Muckel, »Streit um den muslimischen Gebetsruf. Der Ruf des Muezzin im Spannungsfeld von Religionsfreiheit und einfachem Recht«, in: Nordrhein-westfälische Verwaltungsblätter 12 (1998), S. 1-6.

5 | Vgl. Isensee, Die Zukunftsfähigkeit des deutschen Staatskirchenrechts, a.a.O., S. 87: »Wenn der Religionsunterricht, die theologischen Fakultäten, die körperschaftlichen Rechte, die städtebaulichen Möglichkeiten der Importkultur des Islam geöffnet werden, verkehrt sich die Wirkung der staatskirchenrechtlichen Einrichtungen. Sie verstärken die Kräfte, welche die kulturelle Identität aufsprengen.« Vgl. ähnlich auch Hillgruber, Der deutsche Kulturstaat, a.a.O., S. 547: »Wenn daher auch Muslime in Deutschland individuell und kollektiv in den Grenzen der allgemeinen Gesetze Religionsfreiheit genießen, so ist es gleichwohl wegen des spezifischen geschichtlichen wie sachlichen Zusammenhangs von Christentum und politischer Kultur ein Gebot der Selbsterhaltung dieses Staates, das christliche Erbe als unaufgebbaren geistigen Besitzstand weiterzutragen.«

verständlichen Bestandteil der Gesellschaft anzuerkennen, gerade konterkariert.

Heillose Verwirrung entsteht schließlich dann, wenn in einer derart konstruierten interkulturellen Dialogkonstellation das Grundgesetz dem Koran gegenübergestellt wird, wie dies in gut oder weniger gut gemeinten politischen Diskussionsveranstaltungen immer wieder zu erleben ist.[6] Das Grundgesetz erhält in solcher Kontrastierung zum Koran fast zwangsläufig die Funktion eines Dokuments kulturpolitischer, wenn nicht gar religionspolitischer Selbstvergewisserung für die irgendwie »christlich geprägte« Mehrheitsgesellschaft – und zwar auf Kosten seiner eigentlichen Funktion als *gemeinsame* verfassungsrechtliche Grundlage des Zusammenlebens in der pluralistischen Gesellschaft. Komplementär zu einer solchen zivilreligiösen Aufladung des Grundgesetzes wird dem Koran, wenn man ihn kategorial auf eine Ebene mit der Verfassungsordnung stellt, genau jene Rolle als integrales religiös-politisches Alternativmodell attestiert, wie sie in den Propagandaschriften des ideologischen Islamismus aufscheint.

Auch wenn man von solchen (nicht selten zu beobachtenden!) kategorialen Verirrungen absieht, gibt es gute Argumente dafür, mit dem Begriff des interkulturellen Dialogs zumindest vorsichtig umzugehen. Als Leitlinie für Gespräche zwischen Staat und islamischen Verbänden ist er nicht geeignet, sondern eine Quelle permanenter Missverständnisse. Wenn der von Staats wegen geführte Dialog mit dem Islam aber weder als interreligiöser noch als interkultureller Dialog bezeichnet werden soll, dann bleibt am ehesten seine Einordnung als *politischer Dialog*. Es entspricht in der Tat dem Selbstverständnis einer säkularen rechtsstaatlichen Demokratie, dass der Staat mit unterschiedlichen Gruppen und Organisationen der Bevölkerung Kontakt über ihre spezifischen Anliegen pflegt. Der Dialog mit islamischen Verbänden steht so gesehen prinzipiell auf derselben Ebene wie die Kontakte des Staates mit Gewerkschaften und Arbeitgebervereinigungen, mit Antidiskriminierungsverbänden oder den Selbstorganisationen von Menschen mit Behinderungen. Ziel des Dialogs ist nicht der interkulturelle Brückenschlag und erst recht nicht eine interreligiöse Konsenssuche auf der Grundlage des Erbes der abrahamitischen Religionen, sondern das Bemühen, *auf der Grundlage der für alle geltenden Verfassungsordnung* die Lösung praktischer Fragen zu erreichen. Zu diesen Fragen zählt auch die Schaffung eines islamischen Religionsunterrichts.

6 | Der Verfasser hat in den letzten fünfzehn Jahren an etlichen solcher Veranstaltungen als Referent oder Podiumsteilnehmer mitgewirkt.

7.2 Religionsunterricht im öffentlichen Schulwesen des säkularen Rechtsstaats

In der politischen Diskussion um die Integration muslimischer Minderheiten wird dem Thema Religionsunterricht zu Recht ein besonderer Stellenwert eingeräumt. Denn die zukünftige Entwicklung des Islams in Deutschland hängt naturgemäß entscheidend davon ab, wie die islamischen Lehren und Lebenspraktiken von Generation zu Generation weitergegeben werden. Die spezifischen Erwartungen an den schulischen Religionsunterricht gehen dabei dahin, dass er – im Unterschied zu den im Rufe überholter, autoritärer Lehrmethoden stehenden Unterrichtspraktiken der »Koranschulen«[7] – die Vermittlung religiöser Inhalte mit moderner Didaktik und offener kommunikativer Auseinandersetzung verbinden soll. Für viele muslimische Eltern ist die Einführung eines islamischen Religionsunterrichts in der Schule ein wichtiges Anliegen. Auch islamische Verbände treten seit Jahren für die Einführung eines solchen Unterrichtsfaches ein. Auf einer grundsätzlichen Ebene ist der islamische Religionsunterricht zugleich zum Testfeld dafür geworden, ob es gelingt, die Kooperationsstrukturen zwischen Staat und Religionsgemeinschaft, die sich historisch im Gegenüber des Staates zu den christlichen Kirchen entwickelt haben, auf den mittlerweile entstandenen religiösen Pluralismus hin zu öffnen und weiterzuentwickeln.[8]

Der Religionsunterricht in der öffentlichen Schule wirft eine ganze Reihe schwieriger Fragen auf. Neben administrativen, didaktischen und anderen praktischen Fragen birgt er auch konzeptionelle Problemstellungen. Sie rühren daher, dass der religiös-weltanschauliche neutrale Staat – in seiner Verantwortung für das öffentliche Schulwesen – sich dabei aktiv auf religiöse Themen einlassen muss, was das Risiko birgt, dass es zu Widersprüchen mit dem Neutralitätsprinzip kommt. Es gibt abstrakt gesehen drei Möglichkeiten, Religionsunterricht in der öffentlichen Schule durchzuführen: zwei (jedenfalls in konzeptioneller Hinsicht) einfache Verfahrensweisen und einen komplizierten Weg, der nach dem Grundgesetz freilich als Regelfall vorgesehen ist. Die einfachen

7 | Vgl. dazu die kritischen Einschätzungen von Hasan Alacacioglu, Außerschulischer Religionsunterricht für muslimische Kinder und Jugendliche in NRW. Eine empirische Studie zu Koranschulen in türkisch-islamischen Gemeinden, Münster 1999.

8 | Vgl. Ansgar Hense, »Staatskirchenrecht oder Religionsverfassungsrecht: mehr als ein Streit um Begriffe?«, in: Andreas Haratsch u.a. (Hg.), Religion und Weltanschauung im säkularen Staat. Assistententagung Öffentliches Recht 2001, Stuttgart 2001, S. 9-47.

Lösungen bestehen darin, dass entweder die Religionsgemeinschaften oder der Staat für die inhaltliche Ausgestaltung des Unterrichts *je allein* verantwortlich sind. Als komplizierter erweist sich demgegenüber das Modell einer Kooperation von Staat und Religionsgemeinschaften, die mit unterschiedlichen Kompetenzen *gemeinsam* Verantwortung für den Unterricht tragen.

Die erste »einfache« Option sieht so aus, dass die inhaltliche Gestaltung des Unterrichts allein Angelegenheit der Religionsgemeinschaften ist, die die Curricula an ihrem jeweiligen konfessionellen Selbstverständnis ausrichten können. Dies ist das in Berlin praktizierte Modell. Dort regeln die Religionsgemeinschaften (und neben ihnen auch der Humanistische Verband als Weltanschauungsgemeinschaft) die thematische Ausrichtung des Unterrichts, der nicht den Status eines ordentlichen Lehrfaches hat und nicht versetzungsrelevant ist, in eigener Regie. Der Staat beschränkt sich im Wesentlichen auf finanzielle und infrastrukturelle Unterstützungsmaßnahmen. Gleichsam das komplementäre Gegenstück wird durch das in Brandenburg entwickelte Unterrichtsfach »Lebensgestaltung – Ethik – Religionskunde« (abgekürzt: LER) repräsentiert. Die curriculare Verantwortung trägt dabei allein der Staat. Aufgrund der Bindung des Staates an das säkulare Prinzip der religiös-weltanschaulichen Neutralität darf dieser Unterricht allerdings kein Bekenntnisunterricht sein, sondern muss auf die Vermittlung religionskundlichen Wissens beschränkt bleiben.[9]

Als Regelfall[10] gilt in Deutschland indessen das Kooperationsmodell, bei dem Staat und Religionsgemeinschaften – bei Wahrung klarer Rollentrennung – in Fragen des Religionsunterrichts zusammen wirken. Artikel 7 Absatz 3 Grundgesetz bestimmt: »Der Religionsunterricht ist in den öffentlichen Schulen mit Ausnahme der bekenntnisfreien Schulen ordentliches Lehrfach. Unbeschadet des staatlichen Aufsichtsrechtes wird der Religionsunterricht in Übereinstimmung mit den Grundsätzen der Religionsgemeinschaften erteilt. Kein Lehrer darf gegen seinen Willen verpflichtet werden, Religionsunterricht zu erteilen.« Der Staat ist

9 | Da man in Deutschland den Begriff des Religionsunterrichts typischerweise mit einer Bekenntniskomponente in Verbindung bringt, kann dieser Begriff für das Fach LER und ähnliche allein vom Staat getragene Unterrichtsmodelle nicht verwendet werden.

10 | Eine Ausnahme sieht Artikel 141 GG für solche Länder vor, die zum Zeitpunkt des Inkrafttretens des Grundgesetzes anderweitige Regelungen hatten. Auf diese »Bremer Klausel«, die ebenfalls für das Land Berlin gilt, hat sich auch das Land Brandenburg bei der Einführung seines nicht bekenntnisgebundenen Lehrfaches LER berufen.

demnach für die Organisation und Durchführung des Unterrichts zuständig und trägt die Verantwortung für die Definition und Durchsetzung der didaktischen Anforderungen an Curricula und Lehrpersonal. Gleichzeitig bedarf der Religionsunterricht der inhaltlichen Autorisierung durch die jeweils betroffenen Religionsgemeinschaften, die den Lehrplänen und den beauftragten Lehrerinnen und Lehrern die Übereinstimmung mit den jeweils einschlägigen Glaubensgrundsätzen attestieren müssen.[11]

Dieses Kooperationsmodell ist kompliziert, hat aber seine innere Logik. Sofern der Religionsunterricht nämlich eine religiös-weltanschauliche Bekenntniskomponente haben soll, muss der säkulare Rechtsstaat sich die inhaltliche Kompetenz dafür von den Religionsgemeinschaften gleichsam ausleihen und diesen somit eine Mitwirkung bei der curricularen Ausgestaltung des Faches und bei der Bestellung des Lehrpersonals ermöglichen. Wollte der Staat hingegen einen religiösen Bekenntnisunterricht gänzlich in eigener Regie durchführen, würde er sich eine Definitionskompetenz in religiös-weltanschaulichen Angelegenheiten anmaßen, die ihm nicht zusteht. Dies wäre ein Verstoß gegen das Säkularitätsprinzip und damit auch die ihm zugrunde liegende Religions- und Weltanschauungsfreiheit. Deshalb haben Fragen der konzeptionellen und praktischen Durchführung des schulischen Religionsunterrichts grundrechtliche Brisanz.

7.3 Provisorische Modelle eines Islamunterrichts

Es gibt in Deutschland zwar bereits seit über zwanzig Jahren unterschiedliche Varianten eines schulischen Islamunterrichts.[12] Ein Religionsunterricht in Übereinstimmung mit Artikel 7 Absatz 3 Grundgesetz wird für muslimische Schülerinnen und Schüler derzeit jedoch in keinem Bundesland angeboten. Bis Ende der 1990er wurden Komponenten islamischer Unterweisung praktisch ausschließlich im Rahmen des muttersprachlichen Ergänzungsunterrichts zunächst für türkische, später auch für arabische oder bosnische Schulkinder angeboten. Dieses Modell spiegelt offensichtlich die alte Vorstellung wider, es handele sich

---

11 | Vgl. dazu Stefan Mückl, »Staatskirchenrechtliche Regelungen zum Religionsunterricht«, in: Archiv für öffentliches Recht 122 (1997), S. 513-556.

12 | Einen kurzen Überblick bietet Martin Stock, »Islamunterricht: Auf der Suche nach dem richtigen Weg«, in: Klaus Barwig/Ulrike Davy (Hg.), Auf dem Weg zur Rechtsgleichheit? Konzepte und Grenzen einer Politik der Integration von Einwanderern, Baden-Baden 2004, S. 430-450.

beim Islam um eine Gastarbeiterreligion ohne längerfristige Zukunftsperspektive in Deutschland. Obwohl diese Vorstellung mittlerweile allgemein als überholt gilt, findet islamische Unterweisung auch heute noch überwiegend als Bestandteil fakultativer Angebote des muttersprachlichen Unterrichts statt.

Um ein integrationspolitischen Zeichen zu setzen, wertete das nordrhein-westfälische Schulministerium im Jahre 1999 die islamische Unterweisung in einem breit angelegten Schulversuch zum ordentlichen Lehrfach auf. Dieser Unterricht, zwischenzeitlich in »Islamkunde« umbenannt, findet in deutscher Sprache statt, unterliegt in vollem Maße der staatlichen Schulaufsicht und ist für Schülerinnen und Schüler mit unterschiedlichen ethnischen Herkünften zugänglich. Die Curricula der Islamkunde, in langer Vorarbeit entstanden und erprobt, genügen modernen didaktischen und pädagogischen Anforderungen.[13] Auf eine Anfrage der FDP-Landtagsfraktion betonte die nordrhein-westfälische Landesregierung, dass es sich bei der Islamkunde nicht um einen konfessionellen Unterricht, sondern um ein bekenntnisneutrales, religionskundliches Fach handele, das deshalb ohne Autorisierung durch eine islamische Religionsgemeinschaft erteilt werden könne.[14] Ob dieser Anspruch auf Bekenntnisneutralität bei der curricularen Entfaltung und in der didaktischen Umsetzung des Faches tatsächlich durchgehalten wird, ist allerdings zweifelhaft. Thorsten Anger kommt nach Durchsicht der Curricula zu der Einschätzung, »dass mit der islamischen religiösen Unterweisung religiöse Vorstellungen handlungsleitend fruchtbar gemacht werden sollen. Der formulierte Wille, nicht zum Glauben erziehen zu wollen, findet in den Themenformulierungen hingegen keinen eindeutigen Niederschlag.«[15] Zur Ausbildung des Lehrpersonals für die Islamkunde (und ggf. für einen späteren konfessionellen islamischen Religionsunterricht) ist an der Universität Münster zum Wintersemester 2004/05 ein sechssemestriger Studiengang »Religion des Islam« gestartet worden; ähnliche Studiengänge werden zur Zeit an den Universitäten Osnabrück und Erlangen eingerichtet. Auch Bayern hat im Jahre 2001 einen dem Anspruch nach bekenntnisneutralen Unterricht über den

13 | Vgl. Martin Stock, Islamunterricht: Religionsunterricht, Bekenntnisunterricht oder was sonst?, Münster 2003.

14 | Vgl. Antwort der Landesregierung NRW auf die Große Anfrage 4 der FDP-Fraktion vom 09.07.2001 (Landtag NRW Drucksache 13/885).

15 | Thorsten Anger, Islam in der Schule. Rechtliche Wirkungen der Religionsfreiheit und der Gewissensfreiheit sowie des Staatskirchenrechts im öffentlichen Schulwesen, Berlin 2003, S. 315.

Islam an mehreren Grundschulen eingeführt; wie in Nordrhein-Westfalen findet dieser Unterricht im Rahmen eines Schulversuchs statt.

Ganz anders ist die Situation in Berlin, in dem, wie dargestellt, der Religionsunterricht inhaltlich allein von den Religions- oder Weltanschauungsgemeinschaften verantwortet wird. Im Rahmen dieses Typus von Religionsunterricht wird von der »Islamischen Förderation« seit mehreren Jahren ein islamischer Religionsunterricht an Grundschulen erteilt, den der Verband im Jahre 2000 auf dem Gerichtsweg gegen den heftigen Widerstand des Berliner Schulsenats durchgesetzt hat. Dieser Unterricht hat, wie dies in Berlin generell gilt, nicht den Status eines ordentlichen Lehrfachs. Vereinzelt gibt es in Berlin übrigens auch einen Religionsunterricht für alevitische Schülerinnen und Schüler.

Einen nochmals anderen Weg hat kürzlich Niedersachsen eingeschlagen.[16] Das dort im Schuljahr 2003/04 an einigen Grundschulen begonnene Pilotprojekt zielt darauf ab, einen konfessionellen Islamunterricht »in größtmöglicher Nähe« zu den Vorgaben des Artikel 7 Absatz 3 Grundgesetz durchzuführen. Ein vom Kultusministerium einberufener runder Tisch mehrerer islamischer Organisationen dient der provisorischen Autorisierung eines Unterrichts, der – in Anlehnung an Curricula-Entwürfe des Zentralrats der Muslime in Deutschland – derzeit allerdings rechtlich allein vom Staat getragen wird. Dieser Unterricht gilt bislang nicht als ordentliches Lehrfach. Da das niedersächsische Modell sich in einer rechtlichen Grauzone zwischen Bekenntnisunterricht und nicht konfessioneller Religionskunde bewegt, ist es verfassungsrechtlich nicht unumstritten. Gleichwohl haben sich mehrere Bundesländer entschlossen, sich an dieses Modell anzuschließen. Unmittelbar bevor steht dies in Schleswig-Holstein und Baden-Württemberg. Auch in Nordrhein-Westfalen existieren Pläne, die Islamkunde mittelfristig durch einen konfessionellen Religionsunterricht für muslimische Schülerinnen und Schüler zu ersetzen und auf dem Wege dorthin lokale Pilotprojekte nach niedersächsischem Vorbild durchzuführen. Versuche ähnlichen Zuschnitts auf kommunaler Ebene bestehen außerdem schon seit längerem in Erlangen und Ludwigshafen.

In die Frage des islamischen Religionsunterrichts ist in den letzten Jahren also Bewegung gekommen. Obwohl sich die unterschiedlichen Politprojekte und die verschiedenen Typen islamischer Unterweisung auf Länder- und teilweise auch kommunaler Ebene kaum noch überblicken

16 | Vgl. zum Folgenden: Friedhelm Kraft, Muslimische Kinder und das »Recht auf Religion«: Der lange Weg zu einem islamischen Religionsunterricht, Internet-Aufsatz des Religionspädagogischen Instituts Loccum: http://www.rpi-loccum.de/krisru.html (abgerufen am 25.08.06).

lassen, steht jedoch eins fest: Ein Religionsunterricht nach Artikel 7 Absatz 3 Grundgesetz – also ein Unterricht, der sowohl in konfessioneller Rückbindung an eine islamische Religionsgemeinschaft erteilt wird als auch den Status eines ordentlichen Lehrfachs hat – existiert derzeit in keinem Bundesland. Die islamischen Verbände sind immer weniger bereit, diesen Zustand, den sie als diskriminierend empfinden, weiter hinzunehmen und greifen seit einigen Jahren auch zu gerichtlichen Mitteln, um ihre Mitwirkung an einem islamischen Religionsunterricht durchzusetzen.

So haben der Zentralrat der Muslime in Deutschland und der Islamrat für die Bundesrepublik Deutschland gemeinsam Klage gegen die nordrhein-westfälische Landesregierung erhoben, um Mitwirkungsrechte bei der Islamkunde geltend zu machen und das Unterrichtsfach auf diese Weise zugleich zu einem konfessionell orientierten Fach umzugestalten. In den ersten beiden Instanzen – vor dem Verwaltungsgericht Düsseldorf und dem Oberverwaltungsgericht Münster – blieb die Klage der beiden islamischen Spitzenvereinigungen erfolglos. Das Bundesverwaltungsgericht hat in einem Revisionsurteil vom 23. Februar 2005 den Fall zur erneuten Befassung an das Oberverwaltungsgericht Münster zurückverwiesen.[17] Eine Entscheidung in der Sache steht immer noch aus.

7.4 Anforderungen an islamische »Ansprechpartner« des Staates

Im Zentrum der Debatte um die Einführung des islamischen Religionsunterrichts steht die Frage nach dem islamischen Ansprechpartner (besser im Plural formuliert: nach den möglichen Ansprechpartnern) des Staates. Aufgrund der kooperativen Struktur eines Religionsunterrichts nach Artikel 7 Absatz 3 Grundgesetz ist dies in der Tat die alles entscheidende Frage. Die Schwierigkeiten konzentrieren sich auf drei Problemfelder: (1) die Zersplitterung des organisierten Islams in Deutschland; (2) die strukturellen Anforderungen, die islamische Organisationen erfüllen müssen, um als Religionsgemeinschaft im Sinne des Artikel 7 Grundge-

17 | Vgl. BVerwG, 6. Senat, Urteil vom 23.02.2005, Aktenzeichen 6 C 2/04. Vgl. dazu auch Martin Stock, »Islamunterricht in öffentlichen Schulen in Nordrhein-Westfalen. Zur Lage nach dem Urteil des BVerwG vom 23.2.2005«, in: Nordrhein-Westfälische Verwaltungsblätter 2005, S. 285-292. Auch die Islamische Religionsgemeinschaft Hessen (IRH) hat Klage erhoben, um einen von ihr mitgestalteten Religionsunterricht in Hessen durchzusetzen; sie war dabei allerdings bislang erfolglos.

setz anerkannt zu werden; schließlich (3) Zweifel an der Verfassungstreue mancher der islamischen Verbände.

(1) Die Landschaft des organisierten Islams in Deutschland ist komplex und lässt sich nicht leicht überschauen.[18] Der größte Einzelverband, DITIB, wird faktisch vom Amt für religiöse Angelegenheiten der Türkei gesteuert und repräsentiert das Paradoxon der ausgeprägt etatistischen Religionspolitik einer laizistischen Republik, die ihr Modell der »türkisch-islamischen Synthese« auch in den europäischen Diasporagemeinden aufrechterhalten möchte. Von daher ergeben sich schwer überwindbare Spannungen zu den beiden großen islamischen Spitzenvereinigungen, die außerdem – trotz mittlerweile verbesserter Kooperationsstrukturen – auch untereinander konkurrieren: dem Islamrat für die Bundesrepublik Deutschland und dem Zentralrat der Muslime in Deutschland. Innerhalb des Islamrats dominiert als mit Abstand stärkster Teilverband die Islamische Gemeinschaft Milli Görüs (IGMG). Milli Görüs wiederum ist traditionell eng verbunden mit der vom türkischen Verfassungsgerichtshof 1998 verbotenen islamistischen Refah-Partei des ehemaligen türkischen Ministerpräsidenten Necmettin Erbakan, aus deren Erbmasse die aktuell in der Türkei regierende AKP-Partei sowie, als kleiner stramm rechter Rest, Erbakans Saadet-Partei hervorgegangen sind. Die Einschätzungen darüber, wie weit Milli Görüs in Deutschland derzeit im Begriff steht, sich vom ideologischen Erbe der Refah-Partei zu emanzipieren, gehen auseinander. Der Zentralrat für die Muslime in Deutschland wiederum leidet darunter, dass er nach dem im Jahre 2000 überraschend erfolgten Austritt des ehemals größten Mitgliedverbands, des Verbands Islamischer Kulturzentren, den in Deutschland dominanten türkisch geprägten Islam kaum mehr repräsentiert; er kann seinen Anspruch einer zentralen Ansprechorganisation für den Islam in Deutschland deshalb weniger denn je einlösen. Quer zu den Spitzenvereinigungen verläuft die traditionelle »konfessionelle« Grenze zwischen Sunniten und Schiiten. Beide Spitzenvereinigungen, Islamrat wie Zentralrat, zählen außerdem auch eher mystisch ausgerichtete Gruppierungen zu ihrer Mitgliedschaft. Eine zahlenmäßig starke Sonderrichtung schließlich besteht in Gestalt der Aleviten, die sich von der Mehrheitsrichtung des sunnitischen Islams, aber auch von der klassischen Zwölferschia klar distanzieren und organisatorisch eigene Wege gehen.

Die Vorstellung, es könnte in absehbarer Zeit zu einer auch nur halbwegs einheitlichen Repräsentanz des Islams in Deutschland kommen, ist gänzlich illusorisch. Alle Bemühungen um den islamischen

18 | Vgl. Thomas Lemmen, Islamische Vereine und Verbände in Deutschland, hg. von der Friedrich-Ebert-Stiftung, Bonn 2002.

Religionsunterricht müssen von dieser Tatsache ausgehen. Denn solange der Staat die Einrichtung eines islamischen Religionsunterrichts an hohe Erwartungen einer relativ umfassenden, einheitlichen Repräsentanz knüpft, müssen unüberwindbare Blockaden entstehen. Dem trägt auch das Bundesverwaltungsgericht Rechnung, wenn es in seinem Urteil zur nordrhein-westfälischen Islamkunde ausführt: »[D]ie Forderung, alle Gläubigen der jeweiligen Religion zu erfassen, ist für den Islam ebenso wenig erfüllbar wie für das Christentum, das in verschiedene Kirchen und Konfessionen zerfällt.«[19]

Gewiss: Da für die Durchführung des Religionsunterrichts bestimmte Mindestzahlen von Schülerinnen und Schülern verlangt werden, mindert jede weitere Zersplitterung der sowieso schon komplizierten muslimischen Verbandslandschaft die Chancen für ein flächendeckendes Angebot. Und es ist zweifellos legitim, wenn die staatlichen Behörden auf negative Konsequenzen verweisen, die sich aus mangelnder Einigkeit der Muslime für die Entwicklung des Unterrichtsangebots zwangsläufig ergeben. Ansonsten aber muss es den islamischen Verbänden überlassen bleiben, ob und wie weit sie gewillt bzw. in der Lage sind, sich untereinander zu einigen; unmittelbar in diesen Prozess einzuwirken, verbietet sich für den säkularen Rechtsstaat. Zu Recht schreibt Christine Langenfeld: »So wünschenswert – aus der Sicht der schulischen Praxis – ein institutioneller Zusammenschluss der Muslime wäre, zur Durchführung von Religionsunterricht kann eine Vereinigung im Sinne eines ökumenischen Zusammenschlusses nicht verlangt werden.«[20] Die typischerweise im Singular vorgetragene Forderung nach »*dem* islamischen Ansprechpartner« des Staates ist insofern nicht unproblematisch, als sie falsche Erwartungen an eine einheitliche Repräsentanz der Muslime suggeriert, die so wohl nie zustande kommen dürfte und die der Staat auch nicht gegen den Willen der Betroffenen forcieren darf.[21]

19 | BVerwG, Urteil zur Islamkunde, a.a.O., Randnummer 27.

20 | Christine Langenfeld, »Die rechtlichen Voraussetzungen für islamischen Religionsunterricht«, in: dies./Volker Lipp/Irene Schneider (Hg.), Islamische Religionsgemeinschaften und islamischer Religionsunterricht: Probleme und Perspektiven, Göttingen 2005, S. 17-36.

21 | In einem aufschlussreichen Vergleich mit dem Verständnis der Religionsfreiheit in den USA und Frankreich stellt Oliver Lepsius heraus, dass im deutschen Kontext die rechtliche Konturierung der Religionsfreiheit sehr viel stärker auf kirchliche Strukturen angewiesen ist – mit der Folge, dass es schwierig ist, nicht kirchenähnlich verfassten religiösen Minderheiten den vollen Schutz der Religionsfreiheit zu gewährleisten. Vgl. Oliver Lepsius, »Die Religionsfreiheit

(2) Das Grundgesetz schreibt vor, dass der religiös-weltanschaulich neutrale Staat für die Durchführung eines konfessionellen Religionsunterrichts eine Religionsgemeinschaft als Partnerorganisation braucht, die diesem Unterricht die Übereinstimmung mit den Grundsätzen der jeweiligen Konfession attestieren muss. Streng genommen stellt sich die Frage, wie der Staat eine solche Religionsgemeinschaft überhaupt »erkennen« kann, ohne implizit die Grenzen des Säkularitätsprinzips zu überschreiten. Würde der Staat de facto theologische Kriterien anwenden, um eine authentische islamische Religionsgemeinschaft als solche zu identifizieren, liefe dies auf einen praktischen Zirkel hinaus: Der Staat würde genau jene theologische Kompetenz, die er sich als säkularer Staat für die Gestaltung des Religionsunterrichts gleichsam ausleihen muss, bei der Bestimmung der die Kompetenz »verleihenden« Partnerorganisation im Grund schon ausüben. Dieser Weg muss daher ausscheiden. Ein völliger Verzicht auf definitorische Kriterien kann aber ebenfalls nicht in Frage kommen. Denn wenn beliebige Vereine und Interessengruppen ihre Agenda als Religion oder Weltanschauung etikettieren könnten, um sich Einfluss im staatlichen Schulwesen zu verschaffen, würde sich ein solches Unterrichtsfach schnell *ad absurdum* führen. Es bleibt deshalb nur der Weg, Kriterien zu entwickeln, die der Sache nach *nicht theologisch, sondern religionssoziologisch* sind: Es geht dabei, genau besehen, um relativ abstrakte soziologische Merkmale wie eine gemeinschaftliche rituelle Praxis von Menschen, die sich auf eine für sie gemeinsame letzte und umfassende Sinndeutung bezieht. Solche generellen religionssoziologischen Kriterien müssen der Vielfalt möglicher Formen von Religion und Weltanschauung gerecht werden, zugleich aber in der Lage sein, eine Abgrenzung der Religionsgemeinschaften von ökonomischen Interessensgruppen oder politischen Lobby-Vereinigungen vorzunehmen. Es versteht sich von selbst, dass eine solche Kriteriologie im Detail viele Schwierigkeiten birgt und permanenter kritischer Revision bedarf. Eine prinzipielle Alternative zu diesem Weg ist aber, sofern der Staat sich überhaupt zu Religionsgemeinschaften als einem *spezifischen Typus von Vereinigung* verhalten soll, nicht in Sicht.

Während das Oberverwaltungsgericht Münster den beiden klagenden Spitzenvereinigungen, Islamrat und Zentralrat, den Charakter von Religionsgemeinschaften mit dem Argument abgesprochen hatte, dass es sich um bloße Dachverbände handelt, die nicht die für Religionsgemeinschaften konstitutiven umfassenden religiösen Funktionen ausüben, hält das Bundesverwaltungsgericht es für möglich, dass auch Dachverbände

als Minderheitenrecht in Deutschland, Frankreich und den USA«, in: Leviathan Jg. 34 (2006), S. 321-349.

unter bestimmten Bedingungen als Religionsgemeinschaften anerkannt werden.[22] Bestätigt hat das Bundesverwaltungsgericht allerdings die Sichtweise der unterinstanzlichen Gerichte, dass eine Religionsgemeinschaft eine Mitgliedsstruktur braucht, die letztlich auf natürliche Personen zurückgehen muss: »Religiöse Überzeugung ist eine höchstpersönliche Angelegenheit. Daher muss eine Vereinigung, deren Zweck die Verfolgung der durch ein Bekenntnis gestellten Aufgaben ist, sich auf natürliche Personen beziehen. Aus der Sicht des staatlichen Rechts stehen die Gläubigen im Zentrum jeder Religionsgemeinschaft.«[23]

Neben der Anforderung, dass die Mitgliedschaft – wenn nicht auf der Ebene des Dachverbands, dann jedenfalls auf der Ebene der Unterverbände – aus natürlichen Personen bestehen muss, ist auch *Transparenz* in der Mitgliederstruktur unverzichtbar. Diese von den Gerichten durchgängig betonte Forderung hat besondere Bedeutung und sollte im Zentrum der Diskussion um die Kriterien islamischer Ansprechpartner für den Religionsunterricht stehen. Derzeit gibt es keine gesicherten Zahlen darüber, wie viele der in Deutschland lebenden Muslime überhaupt in einschlägigen Verbänden organisiert sind. Oft verstehen sich Muslime als zugehörig zu einer Moschee in der Nachbarschaft, die sie besuchen und für die sie auch gelegentlich Geld spenden, ohne dass sie *de jure* Mitglied im entsprechenden Moscheeverband sind. Geradezu komplementär zur Situation der christlichen Kirchen, die bei immer noch großer Mitgliedschaft unter schwindender tatsächlicher Beteiligung der Menschen am Gemeindeleben leiden, dürfte im Falle islamischer Gemeinden die faktische Partizipation oft deutlich höher sein als die förmliche Mitgliedschaft.

Transparenz in den Mitgliedschaftsstrukturen ist für die Einrichtung eines islamischen Religionsunterrichts jedoch unerlässlich. Der Staat muss, wie auch das Bundesverwaltungsgericht unterstreicht, wissen, welche muslimischen Schülerinnen und Schüler ein bei der Gestaltung des Religionsunterrichts kooperierender Verband tatsächlich repräsentiert.[24] Andernfalls könnte es dazu kommen, dass Schülerinnen und

22 | Ob im Falle von Islamrat und Zentralrat die Voraussetzungen dafür (d.h. insbesondere eine umfassende religiöse Praxis) vorliegen, hat das Gericht nicht entschieden, sondern dem Oberverwaltungsgericht zur erneuten Befassung überantwortet. Vgl. BVerwG, Urteil zur Islamkunde, a.a.O., Randnummer 40.

23 | BVerwG, Urteil zur Islamkunde, a.a.O., Randnummer 31.

24 | Vgl. BVerwG, Urteil zur Islamkunde, a.a.O., Randnummer 68: »Allerdings müssen Religionsgemeinschaften, die zum staatlich veranstalteten Religionsunterricht zugelassen werden wollen, über eine eindeutige Mitgliederstruktur

Schüler mit muslimischem Familienhintergrund von Staats wegen einem Religionsunterricht (als versetzungsrelevantem Pflichtfach!) zugeordnet werden, obwohl sie der den Unterricht mittragenden Gruppierung gar nicht angehören. Dies aber stünde im Widerspruch zur »negativen Religionsfreiheit«, wonach niemand von Staats wegen zu einer bestimmten religiösen Betätigung oder einem religiösen Bekenntnis gedrängt werden darf. Schon um des Schutzes der negativen Religionsfreiheit willen muss der Staat deshalb darauf bestehen, dass die Zuordnung von Schülerinnen und Schülern zum Religionsunterricht aufgrund eines eindeutig nachvollziehbaren Willens der Betroffenen bzw. ihrer Eltern geschieht. Dies setzt weitaus mehr Klarheit bezüglich der Mitgliedschaft in den muslimischen Verbänden voraus als dies derzeit der Fall ist.

Überholt ist allerdings die ab und zu immer noch geäußerte Erwartung, dass die muslimischen Organisationen sich als Voraussetzung für die Mitwirkung am islamischen Religionsunterricht weitgehend kirchlichen Strukturen annähern müssten.[25] Vom Primat der Religionsfreiheit her gedacht, kann der Staat religiösen Minderheiten nicht legitimerweise abverlangen, dass sie sich entweder nahtlos in die vorgegebenen staatskirchenrechtlichen Strukturen einpassen oder sich mit einer Randstellung in der Gesellschaft abfinden. Vielmehr gilt es, umgekehrt die etablierten Strukturen der Kooperation von Staat und Religionsgemeinschaften am Maßstab der Idee gleichberechtigter Freiheit daraufhin zu überprüfen, ob sie auch für Minderheiten und hierzulande »neue« religiöse Gruppierungen angemessene Partizipationsoptionen bieten. Dies setzt einen nicht von vornherein auf Kirchlichkeit hin verengten, offenen und flexiblen Rechtsbegriff von Religionsgemeinschaft voraus, an dem staatliches Handeln in Fragen des Religionsunterrichts sich zu orientieren hat.[26]

---

verfügen, damit sich feststellen lässt, welche Schulkinder zum Besuch des entsprechenden Religionsunterrichts verpflichtet sind.«

25 | Diese Vorstellung klingt an bei Hillgruber, Der deutsche Kulturstaat, a.a.O., S. 546: »Die christlichen Kirchen bilden also, zwar nicht mit ihrem Glaubensverständnis, wohl aber nach ihrer Verfassung, den Maßstab, dem andere Religionsgemeinschaften genügen müssen, um ebenfalls Kooperationspartner des Staates werden zu können.«

26 | Vgl. Martin Heckel, »Religionsunterricht für Muslime? Kulturelle Integration unter Wahrung der religiösen Identität. Ein Beispiel für die komplementäre Natur der Religionsfreiheit«, in: Juristenzeitung 54 (1999), S. 741-758, hier S. 752: »Die Rechtsform der ›Religionsgesellschaft‹ ist keineswegs nach dem religionssoziologischen Modell der christlichen Kirche, geschweige denn nach

(3) Zu den Anforderungen an jede Religionsgemeinschaft, die einen Religionsunterricht in der öffentlichen Schule mit verantworten möchte, gehört die Achtung der freiheitlichen Verfassungsordnung. Zwar kann den Religionsgemeinschaften von Staats wegen nicht generell abverlangt werden, dass sie die Wertordnung des Grundgesetzes in ihren inneren Verhältnissen und Lehrmeinungen bruchlos widerspiegeln. Als Voraussetzung für die Mitwirkung am schulischen Religionsunterricht ist allerdings eine Zustimmung zu den Bildungszielen des Staates – und dazu zählt zentral auch die Vermittlung der Grundprinzipien der freiheitlichen Verfassungsordnung – unverzichtbar. Auch dies hat das Bundesverwaltungsgericht in seinem Urteil klargestellt: »Der Staat darf [...] nicht hinnehmen, dass zur inhaltlichen Gestaltung eines werteorientierten und wertevermittelnden Unterrichts an seinen Schulen eine Religionsgemeinschaft zugelassen wird, welche die elementaren Prinzipien in Frage stellt, auf denen dieser Staat beruht. [...] Religionsgemeinschaften, bei denen anzunehmen ist, dass sie ihre Befugnis zur inhaltlichen Gestaltung des Religionsunterrichts dazu nutzen werden, die teilnehmenden Schulkinder den elementaren Verfassungsprinzipien zu entfremden, sind für die in Art. 7 Abs. 3 Sätze 1 und 2 vorgesehene Kooperation nicht geeignet.«[27] Sowohl im Islamrat als auch im Zentralrat befinden sich indessen Verbände, die vom Verfassungsschutz beobachtet werden, was eine weitere Hürde für die Mitwirkung am Religionsunterricht bedeutet.[28]

Die Aufsichtspflicht für das Schulwesen verlangt, dass der Staat begründete Zweifel an der Verfassungstreue bestimmter Organisationen ernst nimmt. Bevor eine Mitwirkung islamischer Organisationen am Religionsunterricht in Frage kommen kann, müssen solche Zweifel

---

dem theologischen Kirchenverständnis der katholischen bzw. evangelischen Theologie konzipiert. Ihre Offenheit und Ausfüllungsbedürftigkeit gewährleistet den Religionsgemeinschaften die Freiheit der eigenen theologischen Sinndeutung und die Freiheit zur hierarchischen Organisation nach ihrem theologischen Verständnis der göttlichen Offenbarung; das ist ihnen als ›eigene Angelegenheit‹ [...] garantiert.«

27 | BVerwG, Urteil zur Islamkunde, a.a.O., Randnummer 73. Vgl. dazu Kurt Graulich, »Religionsgemeinschaften und Religionsunterricht nach Art. 7 Abs. 3 GG«, in: Langenfeld u.a. (Hg.), Islamische Religionsgemeinschaften, a.a.O., S. 79-87.

28 | Vgl. das ernüchternde Fazit bei Martin Heckel, »Unterricht in Islam an deutschen Schulen – seine Gründe und Formen, Voraussetzungen und Grenzen«, in: Recht der Jugend und des Bildungswesens 2004, S. 39-62, hier S. 53: »Keine muslimische Vereinigung erfüllt gegenwärtig die Voraussetzungen eines Religionsunterrichts nach Art. 7 III GG.«

ausgeräumt sein. Die Berichte des Verfassungsschutzes, der ja den Auftrag hat, um des Staatsschutzes willen auch sehr generellen Verdachtsmomenten nachzugehen, bedürfen allerdings der Ergänzung und ggf. Korrektur durch wissenschaftliche Studien, die über »die immer noch häufig auftretende Polarisierung zwischen Apologie und Antiislamismus«[29] hinausgehen sollten. Wichtig für eine Klärung der offenen Fragen ist auch ein intensivierter politischer Dialog mit allen islamischen Verbänden, die ihr Interesse an einer Kooperation im Rahmen der Verfassungsordnung bekunden. In jedem Fall muss man realistischerweise davon ausgehen, dass noch einige Jahre vergehen werden, ehe die Bedingungen für einen von Staat und islamischen Verbänden gemeinsam verantworteten Religionsunterricht gegeben sind.[30]

7.5 Mögliche Grenzüberschreitungen

Die aktuelle Integrationsdebatte hat der Forderung nach der Einführung eines islamischen Religionsunterrichts neue Dynamik verliehen. Anders als noch Ende der 1990er Jahre besteht mittlerweile Einigkeit darüber, dass ein islamischer Unterricht, wenn er zustande kommt, in deutscher Sprache stattfinden soll und damit für muslimischen Schülerinnen und Schüler unterschiedlicher ethnischer und sprachlicher Herkünfte offen stünde. Integrationspolitisch würde ein solcher Unterricht einen wichtigen Schritt in Richtung gleichberechtigter Partizipation der Muslime mit den Angehörigen christlicher Konfessionen signalisieren. Die Durchführung des Unterrichts in deutscher Sprache wäre auch die Voraussetzung dafür, dass der Staat seiner Aufsichtspflicht wirksam nachkommen kann.

Die entstandene Dynamik in Richtung eines islamischen Religionsunterrichts birgt neben vielen Chancen auch manche Risiken. Weil die Kultusministerien sich unter wachsendem Erfolgsdruck sehen, könnten Versuchungen in Richtung einer aktiv-interventionistischen Religionspolitik entstehen, bei der die dem säkularen Rechtsstaat gesetzten Grenzen

29 | So Steinberg, Der Islamismus im Niedergang?, a.a.O., S. 41.

30 | Abwegig sind Vorstellungen, wonach es integrationspolitisch problematisch sei, wenn ein in Deutschland tätiger islamischer Verband seine Zentrale im Ausland hat. Solche an die anti-katholische Ultramontanismuspolemik des Bismarck'schen Kulturkampfes erinnernde Rhetorik findet sich selbst bei einem klugen liberalen Autor wie Martin Spiewak, wenn er schreibt: »Eine vom Ausland gesteuerte Organisation kann jedoch niemals legitimer Vertreter der Muslime in Deutschland sein. Dies widerspricht jeder Integrationspolitik.« Martin Spiewak, Vorbeter aus der Fremde. DIE ZEIT Nr. 39 (21.09.2006), S. 21.

verwischt werden.[31] So könnte eine – im Prinzip sinnvolle – staatliche Beratung und moderierende Hilfestellung bei der Verbesserung islamischer Repräsentationsstrukturen abgleiten in die Forcierung einer innerislamischen Vereinigung, bei der der Staat die Rolle einer religionspolitischen Ökumene-Agentur übernehmen würde, wie dies ausgerechnet im laizistischen Frankreich geschehen ist.[32]

Ebenfalls nicht legitim wäre es, wenn sich der Staat über die Einberufung informeller runder Tische unter Beteiligung islamischer Verbände eine Quasi-Legitimation für die Einführung eines islamischen Religionsunterrichts verschaffen wollte. Solche (nach dem koranischen Begriff für Beratung) »Schura« genannten informellen Gremien sind in den letzten Jahren im Rahmen der verschiedenen Pilotprojekte auf Länderebene und kommunaler Ebene vielerorts entstanden. Natürlich empfiehlt es sich, dass die Kultusministerien sich um Vorfeldkontakte mit islamischen Organisationen und Einzelpersönlichkeiten bemühen und dabei die Konsenschancen für ein Curriculum des islamischen Religionsunterrichts unverbindlich ausloten. Es ist auch sicherlich sinnvoll, mit der Durchführung konkreter Unterrichtsversuche nicht solange zu warten, bis alle rechtlichen Voraussetzungen für die Einführung eines islamischen Religionsunterrichts abschließend geklärt sind. Allerdings muss klar sein, dass ein solcher pragmatischer Pilotprojekt-Ansatz seine Grenzen hat.[33] Es darf nicht dazu kommen, dass der säkulare Staat gleichsam über Bande spielt und sich eine Kompetenz in religiös-weltanschaulichen Bekenntnisfragen über die Konsultation handverlesener islamischer Gremien indirekt selbst zuspricht. Ein schulischer Religionsunterricht mit dem Anspruch des ordentlichen Lehrfachs lässt sich durch eine solcherart provisorische Autorisierung sicher nicht rechtfertigen.

Um die Konkordanz zwischen Koran und Verfassungsprinzipien für die Curricula des islamischen Religionsunterrichts zu gewährleisten, könnte der Staat außerdem versucht sein, selbst eine theologisierende Koranauslegung zu betreiben und deren Ergebnisse zur Leitlinie des Religionsunterrichts zu machen; auch dies wäre eine Grenzüberschrei-

---

31 | Auf diese Gefahr verweist auch Michael Kloepfer, »Der Islam in Deutschland als Verfassungsfrage«, in: Die öffentliche Verwaltung 59 (2006), S. 45-55, hier S. 51.

32 | Die französische Regierung hat aus kontrollpolitischen Gründen vor einigen Jahren die Einigung des organisierten Islams von Staats wegen vorangetrieben. Vgl. Matthias Koenig, »Islamische Minderheiten in Westeuropa – eine Herausforderung des säkularen Rechtsstaats?«, in: Schneiders/Kaddor (Hg.), Muslime im Rechtsstaat, a.a.O., S. 33-46, hier S. 37ff.

33 | Vgl. Anger, Islam in der Schule, a.a.O., S. 393f.

tung.[34] Die Verfassungsvorschrift, dass der Religionsunterricht »in Übereinstimmung mit den Grundsätzen der Religionsgemeinschaften« erteilt werden muss, verweist den Staat zwar keineswegs auf eine bloß passive Rolle bei der inhaltlichen Gestaltung des Unterrichts. Obwohl er religiöse Lehrmeinungen nicht auf ihre theologische Richtigkeit hin prüfen kann, ist er durchaus autorisiert und verpflichtet, auf die *Konsequenzen* zu achten, die bestimmte religiöse Doktrinen für die Wahrung der Verfassungsordnung haben können. Gegenstand einer entsprechenden kritischen Prüfung des Staates sind dabei nicht die religiösen Offenbarungsbücher selbst, auf die sich der Religionsunterricht der monotheistischen Offenbarungsreligionen zuletzt gründet, sondern deren *aktuelle Interpretationen* durch die den Unterricht tragenden jeweiligen Religionsgemeinschaften. Nicht nur im Koran, sondern z.B. auch in den fünf Büchern Moses, der Prophetie des Jeremia, den Paulusbriefen oder in der neutestamentlichen Apokalypse finden sich polemische Abgrenzungen, Drohungen mit höllischer Strafe oder Fluchsprüche gegen Ungläubige, die vom Wortlaut her nicht mit menschenrechtlichen Vorstellungen kompatibel sind. Die daraus resultierenden Spannungen zu beheben, ist nicht Aufgabe des Staates, sondern obliegt den Religionsgemeinschaften. Der Staat muss sich darauf beschränken, entsprechende Klarstellungen zu verlangen und zu prüfen, ob das Ergebnis exegetischer Bemühungen mit der gebotenen Anerkennung der Verfassungsprinzipien in Einklang steht. Wollte der Staat sich hingegen anschicken, in integrationspolitischer Absicht selbst Vorschläge etwa für eine feministisch aufgeklärte oder eine ökumenisch aufgeschlossene Koranlektüre (oder Bibellektüre) zu entwickeln, würde er seine Kompetenzgrenzen überschreiten und sich eine Richterfunktion in theologischen Fragen anmaßen, die ihm als säkularem Rechtsstaat nicht zusteht. Selbst wenn dies in »liberalisierender« Absicht geschähe, wäre es ein Rückfall in Zeiten des religionspolitischen Paternalismus.

Ob tragfähige Strukturen für einen islamischen Religionsunterricht mittelfristig entstehen werden, ist derzeit noch nicht endgültig absehbar. Die kooperative Anlage eines solchen Religionsunterrichts schließt es aus, dass der Staat vorab eine Erfolgsgarantie dafür übernimmt. Er kann lediglich die Voraussetzungen dafür verbessern, dass eine Kooperation *möglich* wird. So sollte er die Kriterien für eine angemessene Repräsentationsstruktur innerhalb des Islams möglichst klar definieren, ohne dabei auf das Modell kirchlicher Strukturen fixiert zu sein; das Urteil des Bundesverwaltungsgerichts vom Februar 2005 gibt dafür einige Anhaltspunkte. Die Kultusministerien sollten sich außerdem von der Illusion, es

34 | Vgl. Anger, Islam in der Schule, a.a.O., S. 344.

könnte in Zukunft jemals einen einheitlichen islamischen Ansprechpartner geben, öffentlich verabschieden. Der Staat könnte Beratung auf dem Weg zu mehr Transparenz in den Mitgliedschaftsstrukturen der islamischen Verbände anbieten, ohne sich in die internen Angelegenheiten der Verbände einzumischen. Schließlich hat er darauf zu achten, dass die Curricula eines islamischen Religionsunterrichts der freiheitlichen Verfassungsordnung gerecht werden und modernen didaktischen Ansprüchen genügen, und muss zugleich die Grenze wahren, die ihm als einem säkularen Rechtsstaat in religiös-weltanschaulichen Fragen gezogen ist. Gegen Grenzverwischungen, die auch in bester integrationspolitischer Absicht geschehen können, gibt Martin Heckel zu bedenken: »Der säkulare Staat hat auch kein Recht zur religiösen Nothilfe gegenüber seinen muslimischem Bürgern und Moscheevereinen.«[35]

35 | Heckel, Religionsunterricht für Muslime?, a.a.O., S. 745, Fußnote 27.

8. Das Kopftuch im Schuldienst

8.1 Eine schwer überschaubare Konfliktlage

Seit Jahren wird in Deutschland über das Kopftuch diskutiert. Die Auseinandersetzungen finden in Zeitungen und Leserbriefen, auf Parteiversammlungen und in Kirchengemeinden, in Bundestag und Landtagen sowie schließlich vor Gericht statt. Anders als zum Beispiel in Frankreich, wo auch Schülerinnen und Schüler an staatlichen Schulen von einem Verbot »auffallender religiöser Symbole« betroffen sind, geht es in der deutschen Debatte um die Frage, ob eine muslimische Lehrerin im öffentlichen Schuldienst während des Unterrichts das Kopftuch tragen darf. Zwar gibt es auch Auseinandersetzungen um das Kopftuch in sonstigen Bereichen des öffentlichen Dienstes oder in der privaten Wirtschaft; sie haben bislang aber sehr viel weniger Aufmerksamkeit gefunden.

Offensichtlich geht es beim Kopftuchstreit nicht bloß »um ein Stück Stoff«. Nur der hohe Symbolwert, der dem Kopftuch zukommt bzw. zugeschrieben wird, erklärt die Intensität der politischen Debatte. Dieser Symbolwert ist komplex und uneindeutig. Die Grenze zwischen einer von der jeweiligen Trägerin des Kopftuchs bewusst intendierten Signalwirkung und einem von außen zugeschriebenen oder unterstellten Symbolwert bleibt unscharf. Nicht zuletzt deshalb wird das Kopftuch zum Katalysator und zur Projektionsfläche für ganz unterschiedliche gesellschaftliche Konflikte. Dabei geht es um Grundfragen wie die Anerkennung und politische Gestaltung der Einwanderung, den Umgang der Geschlechter miteinander, gesellschaftliche Toleranz und ihre Grenzen, das Verhältnis von säkularem Staat und Religionsgemeinschaften, die Anerkennung kultureller und religiöser Vielfalt, die gleichberechtigte

Integration von Muslimen (und anderen Minderheiten) in der Gesellschaft, schließlich die Angst vor religiösem Fundamentalismus.[1]

Auslöser der öffentlichen Auseinandersetzung war 1998 die Entscheidung des Oberschulamts Stuttgart, die Lehramtskandidatin Fereshta Ludin nur mit der Auflage in den Schuldienst zu übernehmen, dass sie das Kopftuch ablegen müsse. Da Ludin sich dazu nicht bereit zeigte, wurde ihr die Tätigkeit als Lehrerin im öffentlichen Schuldienst Baden-Württembergs verwehrt.[2] Gegen diese Entscheidung erhob Ludin Klage. Nachdem sie in drei Instanzen der Verwaltungsgerichtsbarkeit (einschließlich des Bundesverwaltungsgerichts) erfolglos geblieben war, entschied das Bundesverfassungsgericht im September 2003,[3] dass die Grundlage für den Ausschluss vom Schuldienst nicht ausreiche; dazu bedürfe es einer gesetzlichen Regelung, wie sie in Baden-Württemberg bis dahin nicht existierte.

In der Sache selbst eröffnete das Bundesverfassungsgericht unterschiedliche Optionen: Dem Landesgesetzgeber bleibe es überlassen, entweder »die zunehmende religiöse Vielfalt in der Schule aufzunehmen und als Mittel für die Einübung von gegenseitiger Toleranz zu nutzen« oder »der staatlichen Neutralitätspflicht eine striktere und mehr als bisher distanzierende Bedeutung beizumessen und demgemäß durch das äußere Erscheinungsbild einer Lehrkraft vermittelte religiöse Bezüge von den Schülern grundsätzlich fern zu halten, um Konflikte mit Schülern, Eltern oder anderen Lehrkräften von vornherein zu vermeiden«.[4] Allerdings verlangte das Gericht, dass in jedem Fall die Gleichberechtigung der Angehörigen unterschiedlicher Religionen gewahrt werden müsse: »Der Staat hat auf eine am Gleichheitssatz orientierte Behandlung der verschiedenen Religions- und Weltanschauungsgemeinschaften zu achten [...] und darf sich nicht mit einer bestimmten Religionsgemeinschaft identifizieren [...].[5]

Die baden-württembergische Landesregierung erließ daraufhin ein Gesetz, das unter Verweis auf das staatliche Neutralitätsgebot das Tragen sichtbarer religiöser Symbole für Lehrkräfte im öffentlichen Schuldienst generell verbietet, die »Darstellung christlicher und abendländischer

1 | Zur politischen Kontroverse vgl. Heide Oestreich, Der Kopftuchstreit. Das Abendland und ein Quadratmeter Islam, Frankfurt a.M. 2004.

2 | Zuvor war ihr allerdings konzediert worden, dass sie das Referendariat mit Kopftuch ableisten konnte.

3 | BVerfG, 2 BvR 1436/02 (Entscheidung Fereshta Ludin) vom 24.09. 2003.

4 | BVerfG, Entscheidung Ludin, Randnummer 65.

5 | Ebd., Randnummer 42.

Bildungs- und Kulturwerte oder Traditionen« von diesem Verbot jedoch ausdrücklich ausnimmt. Im Juni 2004 entschied das Bundesverwaltungsgericht erneut über den Fall Ludin und erklärte den Ausschluss vom Schuldienst auf der Grundlage dieses neuen Gesetzes für rechtens.[6] Das Bundesverfassungsgericht hat sich mit dem Gesetz indessen bislang nicht wieder befasst, da Frau Ludin sich nach dem für sie negativen Urteil des Bundesverwaltungsgerichts entschloss, auf weitere rechtliche Schritte vorerst zu verzichten.

Dass die Sache selbst damit längst nicht erledigt ist, zeigte sich spätestens im Juli 2006, als das Verwaltungsgericht Stuttgart einer anderen Kopftuch tragenden Lehrerin Recht gab. In der Begründung verwies das Gericht darauf, dass christlichen Ordensfrauen in öffentlichen Schulen Baden-Württembergs eine religiöse Kleidung erlaubt sei; das Verbot des muslimischen Kopftuchs verletze die Klägerin deshalb »in ihrem Anspruch auf strikte Gleichbehandlung der verschiedenen Glaubensrichtungen«.[7] Dieser neue Stuttgarter Kopftuchfall, so steht zu vermuten, wird dazu führen, dass irgendwann auch das Bundesverfassungsgericht zum baden-württembergischen Gesetz über religiöse Symbole im Schuldienst wird Stellung nehmen müssen.

Die Entscheidung des Bundesverfassungsgerichts vom September 2003 war nicht nur in Baden-Württemberg Anlass für landesgesetzliche Regelungen. Auch in Niedersachsen, Saarland, Hessen, Bayern, Bremen und Nordrhein-Westfalen sind Gesetze entstanden, die ähnlich wie in Baden-Württemberg ein generelles Verbot des Tragens religiöser Symbole im Schuldienst mit einer Ausnahmeregelung für christliche Kultur- oder Bildungswerte verbinden; in Hessen erstreckt sich die entsprechende Regelung über die Schule hinaus auf Amtspersonen im gesamten Bereich der öffentlichen Verwaltung. Für das Bundesland Bayern hat der Bayerische Verfassungsgerichtshof das Landesgesetz in einem Urteil vom Januar 2007 als verfassungsgemäß bezeichnet, da die darin vorgesehene Ausnahme zugunsten christlich-abendländischer Bildungs- und Kulturwerte von konkreten Glaubensinhalten losgelöst sei und daher keine Privilegierung der christlichen Konfessionen darstelle.[8] Das Land Berlin hat demgegenüber einen eher »laizistischen« Weg beschritten: Es verbietet religiöse Symbole im Schuldienst sowie in Teilbereichen der öffentlichen Verwaltung und sieht dabei keine Ausnahmeklausel für

6 | Vgl. BVerwG 2 C 45.03 vom 24.06.2004.

7 | VG Stuttgart, Pressemitteilung vom 07.07.2006.

8 | Vgl. Urteil des Bayerischen Verfassungsgerichtshofs vom 15.01.2007 (AZ Vf. 11-VII-05). Das Urteil war durch eine Popularklage der Islamischen Religionsgemeinschaft (mit Sitz in Berlin) erwirkt worden.

christliche Kulturwerte vor. In den übrigen Bundesländern hat man – vorerst oder generell – darauf verzichtet, den Umgang mit religiösen Symbolen in Schule bzw. Verwaltung gesetzlich zu regeln.

Die Kontroverse ist also wahrlich komplex, und die Sachlage lässt sich angesichts der einander widersprechenden Gerichtsurteile und der unterschiedlichen landesgesetzlichen Regelungen kaum mehr überschauen. Der Vollständigkeit halber sei noch erwähnt, dass sich auch der Europäische Gerichtshof für Menschenrechte in Straßburg bereits mit dem Kopftuch im Schuldienst befasst hat. Im Jahr 2001 wies er die Klage einer Kopftuch tragenden muslimischen Lehrerin aus der Schweiz zurück, der mit Hinweis auf die laizistische Verfassung des Kantons Genf die Fortsetzung ihrer Lehrtätigkeit mit Kopftuch verboten worden war.[9] Unmittelbare Präzedenzwirkung für Deutschland kommt dieser Straßburger Entscheidung allerdings nicht zu.[10] Dies gilt auch für einen im Jahre 2004 entschiedenen türkischen Fall, in dem es um das Verbot des Kopftuchs für Studentinnen an einer staatlichen Universität ging. Der Straßburger Gerichtshof sah darin keinen Verstoß gegen den von der Europäischen Menschenrechtskonvention den Staaten konzedierten Ermessensspielraum.[11]

8.2 Schranken und »Schranken-Schranken« der Religionsfreiheit

Das Kopftuch bildet einen Bestandteil der Religionsfreiheit, die über die innere Glaubens- und Gewissensfreiheit hinaus auch die Freiheit zur äußeren Manifestation des Bekenntnisses und zur allgemeinen Lebensgestaltung nach den Grundsätzen der eigenen Überzeugung umfasst.

9 | EGMR-Entscheidung Nr. 42393/98 im Fall Lucia Dahlab gegen die Schweiz vom 15.02.2001.

10 | Der Europäische Gerichtshof für Menschenrechte räumt den (derzeit 46) Mitgliedstaaten der Europäischen Menschenrechtskonvention (EMRK) einen weiten Ermessensspielraum in der Auslegung der Religionsfreiheit (und anderer Menschenrechte) ein. Dies ist schon deshalb erforderlich, weil sich unter den Mitgliedsstaaten sowohl Staaten, die formell noch eine Staatskirche kennen, als auch Staaten mit streng laizistischer Verfassung befinden. Die Tatsache, dass der Gerichtshof die Entscheidung der Schweizer Behörden nicht als Verstoß gegen die Gewährleistung der Religionsfreiheit der EMRK betrachtet, heißt nicht, dass die – stark laizistisch geprägte – Regelung des Kantons Genf für Deutschland Vorbildcharakter hat.

11 | Vgl. EGMR Kammer-Urteil Nr. 44774/98 im Fall Leila Sahin gegen die Türkei, vom 29.06.2004.

Trotz des hohen menschenrechtlichen Stellenwerts der Religionsfreiheit gilt diese jedoch nicht unbeschränkt. Es stellt sich deshalb die Frage, nach welchen Kriterien dem Menschenrecht auf Religionsfreiheit Grenzen eingezogen werden können. Um der Gefahr entgegenzuwirken, dass über staatliche Grenzziehungen der Gehalt der Religionsfreiheit beliebig relativiert wird, formuliert die Europäische Menschenrechtskonvention sogenannte »*Schranken-Schranken*«, die dafür sorgen sollen, dass von den Staaten etwaig vorgenommene Beschränkungen der Religionsfreiheit nicht zu weit gehen. So lautet Artikel 9 Absatz 2: »Die Freiheit, seine Religion oder Weltanschauung zu bekennen, darf nur Einschränkungen unterworfen werden, die gesetzlich vorgesehen und in einer demokratischen Gesellschaft notwendig sind für die öffentliche Sicherheit, zum Schutz der öffentlichen Ordnung, Gesundheit, Moral oder zum Schutz der Rechte und Freiheiten anderer.«

Noch stärker ist die Religionsfreiheit im Grundrechtsabschnitt des Grundgesetzes (Art. 4) geschützt. Im Unterschied zu den meisten anderen Grundrechten enthält sie keinen Gesetzesvorbehalt. Nach überwiegender juristischer Auffassung sind Einschränkungen der Religionsfreiheit daher nur dann gerechtfertigt, wenn diese unmittelbar dem Schutz anderer Grundrechte bzw. ähnlich hoher Rechtsgüter dienen. Man spricht in diesem Zusammenhang auch von den »verfassungsimmanenten« Schranken der Religionsfreiheit.[12] Bei etwaigen Abwägungen der Religionsfreiheit mit anderen Rechtsgütern ist deshalb Sorgfalt geboten. Abgesehen davon, dass nur höchste Rechtsgüter – insbesondere andere Grund- und Menschenrechte – der Religionsfreiheit Schranken ziehen können, ist zu berücksichtigen, dass nur in einem *realen oder unmittelbar bevorstehenden Konfliktfall* Abwägungen stattfinden dürfen. Der bloße Hinweis auf irgendwann einmal »mögliche« Konflikte dürfte zur Legitimierung von Beschränkungen der Religionsfreiheit hingegen nicht ausreichen.

In der Kontroverse um das Kopftuch werden mehrere menschenrechtliche Konfliktlinien angesprochen. Im Vordergrund der Diskussion steht das Spannungsfeld von Religionsfreiheit und *Gleichberechtigung der Geschlechter*. Darüber hinaus kann es auch zu Konflikten zwischen zwei Aspekten *innerhalb des Rechts auf Religionsfreiheit* kommen, nämlich zwischen der »positiven Religionsfreiheit« der Lehrerin und der »negativen Religionsfreiheit« von Schülerinnen und Schülern. Unter der positiven Religionsfreiheit versteht man das Recht, einen religiösen Glauben anzunehmen, zu bekennen und das eigene Leben danach auszurichten;

12 | Vgl. Martin Morlok, »Kommentar zu Artikel 4 GG«, in: Grundrechtskommentar hg. von Horst Dreier, Randnummer 93.

mit negativer Religionsfreiheit ist demgegenüber das Recht gemeint, nicht von Staats wegen gegen den eigenen Willen religiöser Einflussnahme ausgesetzt oder gar zu religiösen Handlungen gedrängt zu werden. Hinzu kommt als weiterer menschenrechtlicher Anspruch das *Erziehungsrecht der Eltern*, das auch die Entscheidung über die religiöse oder nicht-religiöse Erziehung der Kinder beinhaltet. Für die besondere Situation des Lehramts in einer staatlichen Schule stellt sich außerdem die Frage, inwieweit die *religiös-weltanschauliche Neutralität des Staates* Lehrerinnen und Lehrern im Unterricht eine besondere Zurückhaltungspflicht auferlegt, hinter der das Recht auf eigene Religionsausübung im Dienst evtl. zurückzutreten hat.

Diese möglichen normativen Konflikte können nicht ohne Rückgriff auf empirische Erkenntnisse bewertet werden. Auch diesbezüglich gehen die Auffassungen weit auseinander. Die strittigen empirischen Fragen betreffen vor allem die psychologische Wirkung von Kleidung und Bekenntnis einer Lehrperson auf Schülerinnen und Schüler (evtl. abgestuft nach deren Alter) sowie die Einschätzungen zur politisch-ideologischen Instrumentalisierung des Kopftuchs im Kampf um die Organisation islamischer Milieus. Hinzu kommen unterschiedliche Prognosen über die längerfristigen Wirkungen eines Kopftuchverbotes auf die Position muslimischer Mädchen und Frauen in der Gesellschaft. Diejenigen, die ein Verbot des Kopftuchs für Lehrerinnen im Schuldienst (bzw. auch für anderweitig Tätige im öffentlichen Dienst) befürworten, versprechen sich davon gelegentlich eine heilsame Schutzwirkung gegen einen konservativen bzw. islamistischen Milieudruck, der sich zunehmend auch in der Schule bemerkbar macht. Gegnerinnen und Gegner eines Verbots fürchten demgegenüber, dass es als nicht intendierte Nebenwirkung solcher Maßnahmen zu verstärkten gesellschaftlichen Ausgrenzungen Kopftuch tragender Frauen auch außerhalb des Schuldienstes bzw. des öffentlichen Dienstes kommen wird, wodurch der Druck auf muslimische Frauen insgesamt zunehmen könnte.

8.3 Konkrete Konfliktfelder

Eine zentrale Rolle in der Kontroverse um das Kopftuch spielt die Annahme, dass Kopftuch symbolisiere die Ungleichheit von Frauen und Männern und stehe damit potenziell im Widerspruch zu Artikel 3 des Grundgesetzes bzw. zu den entsprechenden Diskriminierungsverboten internationaler Menschenrechtskonventionen. Dass das Kopftuch ein Mittel zur Unterdrückung der Frau und zur symbolischen Festigung einer traditionellen Rollenteilung zwischen den Geschlechtern sein kann und in dieser Funktion auch tatsächlich eingesetzt wird, steht außer Frage. Bis heute gibt es Staaten, die eine »islamische Kleiderordnung«, von deren restriktiven Auswirkungen ganz überwiegend Frauen betroffen sind, mit Zwang vorschreiben und Verstöße mit Strafen ahnden. Hinzu kommt der soziale Druck eines konservativen islamischen Milieus, der sehr viel wirksamer als staatliche Zwangsmaßnahmen sein kann. Man muss davon ausgehen, dass ein solcher Milieudruck auch in Deutschland existiert und viele Frauen und Mädchen aus islamisch geprägten Familien in ihrer freien Selbstentfaltung beeinträchtigt und vor nicht selten tragische Zerreißproben stellt. Er wirkt sich vielfach auch negativ auf das Schulleben aus.[13] Dies macht die Vorbehalte gegen das Kopftuch verständlich. Es wäre leichtfertig, entsprechende Abwehrhaltungen pauschal als »Vorurteile« zu bezeichnen; denn sie beruhen vielfach auf leidvollen Erfahrungen.[14]

Es gibt aber auch die Erfahrung, dass muslimische Frauen sich aus religiösen Gründen bewusst und in Freiheit für das Kopftuch entscheiden – zum Beispiel weil sie überzeugt sind, dass der Koran eine entsprechende Vorschrift enthält.[15] Für sie ist das Kopftuch Bestandteil ihres religiösen Selbstverständnisses und ein Element ihrer religiösen Praxis. Viele dieser Frauen (z.B. Kopftuch tragende Studentinnen an deutschen Universitäten) erwecken in ihrem Verhalten und Habitus im Übrigen keineswegs den Eindruck, generell einem traditionellen Verständnis der Geschlechterrollen verhaftet zu sein.[16]

---

13 | Anlass zur Besorgnis geben in diesem Zusammenhang auch Abmeldungen vom koedukativen Sport- und Schwimmunterricht sowie Weigerungen, an Klassenfahrten teilzunehmen. Dadurch kann der staatliche Bildungsauftrag beeinträchtigt werden, der seinerseits Ausdruck eines *Menschenrechts*, nämlich des Menschenrechts auf Bildung ist.

14 | Die muslimischen Bundestagsabgeordneten Lale Akgün und Ekin Deligöz haben muslimische Frauen deshalb öffentlich aufgefordert, das Kopftuch abzunehmen. Als Reaktion auf diesen Aufruf erhielten sie zahlreiche islamistische Schmähbriefe und zum Teil Drohungen. Einige Vertreter muslimischer Organisationen in Deutschland haben diese Bedrohungen der beiden Abgeordneten öffentlich verurteilt. Vgl. Berliner Zeitung vom 28.10.06, S. 2.

15 | Die Plausibilität der Berufung auf den Koran, dessen in diesem Zusammenhang einschlägige Verse (vor allem die Verse 24,31 und 33,59) durchaus unterschiedlich interpretiert werden, hat der Staat nicht zu prüfen. Im Zusammenhang der Religionsfreiheit zählt primär die Überzeugung der betreffenden Person.

16 | Vgl. auch Frank Jessen/Ulrich von Wilamowitz-Moellendorf, Das Kopf-

Das religiöse Motiv in der Entscheidung für das Kopftuch kann sich mit dem Interesse an der Wahrung kultureller Identität oder auch mit politischem Engagement verbinden.[17] Das Kopftuch kann dabei ein Ausdruck des Protestes gegen Diskriminierungserfahrungen in der deutschen Gesellschaft sein, mit einem spezifisch muslimischen »Modebewusstsein« einhergehen oder als Bekenntniszeichen im innertürkischen Kulturkampf um Bewahrung, Weiterentwicklung oder Überwindung des kemalistischen Erbes fungieren. Innerhalb des ideologischen Islamismus gibt es schließlich auch Bewegungen, die das Kopftuch gezielt als Instrument im Kampf gegen die liberale Gesellschaft und die freiheitliche Verfassung einsetzen.

Das Kopftuch erweist sich deshalb als ein *vieldeutiges Symbol.* Es kann für Unterdrückung der Frau im Namen religiöser bzw. kultureller Tradition stehen oder Ausdruck freier religiöser Selbstbestimmung sein; es kann zur religiösen Lebensführung gehören und gleichzeitig ein politisches Bekenntnis darstellen. Die (in der Diskussion übrigens von allen Seiten herausgestellte) Vieldeutigkeit des Kopftuchs trägt wesentlich dazu bei, dass die Meinungsbildung im Konfliktfeld so schwierig ist. Diese Vieldeutigkeit jedoch praktisch dahingehend aufzulösen, dass eine Kopftuch tragende Lehrerin im Zweifel entweder als in traditionellen Vorstellungen der Geschlechterrollen verfangen gilt oder gar unter den Verdacht verfassungsfeindlicher politischer Agitation gestellt wird, dürfte schwerlich legitim sein.[18] Eine solche Position wäre sachlich nicht gerechtfertigt und liefe im Ergebnis auf eine unverhältnismäßige Beeinträchtigung der Religionsfreiheit der Lehrerin hinaus, deren Selbstverständnis und damit Subjektstellung von vornherein gar nicht zum Geltung käme. Gerade die Vieldeutigkeit des Kopftuchs spricht deshalb eher gegen ein *generelles* Kopftuchverbot für Lehrerinnen im Dienst und für das Bemühen um angemessene Konfliktlösungen im konkreten Einzelfall.

Zusätzlich zu berücksichtigen ist allerdings, dass die positive Religi-

---

tuch – Die Entschleierung eines Symbols?, Konrad-Adenauer-Stiftung. Zukunftsforum Politik, Nr. 77 (September 2006).

17 | Zum Folgenden vgl. Yasemin Karakasoglu-Aydin, Muslimische Religiosität und Erziehungsvorstellungen. Eine empirische Untersuchung zu Orientierungen bei türkischen Lehramts- und Pädagogik-Studentinnen in Deutschland, Frankfurt a.M. 2000.

18 | Auch das Bundesverfassungsgericht postuliert, dass »*alle denkbaren Möglichkeiten,* wie das Tragen eines Kopftuchs verstanden werden kann, bei der Beurteilung zu berücksichtigen« seien. Vgl. BVerfG, Entscheidung Ludin, a.a.O., Randnummer 53.

onsfreiheit der Lehrerin (d.h. ihr Recht, nach Grundsätzen des eigenen Glaubens zu leben) in Konkurrenz zur *negativen Religionsfreiheit der Schülerinnen und Schüler* geraten kann (vgl. auch Abschnitt 7.4). Deren Recht, im Rahmen der staatlichen Pflichtschule nicht gegen ihren Willen religiöser Einflussnahme ausgesetzt zu werden, verbindet sich außerdem mit dem *elterlichen Erziehungsrecht*, das auch das Recht der Eltern zur Bestimmung der religiösen Erziehung ihrer (noch nicht religionsmündigen) Kinder umfasst. Dass in diesem Spannungsfeld von positiver und negativer Religionsfreiheit sowie dem Elternrecht unterschiedliche Rechtsansprüche aufeinanderprallen können, lässt sich leicht vorstellen. Fest steht in jedem Fall, dass die aktive Missionstätigkeit eines Lehrers oder einer Lehrerin während des Schuldienstes ein eindeutiger Verstoß gegen die negative Religionsfreiheit und das Elternrecht wäre. Ein solches Dienstverhalten wäre deshalb auf keinem Fall hinnehmbar. Umstritten ist hingegen, ob das bloße Tragen des islamischen Kopftuches im Schuldienst bereits die Schwelle zur Verletzung der negativen Religionsfreiheit und des elterlichen Erziehungsrechts erreicht. Bei der Klärung dieser schwierigen Frage dürfte wiederum vieles von den besonderen Umständen des konkreten Falles abhängen: z.B. vom Alter der Schulkinder, vom Milieu-Umfeld der Schule, von der Rolle der Lehrkraft (als Fachlehrerin und/oder Klassenlehrerin), in erster Linie aber vom *Gesamtverhalten der Lehrerin* und ihrer pädagogischen und kommunikativen Kompetenz. Wollte der Staat Beeinträchtigungen der negativen Religionsfreiheit von Schülerinnen und Schülern sowie des Elternrechts allein auf das Tragen des Kopftuches stützen und von dorther einen Ausschluss aus der Lehrtätigkeit begründen, ohne das dienstliche Verhalten der betreffenden Lehrperson insgesamt zu würdigen, würde er dem Stellenwert der Religionsfreiheit der Lehrerin wohl nicht gerecht werden.[19]

Auch bezogen auf das Spannungsfeld zwischen positiver Religionsfreiheit der Lehrerin und negativer Religionsfreiheit der Schülerinnen und Schüler gilt, was soeben über Konflikte zwischen der Religionsfreiheit und der Gleichberechtigung der Geschlechter gesagt wurde: nämlich, dass sich eine Abwägung zwischen konkurrierenden Rechtsansprüchen erst im *tatsächlichen* (oder unmittelbar drohenden) Konfliktfall, nicht schon im Blick auf nur *generell mögliche* Konflikte rechtfertigen lässt. Staatliche Maßnahmen, die im Namen der negativen Religionsfreiheit bzw. des Elternrechts das Kopftuch für Lehrerinnen bereits *im Vorfeld* eines tatsächlichen Konflikts gleichsam *präventiv* verbieten, verkür-

19 | Von vornherein anders zu bewerten als das Kopftuch ist der Gesichtsschleier, der die elementare pädagogische Interaktion in der Schule massiv einschränken würde und deshalb eindeutig inakzeptabel wäre.

zen die positive Religionsfreiheit in unverhältnismäßiger Weise. In diesem Zusammenhang ist im Übrigen daran zu erinnern, dass mehrere Kopftuch tragende Lehrerinnen seit Jahren in Deutschland ihren Schuldienst versehen, ohne dass dies zu Beanstandungen durch Eltern oder die Schulleitung geführt hat.

Ein Verbot des Kopftuchs im Schuldienst ist gelegentlich auch mit dem Prinzip der religiös-weltanschaulichen Neutralität des Staates begründet worden.[20] In der Tat gilt die Neutralitätspflicht auch für die Institution der staatlichen Schule. Aus der Tatsache, dass die staatliche Schule als solche nicht einer bestimmten Religion oder Weltanschauung verpflichtet sein kann, folgt jedoch keineswegs, dass religiöse oder weltanschauliche Bekenntnisse in ihr generell keinen Ort haben bzw. auf den Rahmen des konfessionellen Religionsunterrichts beschränkt bleiben müssen. Es wäre nachgerade paradox, wenn die Pflicht zur staatlichen Neutralität, die ja ihrerseits im Menschenrecht der Religions- und Weltanschauungsfreiheit begründet ist, zur Purifizierung des Schullebens von religiösen Symbolen führen müsste. »Die Folge wäre«, so Gerhard Robbers, »dass die öffentliche Schule kulturell weiter verarmen müsste. Sie wäre ein Stück weniger Spiegelbild der Gesellschaft, in der die heranwachsende Generation miteinander Toleranz, gegenseitigen Respekt und kulturelle Auseinandersetzung aktiv einüben könnte. Von Toleranz und Gemeinsamkeit würde von den Lehrern nur erzählt, sie würde nicht gelebt. Demgegenüber fordert der Erziehungsauftrag der öffentlichen Schule das Sich-Aufeinandereinlassen, gelebte, nicht verdrängende Neutralität.«[21]

Für das Verhalten von Lehrerinnen und Lehrern im Dienst ergibt sich aus der staatlichen Neutralitätspflicht das Gebot der Behutsamkeit im Umgang mit religiösen und weltanschaulichen Fragen; dies folgt bereits aus dem Anspruch auf Respekt der negativen Religionsfreiheit der Schülerinnen und Schüler. Die Erwartung, dass eine Lehrperson die religiös-weltanschauliche Neutralität des Staates in ihrem dienstlichen Handeln gleichsam unmittelbar *»verkörpern«* und sich deshalb jedes sichtbaren religiösen Bekenntnisses enthalten muss, wäre indessen, wie das Bundesverfassungsgericht ausführt, überzogen.[22] Eine solche Forderung

---

20 | Beispielsweise spielt dieses Argument im Minderheitenvotum zum Ludin-Urteil des Bundesverfassungsgerichts eine zentrale Rolle.

21 | Gerhard Robbers, »Muslimische Lehrerinnen, das Kopftuch und das deutsche Bundesverfassungsgericht«, in: Österreichisches Archiv für Recht und Religion 2003, S. 405-417, hier S. 417.

22 | Vgl. BVerfG, Entscheidung Ludin, Randnummer 54: »Der Staat, der eine mit dem Tragen eines Kopftuchs verbundene religiöse Aussage einer einzel-

leuchtet zwar ein, wenn sie an Richterinnen und Richter adressiert ist; denn die Richterfunktion verlangt dem Amtsträger bzw. der Amtsträgerin mit guten Gründen ab, bei der Repräsentation staatlicher Hoheitsgewalt auf die Demonstration persönlicher Überzeugungen zu verzichten. Die Lehrtätigkeit in der Schule lässt sich mit dem Richteramt jedoch nicht vergleichen. Denn die pädagogische Interaktion in der Schule besteht wesentlich gerade darin, dass Lehrerinnen und Lehrer sich in ihrer *Persönlichkeit* – d.h. auch in ihren persönlichen Überzeugungen – erkennbar präsentieren. Dies spricht dafür, Fragen der Bekenntnisfreiheit im staatlichen Dienstverhältnis je nach Tätigkeit differenziert zu regeln und das Tragen des Kopftuches und anderer religiöser Symbole für Lehrerinnen und Lehrer im Schuldienst nicht von vornherein zu verbieten.

8.4 Sonderstellung christlicher Kultur- und Bildungswerte?

Zusätzlich zur Frage, ob und unter welchen Bedingungen gesetzliche Beschränkungen hinsichtlich des Kopftuchs legitim sind, stellt sich die Frage nach der Tragfähigkeit der in mehreren landesgesetzlichen Bestimmungen enthaltenen Ausnahmen zugunsten christlicher Symbole. Diese Sonderklauseln stehen nach Ansicht ihrer Befürworter nicht in Widerspruch zur religiös-weltanschaulichen Neutralität des Staates; denn es gehe dabei nicht im engeren Sinne um christliche *Bekenntniszeichen*, sondern im weiteren Sinne um christliche *Kulturwerte*, deren Vermittlung zum allgemeinen Bildungsauftrag der Schulen gehöre. Diese Position hat auch der Bayerische Verfassungsgerichtshof in seiner Entscheidung vom Januar 2007 bezogen.

Wir stoßen hier einmal mehr auf die schwierige Frage nach dem Verhältnis von Religion und Kultur, die für die Bestimmung des Prinzips der religiös-weltanschaulichen Neutralität des Staates von großer Bedeutung ist. Auf der einen Seite steht fest, dass der Neutralitätsbegriff nicht in Richtung einer allgemeinen »kulturellen Neutralität« des Staates überdehnt werden kann; dass dies zu absurden Konsequenzen führen müsste, ist gerade im Bereich des staatlichen Bildungsauftrags, der

---

nen Lehrerin hinnimmt, macht diese Aussage nicht schon dadurch zu seiner eigenen und muss sie sich auch nicht als von ihm beabsichtigt zurechnen lassen.« Ganz anders liegt der vom Bundesverfassungsgericht 1995 entschiedene Fall des Kruzifixes in bayerischen Schulen, da die Anbringung von Kreuzen in den Klassenzimmern auf ausdrückliche Anordnung des bayerischen Staates hin zu geschehen hatte.

schwerlich »kulturneutral« wahrzunehmen wäre, offensichtlich.[23] Klar ist auch, dass es weder möglich noch sinnvoll wäre, die Kultur von religiösen Prägungen purifizieren zu wollen. Das Bundesverfassungsgericht sieht in der Orientierung des staatlichen Bildungsauftrags an christlichen Kulturwerten denn auch prinzipiell keinen Verstoß gegen den Anspruch der weltanschaulich-religiösen Neutralität des Staates.[24]

Auf der anderen Seite kann es jedoch nicht angehen, dass der Staat das für den Umgang mit religiös-weltanschaulichem Pluralismus zentrale Fairnessprinzip der »respektvollen Nicht-Identifikation« durch die Einschaltung eines mit religiösen Gehalten stark imprägnierten Kulturbegriffs teilweise unterläuft. Auf diese Weise würde der Anspruch der religiös-weltanschaulichen Neutralität des Staates letztlich seine Trennschärfe verlieren; er könnte theoretisch zwar bestehen bleiben, wäre aber, sobald identitätsstiftende Kulturwerte des politischen Gemeinwesens mit ins Spiel gebracht werden, praktisch kaum mehr anwendbar. Dadurch aber wäre zugleich die um des Menschenrechts auf Religionsfreiheit willen gebotene Gleichberechtigung der Angehörigen unterschiedlicher Religions- und Weltanschauungsgemeinschaften akut gefährdet.

Was also ist zu tun? Es wird nicht gelingen, die Verhältnisbestimmung von Religion und Kultur durch eine abstrakt-definitorische Trennung vorab zu entscheiden und gleichsam außer Streit zu stellen. Dies kann schon deshalb keine Lösung sein, weil viele Symbole beides gleichzeitig sind: religiös und kulturell. Das Kreuz stellt als erinnernde Vergegenwärtigung der Passionsgeschichte das zentrale Bekenntniszeichen des Christentums dar, bildet aber auch einen Bestandteil der Schweizer Bundesflagge.[25] Kirchturmglocken laden nicht nur zum Kirchgang ein, sondern geben der Bevölkerung auch die Uhrzeit an. Das Weihnachtsfest ist hierzulande nicht nur ein Fest gläubiger Christen; es hat auch seine kulturelle Bedeutung als Familienfeier und ist darüber hinaus ein ökonomischer Faktor ersten Ranges geworden. Auch das Kopftuch kann neben der Funktion eines religiösen Bekenntniszeichens kulturelle Zugehörigkeit symbolisieren oder eine im Einzelnen nicht immer leicht entzifferbare politische Signalwirkung entfalten.

Wenn die Differenzierung zwischen Religion und Kultur indes nicht auf dem Wege genereller definitorischer Klarstellungen vorab erreicht

---

23 | Vgl. Gabriele Britz, »Kulturelle Rechte in der Schule«, in: Recht der Jugend und des Bildungswesens 2003, S. 393-408, hier S. 405f.

24 | Vgl. BVerfGE 41, 29 (52).

25 | Vgl. Winfried Brugger/Stefan Huster (Hg.), Der Streit um das Kreuz in der Schule. Zur religiös-weltanschaulichen Neutralität des Staates, Baden-Baden 1998.

werden kann, eine Differenzierung gleichwohl unverzichtbar ist, um die kritische Funktion des Prinzips religiös-weltanschaulicher Neutralität zu wahren, dann bleibt nur die Möglichkeit, die Differenz *in der konkreten Auseinandersetzung* immer wieder neu zu erarbeiten. Es ist in der Tat möglich und sinnvoll, *in concreto* auf den prägnant-religiösen Gehalt bestimmter Symbole – wie das Kreuz, die jüdische Kippa oder die christliche Ordenstracht – Acht zu geben und ihrer nivellierenden Einordnung in ein Set gleichsam überkonfessioneller Kulturwerte zu widersprechen. Da sich der religiöse Symbolgehalt im engeren Sinne nicht nach äußeren Merkmalen vorab feststellen lässt, bedarf es dazu einer Kenntnis religiöser Selbstverständnisse und religiöser Praxis. Der säkulare Rechtsstaat muss sich in dieser Hinsicht von den Religionsgemeinschaften belehren lassen. Und wenn die Antworten der Religionsgemeinschaften vielstimmig ausfallen (was zu erwarten ist), sollte er diejenigen Stimmen besonders ernstnehmen, die Einspruch gegen die Vereinnahmung bestimmter Symbole in einen konturlosen Kulturbegriff erheben. Damit maßt sich der Staat kein Richteramt über Religionen und Theologien an, sondern zieht im Gegenteil die Konsequenz daraus, dass er als säkularer Rechtsstaat im Zweifel Zurückhaltung in Fragen religiöser Bekenntnisse zu üben hat.

Der kritische Umgang mit dem Kulturbegriff, wie er im Konzept eines aufgeklärten Multikulturalismus angelegt ist, berührt sich hier mit dem Interesse, das die Religionsgemeinschaften daran haben sollten, einen gegenüber allgemeinen Kulturwerten unterscheidbaren Begriff des Religiösen zu wahren und konfessionelle Symbole gegen ihre Instrumentalisierung zu Zwecken kulturstaatlicher Identitätsvergewisserung in ihrem Eigensinn zu verteidigen. Dies betont der protestantische Theologe Friedrich-Wilhelm Graf, wenn er schreibt: »Dem Rechtsstaat steht es jedenfalls nicht zu, Glaubenssymboldeutung betreiben zu wollen. Man kann die hier gebotenen freiheitsdienlichen Limitationen des Verfassungsstaates auch in religiöser Bildersprache ausdrücken: Allein Gott kann dem Frommen ins Herz blicken.«[26]

Bei der Auseinandersetzung um das Kopftuch in der Schule drängt sich vor allem die christliche Ordenstracht als Analogon auf, zumal bekanntlich auch Ordensleute im öffentlichen Schulwesen tätig sind und dabei die von ihren Ordensregeln vorgeschriebene Kleidung tragen. So schreibt Ernst-Wolfgang Böckenförde: »Einer muslimischen Lehrerin, die aus religiöser Motivation ein islamisches Kopftuch trägt, steht die Bekenntnisfreiheit ebenso zur Seite, wie einer Ordensschwester, die im

26 | Friedrich-Wilhelm Graf, Moses Vermächtnis. Über göttliche und menschliche Gesetze, München 2006, S. 81.

Nonnenhabit unterrichtet. Dass das eine als fremd und ungewohnt empfunden und dann als ›objektive Provokation‹ gekennzeichnet wird, das andere hingegen vertraut ist, macht vor der Bekenntnisfreiheit keinen Unterschied, es spiegelt nur die vorhandene Pluralität unserer Gesellschaft.«[27] Auf die Analogie von Kopftuch und Ordenstracht hat, wie erwähnt, auch das Stuttgarter Verwaltungsgericht im jüngsten Kopftuchfall (vom Juli 2006) verwiesen.

Der Vergleich mit der Nonnentracht zeigt übrigens, dass eine Differenzierung zwischen Religion und Kultur bei allen grundsätzlichen Schwierigkeiten *in concreto* doch möglich ist. Denn niemand wird im Ernst behaupten wollen, dass die Ordenstracht lediglich einen gleichsam überkonfessionell-neutralen Kulturwert darstelle. Dies dürfte weder in der Außenwahrnehmung (in der Sprache der Gerichte: »im objektiven Empfängerhorizont«) nachvollziehbar sein, noch – und erst recht nicht – dem Selbstverständnis der Mitglieder christlicher Orden entsprechen. Auch das Verwaltungsgericht Stuttgart geht davon aus, »das Ordenshabit sei eine eindeutig religiös motivierte Kleidung und nicht nur ein aus Tradition ohne religiöses Bekenntnis getragenes Kleidungsstück«.[28]

Es ist absehbar, dass sich landesgesetzliche Regelungen, die das allgemeine Verbot des Tragens religiöser Symbole durch die Zulassung der Darstellung christlicher Kulturwerte modifizieren, schwerlich plausibel durchhalten lassen. Spätestens in der praktischen Anwendung – etwa bei einer Ungleichbehandlung von Kopftuch und Ordenstracht im Schuldienst – zeigt sich, dass diese Regelungen dem vom Bundesverfassungsgericht im Ludin-Urteil formulierten Postulat, wonach der Staat »auf eine am Gleichheitssatz orientierte Behandlung der verschiedenen Religions- und Weltanschauungsgemeinschaften zu achten« hat, nicht gerecht werden können.[29]

8.5 Einzelfallregelungen als Ausweg

Die Frage, ob eine Lehrerin mit dem islamischen Kopftuch in der staatlichen Schule unterrichten kann, wird sicherlich weiter für Diskussionen sorgen. Dies ist schon deshalb zu erwarten, weil sich unterschiedliche

27 | Ernst-Wolfgang Böckenförde, »Bekenntnisfreiheit in einer pluralen Gesellschaft und die Neutralitätspflicht des Staates«, in: UNA SANCTA. Zeitschrift für ökumenische Bewegung 60 (2005), S. 235-249, hier S. 246.

28 | VG Stuttgart, Presseerklärung vom 07.07.2006.

29 | Vgl. Ulf Häußler, »Leitkultur oder Laizismus?«, in: Zeitschrift für Ausländerrecht 2004, S. 6-14.

und politisch teils sehr umstrittene Ansichten zu gesamtgesellschaftlichen Herausforderungen – zum Umgang mit kultureller Vielfalt, zur Gestaltung des Geschlechterverhältnisses, zum Verhältnis von Staat und Religion, zur Integrationsaufgabe der staatlichen Schule – in der Kopftuchthematik wie in einem Brennpunkt bündeln.

Auch aus menschenrechtlicher Perspektive fällt die Meinungsbildung in der Sache nicht leicht. Mehrere Menschenrechtsansprüche stehen dabei zur Debatte. Die (positive) Religionsfreiheit der betreffenden Lehrerin befindet sich – jedenfalls *potenziell* – in Konflikt mit dem Grundsatz der Gleichberechtigung von Frauen und Männern, mit der (negativen) Religionsfreiheit der betroffenen Schülerinnen und Schüler, mit dem elterlichen Erziehungsrecht und mit dem Prinzip der religiös-weltanschaulichen Neutralität des Staates. Von daher sind durchaus Fallkonstellationen denkbar, in denen das Recht der Lehrerin auf das Tragen des Kopftuches zugunsten anderer Rechtsgüter zurücktreten muss.

Es spricht allerdings viel dafür, die Abwägung der Religionsfreiheit der Lehrerin gegen etwaig konkurrierende menschenrechtlich relevante Ansprüche auf die Situation eines *tatsächlich vorhandenen* (oder unmittelbar drohenden) grundrechtlichen Normenkonflikts zu beschränken. Eine staatliche Politik, die um der Konfliktprävention willen bereits weit im Vorfeld eines tatsächlichen Konflikts Beschränkungen der Religionsfreiheit der Lehrerin vornimmt, wäre aus der Perspektive der Menschenrechte hingegen problematisch.

Was bleibt, ist deshalb der Weg sorgsamer – und gerichtlich überprüfbarer – Einzelfallentscheidungen, die dann zu treffen wären, wenn ein auf konkurrierende Rechtsansprüche gegründeter Konflikt *tatsächlich* auftritt oder aus nachvollziehbaren Gründen unmittelbar zu befürchten ist. Dabei kann das Selbstverständnis der betroffenen Lehrerin sicherlich nicht allein ausschlaggebend sein, müsste aber auf jeden Fall bei der Entscheidungsfindung zur Kenntnis genommen werden. Dass dieser Weg mühsam ist und für die Betroffenen in Schule, Schulverwaltung und Gericht komplizierte Entscheidungsfragen aufwerfen und Belastungen mit sich bringen kann, lässt sich nicht bestreiten. Das hohe Gut der Religionsfreiheit spricht gleichwohl dafür, diesen schwierigen Weg zu beschreiten und von pauschalen Verboten in der Kopftuchfrage abzusehen.

9. Bekämpfung von Zwangsverheiratungen

9.1 Zwangsverheiratung als Menschenrechtsverletzung

Mit Zwangsverheiratungen als einem *für Deutschland* relevanten Problem hatten sich bis vor wenigen Jahren fast nur Fachleute aus Wissenschaft, sozialer Praxis und einschlägig spezialisierten Nichtregierungsorganisationen beschäftigt.[1] Dies hat sich mittlerweile geändert. Zum Gegenstand breiter Medienberichterstattung ist das Thema vor allem seit dem Frühjahr 2005 geworden. Anlass war der Tod einer jungen Berlinerin mit kurdischem Familienhintergrund, Hatun Sürücü, die sich aus einer erzwungenen Ehe befreit hatte und zum Opfer eines sogenannten »Ehrenmordes« geworden war.[2] In der Folge kam es zu einer öffentlichen Diskussion über Zwangsverheiratungen, repressiv-autoritäre Familienstrukturen und patriarchalische Vorstellungen von Geschlechterehre, wie sie insbesondere in einigen Migrantenmilieus existieren. Buchpublikationen zum Problem, vor allem solche, die von betroffenen Frauen verfasst worden sind, stoßen seitdem auf starkes Interesse.[3] Auch die poli-

---

1 | Vgl. TERRE DES FEMMES (Hg.), Zwangsheirat. Lebenslänglich für die Ehre, Tübingen 2002.

2 | Hatun Sürücü wurde am 07.02.2005 aus nächster Nähe auf offener Straße erschossen. Einer ihrer Brüder ist inzwischen wegen Mordes verurteilt worden. Zum Problem der sogenannten Ehrenmorde vgl. TERRE DES FEMMES (Hg.), Tatmotiv Ehre, Tübingen 2004.

3 | Vgl. beispielsweise Fatma Bläser, Hennamond, Wuppertal 1999; Serap Cileli, Wir sind Eure Töchter, nicht Eure Ehre!, Michelstadt 2002; Seyran Ates, Große Reise ins Feuer. Die Geschichte einer deutschen Türkin, Berlin 2003; Necla Kelek, Die fremde Braut. Ein Bericht aus dem Inneren des türkischen Lebens in Deutschland, Köln 2005; Inci Y., Erstickt an Euren Lügen. Eine Türkin in

tischen Parteien und die Parlamente beschäftigen sich seit einiger Zeit intensiver mit der Thematik.

Die größere öffentliche Aufmerksamkeit für das Problem der Zwangsverheiratungen war überfällig. Schließlich handelt es sich um Menschenrechtsverletzungen, die in einer freiheitlichen Gesellschaft nicht hingenommen werden können. Zwangsverheiratungen verstoßen offenkundig gegen das Recht auf Freiheit der Eheschließung, wie es *expressis verbis* in der Allgemeinen Erklärung der Menschenrechte der Vereinten Nationen von 1948 (Art. 16 Abs. 2), im Internationalen Pakt über bürgerliche und politische Rechte von 1966 (Art. 23 Abs. 3) sowie im Übereinkommen zur Abschaffung aller Formen der Diskriminierung der Frau von 1979 (Art. 16 Abs. 1 lit. b) verankert ist. Dieses Recht findet sich auch in der Europäischen Menschenrechtskonvention (Art. 12) sowie im Grundrechtsabschnitt des Grundgesetzes (Art. 6 Abs. 1).

Dass Zwangsverheiratung eine zeitgenössische Form von Sklaverei und damit eine gravierende Menschenrechtsverletzung darstellt, ist an sich keine neue Einsicht. Bereits im »Zusatzübereinkommen über die Abschaffung der Sklaverei, des Sklavenhandels und sklavereiähnlicher Einrichtungen und Praktiken« der Vereinten Nationen von 1956 wird die Zwangsverheiratung unter »sklavereiähnlichen Einrichtungen und Praktiken« aufgeführt (Art. 1 lit. c). Eine Zwangsverheiratung zieht oft weitere Menschenrechtsverletzungen nach sich. So berichten betroffene Frauen, dass sie das erzwungene Eheleben als eine Serie von Vergewaltigungen und damit als beständige Verletzung ihres Rechts auf körperliche und seelische Integrität erlebt haben.[4] In der Folge muss es auch zu schwerwiegenden Beeinträchtigungen des Rechts auf Gesundheit kommen. Nicht zuletzt besteht die Gefahr, dass die Bildungsrechte von jungen zwangsverheirateten Frauen zu kurz kommen oder ganz auf der Strecke bleiben.

Für Staat und Gesellschaft stellt sich die menschenrechtliche Aufgabe, Zwangsheiraten zu verhindern bzw. konkrete Ausstiegsoptionen für die Betroffenen zu schaffen und zu verbessern.[5] Dies erfordert eine

---

Deutschland erzählt, München 2005; Ayaan Hirsi Ali, Ich klage an. Plädoyer für die Befreiung der islamischen Frau, München 2005.

4 | Vgl. Cileli, Wir sind Eure Töchter, a.a.O., S. 53: »Am schmerzvollsten in dieser Ehe war jeder Beischlaf mit einem Mann, den ich nicht wollte, den ich nicht liebte. Es war jedes Mal eine Vergewaltigung an meiner Seele, an meinem Körper.«

5 | Dass Zwangsverheiratung eine Menschenrechtsverletzung darstellt, war nicht von jeher anerkannt. Denn das aus dem Liberalismus des 19. Jahrhunderts überkommene traditionelle Verständnis der Menschenrechte stellte darauf

Vielzahl von Maßnahmen, beispielsweise den Ausbau von Beratungsangeboten und Schutzeinrichtungen, den Einsatz des Strafrechts, aufenthaltsrechtliche Reformen mit dem Ziel einer stärkeren Rechtsstellung der Betroffenen sowie Anstrengungen in der schulischen und außerschulischen Bildung. Hilfreich wären außerdem Studien, die dazu dienen, die bislang nur lückenhaften Informationen über die Ursachen, Erscheinungsformen und das Ausmaß von Zwangsverheiratungen zu verbessern, um die Chancen für erfolgreiche Präventions- und Interventionsarbeit zu erhöhen.

9.2 Interkulturelle Sensibilität als »Empowerment«

Maßnahmen zur Vorbeugung bzw. Überwindung von Zwangsverheiratung erfordern interkulturelle Sensibilität auf der Grundlage eines aufgeklärten Multikulturalismus. Dieses Postulat ist keineswegs selbstverständlich, steht es doch in Spannung zu einigen der jüngst erschienenen Publikationen, die gerade das Konzept der multikulturellen Gesellschaft für die Realität menschenrechtswidriger Praktiken wie der Zwangsverheiratungen mit verantwortlich machen. So sieht Necla Kelek im Multikulturalismus die Ursache für die langjährige Ignoranz der Mehrheitsgesellschaft gegenüber autoritären Strukturen, wie sie in Teilen der Migrationsbevölkerung existieren. »Kritik an fremden Kulturen«, so Keleks Einschätzung, »ist politisch nicht korrekt. Denn jede Kultur wird ›an sich‹ als Bereicherung erachtet. Auch wenn sie barbarische Praktiken gutheißt, wie Zwangsheirat oder Ehrenmorde. Für mich endet diese Seligkeit, wo Menschenrechte missachtet werden.«[6]

Kelek hat unbestreitbar Recht, wenn sie betont, dass die Menschenrechte auch Grenzen der Toleranz formulieren und Bereitschaft zur Kritik und zum Vorgehen gegen autoritäre kulturelle Praktiken verlangen. Mit einem vorbehaltlosen Multikulturalismus, dies wird am Beispiel der Zwangsheiraten überdeutlich, ist der emanzipatorische Anspruch der Menschenrechte von vornherein unvereinbar. Aus dieser Einsicht heraus das Konzept der multikulturellen Gesellschaft in Bausch und Bogen zu verwerfen, wäre jedoch voreilig. Denn gerade die Menschenrechte, auf

ab, dass diese in erster Linie Grenzen legitimer Staatsgewalt markieren. In der aktuellen Menschenrechtsdiskussion wird dem Staat demgegenüber eine komplexe Garantenfunktion für die Durchsetzung der Menschenrechte zugesprochen, die auch staatliche Schutz- und Infrastrukturleistungen umfasst. Vgl. dazu oben, Abschnitt 2.3.

6 | Kelek, Die fremde Braut, a.a.O., S. 12.

die Kelek sich in der Kritik am Multikulturalismus beruft, begründen auch positiv die Freisetzung eines kulturellen Pluralismus, dessen Akzeptanz sie gleichzeitig unter bestimmte Bedingungen stellen.

Ein von den Menschenrechten her entwickelter Multikulturalismus lässt sich durch drei Komponenten bestimmen:[7] (1) Er ist systematisch am normativen Prinzip *gleichberechtigter freier Selbstbestimmung* orientiert, das die Menschenrechte insgesamt trägt. Die in den Menschenrechten geschützte freie Selbstbestimmung aller erstreckt sich auch auf Kultur (im weitesten Sinne des Wortes) als ein Medium, in dem Menschen je für sich persönlich und in Gemeinschaft mit anderen ihr Leben gestalten. Der menschenrechtliche Ansatz bei den Rechten kultureller Selbstbestimmung schließt von vornherein die Freiheit ein, sich von bestimmten kulturellen Traditionen auch fernzuhalten, sie zu kritisieren und zu bekämpfen oder sie zu ignorieren. (2) Daraus ergibt sich, dass Kulturen, kulturelle Identitäten bzw. kulturelle Vielfalt im Kontext der Menschenrechte keinen Selbstzweck darstellen. Im Unterschied zu einer kulturromantischen Haltung, die kulturellen Traditionen bereits als solche für erhaltenswert betrachtet, enthält der emanzipatorische Anspruch der Menschenrechte vielmehr *kulturkritisches Potenzial*, das sich gegen autoritäre und diskriminierende Praktiken innerhalb kultureller Traditionen richtet. (3) Im Umgang mit nicht akzeptablen autoritären Praktiken ist schließlich zu berücksichtigen, dass auch *aus dem Inneren kultureller Kontexte Veränderungschancen* erwachsen können. Solche Veränderungspotenziale, wo immer sie existieren mögen, wahrzunehmen, ist nicht nur ein Gebot der Fairness gegenüber denjenigen Menschen, die sich um Liberalisierungen innerhalb ihrer kulturellen Traditionen und Milieus bemühen. Ihre Kenntnisnahme und Ermutigung muss darüber hinaus Bestandteil einer jeden menschenrechtlichen »Empowerment«-Strategie sein. Interkulturelle Sensibilität gerade auch beim Vorgehen gegen nicht akzeptable Praktiken wie Zwangsverheiratung hat deshalb nichts mit falscher Rücksichtnahme gegenüber »anderen Sitten und Bräuchen« zu tun, sondern bildet einen integralen Aspekt menschenrechtlicher Aufklärung.

Dass der emanzipatorische Anspruch der Menschenrechte *kulturkritisches Potenzial* enthält, wird nirgendwo deutlicher als im Zusammenhang der Forderung nach effektiver Gleichberechtigung der Geschlechter. Sie steht nicht nur in Konflikt zu vormodernen patriarchalisch geprägten Wertvorstellungen; auch die kulturtragenden Kräfte der europäischen Moderne haben sich mit der Gleichberechtigung der Geschlechter,

7 | Vgl. oben Abschnitte 4.3 bis 4.5.

die heute keineswegs als eingelöst gelten kann, lange Zeit prinzipiell schwer getan.[8]

Unter dem Anspruch der Menschenrechte sind die Staaten verpflichtet, gegen alle Formen der Diskriminierung der Frau aktiv vorzugehen und auf eine effektive Gleichberechtigung hinzuwirken. Gemäß dem internationalen Übereinkommen zur Abschaffung aller Formen der Diskriminierung der Frau sollen sie alle verfügbaren Maßnahmen ergreifen, »um einen Wandel in den sozialen und kulturellen Verhaltensmustern von Mann und Frau zu bewirken, um so zur Beseitigung von Vorurteilen sowie von herkömmlichen und sonstigen auf der Vorstellung von der Unterlegenheit oder Überlegenheit des einen oder anderen Geschlechts oder der stereotypen Rollenverteilung von Mann und Frau beruhenden Praktiken zu gelangen.« (Art. 5a)[9]

Menschenrechte sind ein Ferment kultureller Kritik und kulturellen Wandels. Wer diese kulturkritische Komponente, die den Menschenrechten eigen ist, indes zum Anlass nimmt, einen rücksichtslosen politischen Kulturkampf gegen »vormoderne« Religionen oder Minderheitenkulturen zu propagieren, leistet damit nicht nur Stigmatisierungen Vorschub, sondern beeinträchtigt zugleich den Bewegungsraum all derjenigen Menschen, die sich – für sich selbst und in Gemeinschaft mit anderen – um »dritte Wege« zwischen Assimilation und konservativer Milieuabschließung bemühen.[10]

9.3 Patriarchalische Ehrkonzeptionen – nicht spezifisch »islamisch«

In vielen Zeitungsberichten und Büchern werden Zwangsverheiratungen als Ausdruck einer patriarchalischen Kultur der Ehre beschrieben. »Le-

8 | Vgl. Hannelore Schröder, Die Frau ist frei geboren. Texte zur Frauenemanzipation, Bd. I: 1789-1870, München 1979.

9 | Zum Übereinkommen zur Abschaffung aller Formen der Diskriminierung der Frau (nach dem englischen Titel meist als »CEDAW« abgekürzt) vgl. Hanna Beate Schöpp-Schilling, »CEDAW im Rahmen der völkerrechtlichen Schutzinstrumente für Frauen – Einführung in das Instrument und in die Durchsetzungsmechanismen des Abkommens«, in: Deutsches Institut für Menschenrechte, Konferenzdokumentation »Menschenrechtsinstrumente: Für Frauen Nutzen«, Abgeordnetenhaus Berlin, 13. Dezember 2002, S. 1-13.

10 | Vgl. Sherene H. Razack, »Imperilled Muslim Women, Dangerous Muslim Men and Civilised Europeans: Legal and Social Responses to Forced Marriages«, in: Feminist Legal Studies 12 (2004), S. 129-174.

benslänglich für die Ehre« lautet der Untertitel einer von TERRE DES FEMMES herausgegebenen Publikation zu Zwangsverheiratungen.[11] Die Bedeutung patriarchalischer Ehrbegriffe wird nicht nur in ethnologischen Fallstudien,[12] sondern auch in den Berichten betroffener Frauen immer wieder betont. Die erdrückende Gewalt überkommener Vorstellungen von Familienehre bildet geradezu das Leitmotiv in den autobiographischen Aufzeichnungen von Serap Cileli, die unter dem Titel »Wir sind Eure Töchter, nicht Eure Ehre!« erschienen sind. Obwohl die Angst um die Familienehre auch die Männer umtreibe, tragen laut Cileli vor allem die Frauen an der Last, in ihrer tagtäglichen Lebensführung vorgegebene enge Konzepte weiblicher Ehrbarkeit buchstäblich verkörpern zu müssen: »Sind wir die Ehrentragenden, ganz alleine wir Frauen, heißt unser gemeinsamer Name EHRE, ist es unser Schicksal, steht es auf unserer Stirn geschrieben?«[13]

Zentraler Bestandteil des patriarchalischen Ehrkonzepts ist die strenge Kontrolle weiblicher Sexualität. Insofern unterscheidet sich die »Ehre der Frau« von vornherein von der »Ehre des Mannes«, dem ein gewisses Maß an sexueller Freizügigkeit zugestanden wird. Für die unverheiratete Frau manifestiert sich der Ehrenkodex in einer Fixierung auf die Jungfräulichkeit, die in einen regelrechten Kult des Jungfernhäutchens ausarten kann. Ayaan Hirsi Ali beklagt, dass die unverheiratete Frau weitgehend »auf ihr Jungfernhäutchen reduziert« werde.[14] Dem sei kaum zu entkommen: »Die Frau, die sich dem Jungfrauenkäfig entzieht, ist eine Hure.«[15] Auch Necla Kelek schildert in ihrer Autobiographie den erlebten Kontrollfetischismus im Namen der Ehre, dem sie als junge Frau ausgesetzt war: »Alle Verbote wurden damit begründet, dass die ›Ehre der Familie‹ in Gefahr sei.«[16]

Die Angst vor Verstößen gegen die Familienehre bildet anscheinend ein wichtiges Motiv für eine frühe Verheiratung weiblicher Familienangehöriger. Nach Einschätzung des Berliner Arbeitskreises gegen Zwangsverheiratung zählt sie auch zu den Ursachen erzwungener Eheschließungen: »Neben dem bereits erwähnten Motiv der Eltern, ihre

11 | Vgl. TERRRE DES FEMMES (Hg.), Zwangsheirat, a.a.O.

12 | Vgl. vor allem Werner Schiffauer, Die Gewalt der Ehre. Erklärungen zu einem türkisch-deutschen Sozialkonflikt, Frankfurt a.M. 1983, ders., Die Bauern von Subay: Das Leben in einem türkischen Dorf, Stuttgart 1987; ders., Die Migranten aus Subay: Türken in Deutschland. Eine Ethnographie, Stuttgart 1991.

13 | Cileli,Wir sind Eure Töchter, a.a.O., S. 107.

14 | Hirsi Ali, Ich klage an, a.a.O., S. 9.

15 | Ebd., S. 10.

16 | Kelek, Die fremde Braut, a.a.O., S. 152.

Töchter ›gut versorgt‹ zu sehen, kann eine Zwangsverheiratung für Eltern auch dann das Mittel der Wahl sein, wenn sie das Gefühl haben, dass die Tochter ihrem Einfluss entgleitet. Sie befürchten den Gesichtsverlust vor Bekannten und Verwandten, falls die unverheiratete Tochter Freundschaften zu Jungen bzw. Männern eingeht. Außerdem möchten sie die Verantwortung für die Unberührtheit der Tochter vor der Ehe nicht länger tragen. Eine schnelle Heirat entlastet sie von dieser Verantwortung und bekräftigt gleichzeitig ihren Anspruch auf Verfügungsgewalt, der die Tochter sich entziehen will. Die Gültigkeit der traditionellen Machtverhältnisse wird so bestätigt.«[17]

Die Erfahrungsberichte betroffener Frauen enthalten zahlreiche Hinweise darauf, dass die patriarchalischen Ehrvorstellungen, unter denen sie leiden, lebensweltlich weithin mit dem Islam assoziiert werden; sie gelten als »islamische« Werte.[18] In einigen christlich geprägten Regionen des Mittelmeerraums sind jedoch ganz ähnliche Vorstellungen von Geschlechterehre teilweise bis heute zu finden. Und wenn man einige Jahrzehnte zurückgeht, stellt man fest, dass vergleichbare Konzepte auch in Westeuropa bis vor nicht langer Zeit dominant waren. Sie sind sogar von führenden Intellektuellen Europas und der europäischen Aufklärung gerechtfertigt worden.

Auch für die traditionellen patriarchalischen Ehrbegriffe in Westeuropa gilt, dass sie durch eine scharfe Trennung der Geschlechterrollen sowie durch die enge Verknüpfung der Frauenehre mit einer Kontrolle der Sexualität gekennzeichnet waren. »Es gibt keine Gleichartigkeit zwischen den beiden Geschlechtern im Hinblick auf das Geschlechtliche«, betont etwa Jean-Jacques Rousseau, der Wegbereiter der modernen Pädagogik. Seine Begründung: »Der Mann ist nur in gewissen Augenblicken Mann, die Frau ist ihr ganzes Leben lang Frau [...], alles erinnert sie unablässig an ihr Geschlecht.«[19] Rousseaus emanzipatorisches Erziehungsideal, das auf unverkünstelte, von gesellschaftlichem Erwartungsdruck unabhängige Lebensführung abzielt, gilt ausdrücklich nur für den Mann. Die Tugend der Frau manifestiere sich hingegen in der Anpassung an die überkommenen gesellschaftlichen Meinungen, deren Zweck

---

17 | Informationsbroschüre Zwangsverheiratung, verfasst vom Berliner Arbeitskreis gegen Zwangsverheiratung, 2. Aufl., Berlin 2004, S. 5.

18 | So schreibt Kelek (Die fremde Braut, a.a.O., S. 152), dass ihre Eltern zwar nicht strenggläubig, aber dennoch an islamischen Moral- und Ehrvorstellungen orientiert seien: »Ihre Begriffe von Gut und Böse, von Ehre und Schande, von Richtig und Falsch sind muslimisch geprägt.«

19 | Jean-Jacques Rousseau, Emile oder Über die Erziehung, Stuttgart 1963, S. 726.

darin bestehe, die Sexualität der Frau um des Zusammenhalts der Familie willen strenger Kontrolle zu unterwerfen. Rousseau kommt zu dem Schluss, dass die Tugend der Frau und die Tugend des Mannes sich in völlig unterschiedlichen Weisen realisieren: »Die Meinung der Gesellschaft ist für die Männer das Grab der Tugend, für die Frauen aber ihr Thron.«[20]

Die »Doppelmoral«, die darin besteht, dass sexuelle Grenzüberschreitungen der Frau ganz anders zur Last gelegt werden als dem Mann, wird von Hegel mit Verweis auf die unterschiedlichen Tätigkeitsbereiche der Geschlechter gerechtfertigt. Während der natürliche Raum der Frau die Familie sei, bewege sich der Mann in einem breiteren Aktionsbereich – nämlich sowohl innerhalb als auch (und vor allem) außerhalb der Familie. Daraus resultieren nach Hegel unterschiedliche Maßstäbe für das Verhalten der Frau und das Verhalten des Mannes: »Es ist über das Verhältnis von Mann und Frau zu bemerken, dass das Mädchen in der sinnlichen Hingebung ihre Ehre aufgibt, was bei dem Manne, der noch ein anderes Feld seiner sittlichen Tätigkeit als die Familie hat, nicht so der Fall ist.«[21]

Selbst Kant, der Philosoph der universalen Menschenwürde, bleibt einem patriarchalischen Ehrenkodex verhaftet, innerhalb dessen zwischen den Geschlechtern scharf unterschieden wird. Im Rahmen seiner Abhandlung zum Strafrecht äußert sich Kant unsicher darüber, ob Tötungsdelikte aus Motiven der Ehre milder als sonstige Tötungen zu bestrafen seien. Als Beispiele für Tötungen aus Gründen der Ehre führt er das Duell und den Säuglingsmord an. Während die Tötung im Duell als Paradigma für die Verteidigung der Mannesehre gilt, illustriert die Kindstötung die Not einer Frau, die auf diese drastische Weise ihre uneheliche Mutterschaft zu verdecken sucht.[22] Auch Kant verwendet den Ehrbegriff also in geschlechtsspezifischer Differenzierung. Zugleich geht er davon aus, dass der Verstoß gegen den gesellschaftlichen Kodex der Frauenehre, den uneheliche Mutterschaft bedeutet, ein solches Ausmaß sozialer Stigmatisierung mit sich bringen kann, dass die betroffene Frau einen Ausweg unter Umständen nur in einem Verzweiflungsakt der Kindstötung zu sehen vermag.[23]

---

20 | Ebd., S. 733.

21 | Hegel, Grundlinien der Philosophie des Rechts. Mit Hegels eigenhändigen Notizen und den mündlichen Zusätzen, Suhrkamp-Werkausgabe, Bd. 7, Frankfurt a.M. 1970, S. 317.

22 | Vgl. Kant, Metaphysik der Sitten, Akademie-Ausgabe, Bd. VI, S. 336.

23 | Die Literatur der deutschen Aufklärung kennt noch das Motiv der Tötung von Frauen aus Gründen der Ehre – man denke etwa an Lessings Drama

Derart rigide Konzepte von Geschlechterehre sind in den westeuropäischen Gesellschaften erst im Laufe des 20. Jahrhunderts in mühsamen gesellschaftlichen Lernprozessen, vorangetrieben durch feministische Bewegungen, mehr oder weniger (keineswegs vollständig) überwunden worden. Die Durchsetzung der staatsbürgerlichen Gleichheit von Frauen und Männern wurde in Westeuropa erst anderthalb Jahrhunderte nach den ersten Menschenrechtserklärungen des späten 18. Jahrhunderts, nämlich nach dem Ersten Weltkrieg, in manchen europäischen Ländern auch erst nach dem Zweiten Weltkrieg, erreicht. Als noch schwieriger erwies sich der Weg zur Gleichberechtigung der Geschlechter in den Bereichen des Ehe- und Familienrechts. Wie die feministische Rechtskritik herausgestellt hat, hatte die rechtsdogmatische Festschreibung der frühliberalen Trennung von Öffentlichkeit und Privatheit über lange Zeit hin den Effekt, diskriminierende Abhängigkeiten im Privatbereich, von denen vor allem Frauen betroffen sind, gegen menschenrechtliche Emanzipationsforderungen abzuschotten.[24] Nachdem in Deutschland das am Ende des 19. Jahrhunderts kodifizierte Bürgerliche Gesetzbuch die Vorherrschaft des Mannes in der Ehe gegen den Protest von Frauenrechtsvereinen noch einmal ausdrücklich befestigt hatte, wurde erst seit den 1950er Jahren die rechtliche Vorrangstellung des Mannes in familiären Angelegenheiten durch Gesetzgebung und Rechtsprechung allmählich überwunden.[25] »Viele junge Frauen«, schreibt Rita Süssmuth, »können sich angesichts der heutigen Rechtslage und der erreichten Selbständigkeit kaum vorstellen, wie beträchtlich vor 50 Jahren die Benachteiligung der Frauen noch war. Und was die Rolle des Mannes in der Familie betrifft, stehen auch wir noch mitten in einem Umlernprozess.«[26]

Der Hinweis darauf, dass Vorstellungen einer vermeintlich »natürli-

»Emilia Galotti«. Die Heldin des Dramas stirbt in den Händen ihres Vaters, der sie durch Tötung vor den Nachstellungen eines Adeligen und dem dadurch drohenden Ehrverlust bewahren will. Insofern lässt sich Lessings Drama freilich nicht mit solchen »Ehrenmorden« vergleichen, bei denen das Opfer aufgrund einer selbstgewählten, aber familiär nicht erwünschten Beziehung getötet wird.

24 | Vgl. Herlinde Pauer-Studer, »Geschlechtergerechtigkeit: Gleichheit und Lebensqualität«, in: Herta Nagl-Docekal/Herlinde Pauer-Studer (Hg.), Politische Theorie. Differenz und Lebensqualität, Frankfurt a.M. 1996, S. 54-95.

25 | Vgl. Theresia Degener, »Der Streit um Gleichheit und Differenz in der Bundesrepublik Deutschland seit 1945«, in: Ute Gerhard (Hg.), Frauen in der Geschichte des Rechts. Von der frühen Neuzeit bis zur Gegenwart, München 1997, S. 871-899.

26 | Süssmuth, Migration und Integration, a.a.O., S. 188.

chen« Rollenteilung der Geschlechter bei Vorherrschaft des Mannes bis vor einigen Generationen auch in Westeuropa vorherrschend waren, soll nicht dazu dienen, die *heute bestehenden grundlegenden Differenzen* in den Wertvorstellungen zwischen hiesiger Mehrheitsgesellschaft und Teilen der Migrationsbevölkerung herunterzuspielen. Dass solche Differenzen existieren, ist offensichtlich und auch durch empirische Forschung belegt.[27] Allem Anschein nach erleben wir in dieser Hinsicht eine »Gleichzeitigkeit des Ungleichzeitigen«, aus der scharfe Konflikte resultieren können. Diese verlaufen nicht nur so, dass überkommene Ehrbegriffe und Rollenmuster auf moderne Ansprüche von Emanzipation stoßen. Die Unsicherheiten des modernen Großstadtlebens sowie Erfahrungen von Scheitern und Deklassierung können umgekehrt auch den Hintergrund dafür bilden, dass Menschen (und zwar nicht nur solche mit Migrationshintergrund) unter Rückgriff auf traditionelle Familienstrukturen ein Bollwerk gegen die Moderne errichten wollen, das in seinem verkrampften Antimodernismus mit einer lebensweltlichen Selbstverständlichkeit intakter Traditionen im Übrigen wenig gemein hat.

Natürlich sind tradierte Rollenmuster ein »kultureller« Faktor. In der Analyse sollte der Aspekt der Kultur allerdings niemals isoliert werden. Vielmehr sind immer auch diejenigen sozialen Faktoren mit zu berücksichtigen, die dafür sorgen, dass überkommene Gender-Stereotypen im Handeln der Menschen eine *praktische Relevanz* behalten – oder unter Umständen auch neu gewinnen. Zu den sozialen Faktoren, die dazu beitragen, gehört nicht zuletzt die Migrationssituation als solche. Deren Ambivalenz beschreibt Manuela Westphal aus der Sicht der betroffenen Frauen wie folgt: »Migration birgt für Frauen beides, Emanzipationsverluste und -gewinne [...]. Ihre Lebenslage kann sich verschlechtern, ihre Diskriminierung zunehmen und ihre Abhängigkeit von Ehemann und Familie verstärkt werden. Familienstrukturen können aufbrechen und konflikthaft werden – doch kann die Migrantin in diesen Situationen auch gleichzeitig Unabhängigkeit, Respekt und das Bewusstsein gewinnen, dass sie ihre Lage verändern kann.«[28] Einerseits kann das Leben in

27 | Vgl. Katrin Brettfeld/Peter Wetzels, »Junge Muslime in Deutschland: Eine kriminologische Analyse zur Alltagsrelevanz von Religion und Zusammenhängen von individueller Religiosität und Gewalterfahrungen, -einstellungen und -handeln«, in: Bundesministerium des Inneren (Hg.): Islamismus, a.a.O., S. 221-316, hier S. 305: »Muslimische Jugendliche zeigten im Vergleich aller Religionsgruppen deutlich vermehrt traditionelle Geschlechtsrollenorientierungen.«

28 | Manuela Westphal, Migration und Genderaspekte. Feminisierung internationaler Migration. Internetaufsatz, veröffentlicht von der Bundeszentrale

der Aufnahmegesellschaft somit Modernisierungsimpulse geben, die im Laufe der Zeit herkömmliche Wertvorstellungen umformen. Andererseits kann der mit der Migration verbundene »Akkulturationsstress«[29] dazu führen, dass man sich umso mehr an überkommene Begriffe familiärer Ehre klammert, in denen man womöglich ein Stück Ersatzheimat meint festhalten zu können.

Die Psychologin Vera King sieht in der Inszenierung von Männlichkeit im Medium traditioneller Geschlechter-Stereotypen auch eine »Art von aggressiver Kapitulation«, hinter der oft genug Versagensgefühle junger männlicher Migranten – und zwar Gefühle eigenen Scheiterns und des miterlebten Scheiterns der Väter – stehen: »Männlichkeitsentwürfe sind insofern auch nicht einfach Ausdruck einer gar in ›Parallelgesellschaften‹ konservierten überkommenden Geschlechtervorstellung, sondern Produkte der Auseinandersetzung mit eigenen Erfahrungen in der Einwanderungsgesellschaft einerseits und denjenigen der Vätergeneration andererseits.«[30] Ahmet Toprak hat die kulturellen Muster, in denen sich der Dominanzanspruch türkischer junger Männer – oft massiv und teilweise gewaltsam – ausdrückt, eingehend beschrieben und seiner Studie den bezeichnenden Titel »Das schwache Geschlecht« gegeben.[31] Auch Seyran Ates betont: »Die Männer verlieren ihre Rolle als Ernährer, und sie müssen erleben, dass Frauen besser und erfolgreicher schon in der Schule sind. Die letzte Bastion der Männlichkeit ist die Gewalt.«[32]

Die Differenz zwischen einem patriarchalischen Ehrenkodex, der für Männer und Frauen unterschiedliche Standards »ehrenhaften« Verhaltens vorschreibt und gar mit Zwang durchsetzt, und der menschenrechtlichen Vorstellung von Gleichberechtigung bleibt fundamental. Wichtig ist, für ihre Beschreibung angemessene Kategorien zu finden. Diese Differenz – auch dies sollten die oben angeführten Zitate einiger westli-

---

für politische Bildung (http://www.bpb.de/files/39WAAT.pdf, abgerufen am 10.10.2006), S. 4.

29 | Vgl. Petrus Han, Soziologie der Migration. Erklärungsmodelle – Fakten – Politische Konsequenzen – Perspektiven, 2. überarb. und erw. Aufl., Stuttgart 2005, S. 231ff.

30 | Vera King, »Bildungskarrieren und Männlichkeitsentwürfe bei Adoleszenten in Migrantenfamilien«, in: dies./Karin Flaake (Hg.), Männliche Adoleszenz. Sozialisation und Bildungsprozesse zwischen Kindheit und Erwachsensein, Frankfurt a.M. 2005, S. 57-76, hier S. 64f.

31 | Vgl. Ahmet Toprak, Das schwache Geschlecht – die türkischen Männer. Zwangsheirat, häusliche Gewalt, Doppelmoral der Ehre, Freiburg i.Br. 2005.

32 | Zitiert in Tageszeitung (taz) vom 02.09.2006, S. 6.

cher Klassiker deutlich machen – kann nicht einfach auf einen »clash of civilizations« zwischen Islam und Westen oder zwischen Orient und Okzident reduziert werden.[33] »Es wäre völlig widersinnig«, schreibt Mark Terkessidis, »wenn man abstreiten wollte, dass es in den Migrantenfamilien patriarchalische Strukturen gibt, die auch möglicherweise etwas mit der Herkunft zu tun haben. Die Frage ist nur, wie diese patriarchalen Strukturen adressiert und kritisiert werden. [...] Wenn man [...] im Rahmen der kulturellen Hegemonie diese patriarchalen Strukturen als ›fremd‹ definiert, während gleichzeitig die einheimische Gesellschaft generell als gleichberechtigt erscheint, dann wird die Trennung zwischen ›uns‹ und ›ihnen‹, welche konstitutiv für den Rassismus ist, nur noch verschärft.«[34]

Die Konfliktlinien bei der Bekämpfung patriarchaler Familienstrukturen verlaufen nicht zwischen geschlossenen »Kulturkreisen«, und die normativen Unterschiede und Unvereinbarkeiten folgen nicht aus einer zeitlosen und von sozialen Faktoren unbeeinflussten kulturellen Wesensdifferenz zwischen Islam und Christentum oder zwischen Orient und Okzident. Vielmehr handelt es sich um gesellschaftliche Konflikte, die auch *innerhalb* der jeweiligen kulturellen Kontexte – also auch innerwestlich bzw. innerislamisch – stattgefunden haben bzw. weiter stattfinden. Diese Klarstellung ist von erheblicher Bedeutung. Sie zu ignorieren hieße nicht zuletzt, Wasser auf die Mühlen derjenigen muslimischen Konservativen oder Fundamentalisten zu leiten, die eine strikte Rollendifferenz zwischen Geschlechtern befestigen wollen und dies als die eigentlich »islamische« Position ausgeben. Damit aber würde man die Bemühungen all derjenigen Frauen und Männer entwerten, die sich innerhalb des islamisch geprägten Kontextes um Veränderungen des Verständnisses und der Praxis des Geschlechterverhältnisses in Richtung gleichberechtigter Selbstbestimmung bemühen.

Eine schlichte Etikettierung patriarchalischer Familienstrukturen als »islamisch« wird außerdem den zahlreichen hier lebenden Muslimen nicht gerecht, die dem beschriebenen patriarchalischen Ehrenkodex oft mit demselben Befremden gegenüberstehen, wie dies für die meisten Angehörigen der nicht-muslimischen Mehrheitsgesellschaft gilt. Bedenklich ist eine solche Zuschreibung schließlich auch deshalb, weil sie vor allem muslimische Frauen von außen her vor die Alternative stellt, sich entweder ständig von ihrer Religion distanzieren zu müssen oder das

33 | So aber die Tendenz bei Hans-Peter Raddatz, Allahs Schleier. Die Frau im Kampf der Kulturen, München 2004.

34 | Mark Terkessidis, Die Banalität des Rassismus. Migranten zweiter Generation entwickeln eine neue Perspektive, Bielefeld 2004, S. 156.

Risiko einzugehen, dass sie mit dem Bekenntnis zum Islam für die Beibehaltung eines autoritären Ehrenkodex symbolisch in Haft genommen werden. In der Praxis läuft eine solche symbolische Inhaftnahme vor allem auf die Stigmatisierung Kopftuch tragender Frauen hinaus, denen vielfach unbesehen unterstellt wird, entweder Opfer oder Komplizinnen autoritärer familiärer Praktiken zu sein.

9.4 Emanzipation vom Islam und im Islam

Dass die Religion häufig als stabilisierender Faktor bei der Aufrechterhaltung patriarchalischer Ehrvorstellungen fungiert hat, die mit Hinweis auf den Willen Gottes gegen kritische Infragestellung immunisiert worden sind, lässt sich historisch für Christentum, Islam und andere Religionen gleichermaßen feststellen. Bezogen auf den Islam sind allerdings immer wieder Zweifel zu hören, ob er überhaupt für Veränderungen in Richtung Freiheit und Gleichberechtigung offen stehe. Kritikerinnen und Kritiker verweisen auf bestimmte Koranverse, um einen autoritären und patriarchalischen Wesenszug des Islams zu belegen.[35] Auf den Einwand, dass man ähnliche Stellen auch in der Bibel finden könnte, folgt oft das Argument, im Islam gelte – anders als in Judentum und Christentum – die heilige Schrift wortwörtlich als von Gott diktiert und der menschlichen Interpretation nicht zugänglich.[36]

Unabhängig von der Frage, wie die islamische Lehre von der Verbalinspiration des Korans im Einzelnen zu verstehen ist, lässt sich allerdings feststellen, dass Interpretationen bei der Koranlektüre in jedem Fall *faktisch stattfinden*. Es gibt keine Text-Rezeption ohne Interpretation,

35 | Vgl. zum Beispiel: Bundesverband der Bürgerbewegungen zur Bewahrung von Demokratie, Heimat und Menschenrechten e.V., Bedrohte Freiheit. Der Koran in Spannung zu den Grund- und Freiheitsrechten in der Bundesrepublik Deutschland sowie zu internationalen Rechtsnormen und Verträgen. Arbeitshilfe für die geistige Auseinandersetzung mit dem Islam, 3. Aufl., Berlin 2004. In dieser Broschüre werden Zitate aus dem Koran unmittelbar bestimmten Artikeln des Grundgesetzes bzw. internationaler Menschenrechtskonventionen gegenübergestellt.

36 | Vgl. Kelek, Die fremde Braut, a.a.O., S. 164: »Unbestreitbar gibt es auch in der Bibel eine ganz Menge frauenfeindlicher Aussagen. Aber im Gegensatz zum Koran ist die heilige Schrift der Christen nicht das letzte Wort; kaum jemand in Westeuropa käme heute auf die Idee, sie wortwörtlich zu nehmen und sein Leben daran auszurichten. Anders die gläubigen Muslime. Für sie ist der Koran wörtlich zu nehmen, und viele versuchen, ihm nachzuleben.«

bei der sich – gewollt oder ungewollt – Plausibilitäten der jeweiligen Gegenwart Geltung verschaffen. Damit aber besteht die Möglichkeit, dass heutzutage auch moderne Vorstellungen von Freiheit und Gleichberechtigung bei der Koranlektüre zum Tragen kommen. Ob dies im Rahmen einer reflektierten Hermeneutik oder durch eher unbewusst sich vollziehende Verschiebungen von Relevanzen im Koranverständnis geschieht, ist aus menschenrechtlichem Interesse von nachrangiger Bedeutung.

Muslimische Frauenrechtlerinnen bestehen heute darauf, die traditionell männlich dominierte Interpretation des Korans durch eigene Koranlektüre zu ergänzen und kritisch zu korrigieren.[37] Dabei stellen sie frauenrechtsfreundliche Komponenten innerhalb des Korans in den Vordergrund – etwa das Verbot der im vorislamischen Arabien verbreiteten Tötung weiblicher Säuglinge; die Zuerkennung eines, wiewohl gegenüber dem Mann geringeren, Erbrechts; die Verpflichtung des Mannes zur Zahlung einer Brautgabe an die künftige Ehefrau (nicht an deren Herkunftsfamilie!), die eine gewisse materielle Sicherheit der Ehefrau auch für die Fälle von Scheidung oder Witwenschaft gewährleisten soll. In diesen und anderen koranischen Weisungen sehen sie einen Beleg für eine emanzipatorische Grundrichtung innerhalb des Korans, an die reformorientierte Musliminnen und Muslime heute aktiv und weiterführend anknüpfen sollten. Sofern sich der Koran gleichwohl immer wieder unverkennbar auch auf patriarchalische Familienverhältnisse bezieht, werden die entsprechenden Aussagen (in einer methodologisch nicht immer überzeugenden Argumentation) zumeist als Tribut an den Verständnishorizont der altarabischen Gesellschaft interpretiert, der für die religiöse Praxis in einer modernen Gesellschaft nicht mehr unmittelbar maßgebend sein könne.[38]

---

37 | Vgl. Yvonne Yazbeck Haddad/John L. Esposito (Hg.), Islam, Gender & Social Change, New York 1998; Claudia Schöningh-Kalender/Ayla Neusel/Mechthild M. Jansen (Hg.), Feminismus, Islam, Nation: Frauenbewegungen im Maghreb, in Zentralasien und in der Türkei, Frankfurt a.M. 1997; Angelika Vauti/Margot Sulzbach (Hg.), Frauen in islamischen Welten. Eine Debatte zur Rolle der Frau in Gesellschaft, Politik und Religion, Frankfurt a.M. 1999; Shaheen Sardar Ali, Gender and Human Rights in Islam and International Law, Den Haag 2000; Rumpf u.a. (Hg.), Facetten islamischer Welten, a.a.O.

38 | Bei der Lektüre der muslimischen Frauenrechtsliteratur kann man sich des Eindrucks nicht erwehren, dass sie mit Koranzitaten oft nicht weniger selektiv umgeht, als dies bei den von Islamkritikern zusammengestellten Koranversen typischerweise der Fall ist. Der Mangel an exegetischer Systematik in vielen einschlägigen Traktaten ist denn auch von muslimischen Wissenschaftlerinnen und Wissenschaftlern wie Fazlur Rahman, Abdullahi Ahmed An-Na'im, Nasr

Neben exegetischen Referenzen finden sich in der islamischen Frauenrechtsdebatte auch systematisch-theologische Argumente. In manchen Stellungnahmen wird darauf hingewiesen, dass die religiöse Rechtfertigung der Ungleichheiten von Mann und Frau eigentlich islamwidrig, ja geradezu blasphemisch sei, da der Islam als die Religion des strengen Monotheismus keine Mittlergestalten zwischen Gott und Mensch – und ergo keine religiös legitimierten Vormundschaftsverhältnisse zwischen Menschen – dulde. Es sei folglich ein religiöses Gebot, auf die Gleichheit aller Menschen vor Gott und die Überwindung traditioneller Vormundschaftsverhältnisse hinzuwirken.[39]

Eine begriffliche Differenzierung, oft sogar scharfe Entgegensetzung von Islam und Tradition gehört mittlerweile zum Standardrepertoire muslimischer Reformerinnen und Reformer.[40] Sie dient dazu, die historische Verquickung von Religion und patriarchalischen Traditionen aufzubrechen und gegenüber herkömmlichen Praktiken – insbesondere traditionellen, islamisch konnotierten Vorstellungen von Geschlechterehre und innerfamiliärer Rollenteilung – intellektuelle Distanz zu gewinnen. Auf diese Weise sollen Veränderungen in Richtung Gleichberechtigung religiös unterstützt werden. Um ihrem Einsatz für Gleichberechtigung und Selbstbestimmung soziale Wirksamkeit zu verleihen, haben sich Frauen aus islamisch geprägten Gesellschaften bzw. aus islamisch geprägten Diaspora-Milieus auch zu Organisationen zusammengeschlossen. Am bekanntesten ist das weltweit operierende Solidaritätsnetzwerk

Hamid Abu Zaid, Norani Othman, Mohammed Schabestari oder Abdol-Karim Soroush wiederholt beklagt worden, die sich ihrerseits um die Entwicklung einer kritischen Hermeneutik bemühen, dabei im Einzelnen aber recht unterschiedliche Wege einschlagen. Grundlegend für das Verständnis der aktuellen innerislamischen Reformdebatte: Krämer, Gottes Staat als Republik, a.a.O.; Anna Würth, Dialog mit dem Islam als Konfliktprävention?, a.a.O.

39 | Vgl. Riffat Hassan, »On Human Rights and the Qur'anic Perspective«, in: Arlene Swidler (Hg.), Human Rights in Religious Traditions, New York 1982, S. 51-65, hier S. 63: »The husband, in fact, is regarded as his wife's gateway to heaven or hell and the arbiter of her final destiny. That such an idea can exist within the framework of Islam – which totally rejects the idea of redemption, of any intermediary between a believer and the Creator – represents both a profound irony and a great tragedy.«

40 | Vgl. etwa Mir-Hosseini, Neue Überlegungen zum Geschlechterverhältnis im Islam, a.a.O, S. 53-81. Nur angemerkt sei in diesem Zusammenhang, dass eine Differenzierung zwischen »wahrem Islam« und islamischer Tradition kennzeichnend auch für das islamistische Schrifttum ist. Dieses Argumentationsmuster steht keineswegs immer im Dienste emanzipatorischer Ziele.

»Women Living Under Muslim Laws«, in dem muslimische und nichtmuslimische Frauen zusammenarbeiten.[41]

Bemühungen muslimischer Frauenrechtlerinnen um eine liberalisierende Veränderung des Geschlechterverhältnisses stoßen allerdings auf Widerstand bei konservativen Muslimen, die eine klare Trennung der Geschlechterrollen befestigen wollen und sich zu diesem Zweck ebenfalls auf den Koran berufen. In der Rhetorik konservativer Musliminnen und Muslime wird der Begriff der »Gleichberechtigung« der Geschlechter oft bewusst vermieden und durch die Vorstellung einer *gottgewollten Komplementarität* von Frauen und Männern ersetzt, hinter der das Festhalten an traditionellen patriarchalischen Rollenmustern unverkennbar ist.[42]

Es kann an dieser Stelle nicht darum gehen, die inhaltliche Plausibilität liberaler, feministischer, konservativer oder sonstiger Koraninterpretationen zu bewerten. Es sollen hier auch keine Vermutungen darüber angestellt werden, in welchem Maße sich die unterschiedlichen Interpretationen auf längere Sicht innerislamisch durchsetzen werden. Entscheidend ist hier vielmehr die feststellbare *Tatsache,* dass Interpretationen des koranischen Textes stattfinden und dass dabei unvermeidlich auch moderne Vorstellungen von Gleichberechtigung der Geschlechter ins Spiel kommen – entweder positiv als Ziel der Textinterpretation oder negativ als Gegenstand von Ablehnung und Abgrenzung. Die Bezugnahme auf den Koran fungiert in der innerislamischen Kontroverse um Frauenrechte und Geschlechtergerechtigkeit zwar durchgängig als Legitimationsquelle, geht aber einher mit durchaus unterschiedlichen, vielfach gegensätzlichen Positionierungen.[43] Von einer einheitlichen oder gar unveränderlichen »islamischen Position« zu den hier interessierenden Problembereichen kann deshalb keine Rede sein.

Es ist nicht Sache des Staates, unmittelbar in die innerislamische theologische Debatte einzugreifen und etwa »frauenrechtsfreundliche« Koraninterpretationen selbst zu entwickeln. Denn der säkulare Rechts-

---

41 | Die Internetadresse lautet: http://www.wluml.org.

42 | Vgl. exemplarisch dafür den oben (Abschnitt 6.2) zitierten Artikel 6 der Kairoer Erklärung der Menschenrechte im Islam.

43 | Solche Kontroversen durchziehen auch die deutschsprachige islamische Frauenliteratur. Eine immer größere Rolle spielt dabei das Internet, in dem muslimische Frauen ihre Meinungen und Erfahrungen austauschen. Zahlreiche einschlägige Beiträge zu theologischen und exegetischen Grundfragen oder auch zu alltäglichen Problemen im Umgang der Geschlechter finden sich zum Beispiel im Frauennetzwerk »Huda«, das in diesem Diskurs seit Jahren im deutschsprachigen Raum führend ist. Die Internetadresse lautet: http://www.huda.de.

staat besitzt in religiösen und weltanschaulichen Fragen grundsätzlich keine Kompetenz. Diese Nicht-Kompetenz hat ihren positiven normativen Grund in der gebotenen Achtung der Religions- und Weltanschauungsfreiheit der Menschen. Wenn der säkulare Rechtsstaat sich dennoch – im Rahmen der gebotenen Zurückhaltung – legitimerweise mit Fragen der Religion beschäftigen muss, so geschieht dies um der *freien Selbstbestimmung der Menschen* willen, die sich einerseits in religiösen Überzeugungen und Lebensformen Ausdruck verschafft, die andererseits aber auch durch religiösen Autoritarismus inakzeptable Einschränkungen erfahren kann. In seiner Garantenfunktion für die Menschenrechte steht der Staat vor der schwierigen Aufgabe, Möglichkeiten freier und gleichberechtigter Selbstbestimmung auch im religiösen Kontext zu fördern, ohne dass er selbst theologische Kompetenzen in Anspruch nehmen darf.

Die Politik des säkularen Rechtsstaats kann sich deshalb niemals direkt, sondern immer nur *indirekt* auf Religion richten, indem sie darauf abzielt, die Optionen freier und gleichberechtigter Selbstbestimmung der Menschen im Umgang mit religiösen Vorstellungen und Strukturen zu erweitern.[44] Ob die Menschen ihre Selbstbestimmung innerhalb der Religion suchen oder ob sie sich für einen bewussten Bruch mit der Religion entscheiden; ob sie einer religiösen Gemeinschaft angehören oder sich gegenüber religiösen Fragen gleichgültig verhalten; ob und ggf. mit welchen Argumenten sie ihren Lebensweg religiös begründen – all dies kann und darf den säkularen Rechtsstaat hingegen nicht interessieren. Was ihn angeht, sind nicht die persönlichen Motive der Menschen oder die konkreten Lebenswege, die sie in Bezug auf Religion und Weltanschauung einschlagen, sondern ist einzig und allein die Frage, ob diese Wege *in Freiheit* beschritten werden.

Auch hinsichtlich der Emanzipation von Frauen (bzw. Männern) mit muslimischem Familienhintergrund aus patriarchalischen Strukturen lässt sich feststellen, dass sie auf unterschiedlichen Wegen stattfinden kann: Sie kann aus dem islamischen Kontext *herausführen* und einen partiellen oder völligen Bruch mit der Religion zur Folge haben. Sie kann aber auch *innerhalb* eines – mehr oder weniger reformierten – islamischen Referenzsystems stattfinden. Außerdem ist es natürlich denkbar, dass Frauen ihren eigenen Weg finden, ohne sich überhaupt kritisch oder affirmativ mit religiösen Fragen zu beschäftigen; vielleicht trifft Letzteres für die große Mehrzahl der betroffenen Frauen zu. Kurz: Es

44 | Dies geschieht zum Beispiel durch Anregung öffentlicher Diskussionen sowie durch die Durchführung eines an modernen didaktischen Standards orientierten schulischen Religionsunterrichts.

gibt Möglichkeiten der Befreiung *vom* Islam, *im* Islam oder auch *in Indifferenz* zum Islam. Die (mit dieser idealtypischen Zuspitzung nur angedeutete) Vielzahl möglicher Wege zu gleichberechtigter Selbstbestimmung gilt es auch politisch – etwa bei der Gestaltung staatlicher oder zivilgesellschaftlicher Bildungs- und Beratungsangebote – zu berücksichtigen.

Auf der einen Seite wäre es freiheitsfeindlich, wollte man Frauen mit muslimischem Familienhintergrund von vornherein darauf festlegen, dass sie ihren Lebensweg und ihre Freiheit nur innerhalb eines islamischen Bezugsrahmens finden können. Zu Recht kritisiert die Frauenrechtlerin und ehemalige niederländische Parlamentsabgeordnete Ayaan Hirsi Ali einen politischen Ansatz, der das in den Niederlanden etablierte Modell eines Nebeneinanders mehrerer konfessioneller »Säulen« durch den Ausbau einer »islamischen Säule« fortschreiben will; sie sieht in einem so verstandenen Multikulturalismus eine unzulässige Festlegung von Frauen und Mädchen auf ihre kulturelle bzw. konfessionelle Herkunft.[45] Es wäre aus diesem Grund beispielsweise auch falsch, wollte man die schulische Thematisierung des Problems der Zwangsverheiratung allein in einen (noch zu etablierenden) islamischen Religionsunterricht abschieben.

Genauso freiheitsfeindlich wäre jedoch auf der anderen Seite eine Politik, die im Namen des Kampfes gegen »Multikulti-Illusionen« Frauen aus islamischen Familien vor die Alternative stellt, entweder auf die gleichberechtigte und selbstbestimmte Entfaltung ihrer Persönlichkeit zu verzichten oder einen totalen Bruch mit ihrer angestammten Religion und ihrem muslimisch geprägten Herkunftsmilieu in Kauf zu nehmen.[46] Auch dies wäre eine unzulässige Verengung, durch die die Möglichkeit alternativer – zum Beispiel religionsimmanenter – Wege zur Emanzipation ausgeblendet würde.

Generell gilt, dass die in den Menschenrechten anerkannte Freiheit sich nicht nur auf das *Ziel* emanzipierter Lebensführung bezieht, sondern auch die Vielfalt möglicher *Wege* hin zu diesem Ziel einschließt. Den je angemessenen Weg zur Freiheit zu finden – in der Religion, aus der Religion heraus oder in Gleichgültigkeit zur Religion –, ist aber

45 | Hirsi Ali, Ich klage an, a.a.O., S. 76f.

46 | In diese Richtung aber tendiert Kelek, die in ihren Büchern gleichsam den Exodus von der Kultur der Sklaverei, die sie mit dem Islam bzw. der Türkei assoziiert, in eine westliche Kultur der Freiheit propagiert. Besonders ausgeprägt findet sich diese Struktur in Necla Kelek, Die verlorenen Söhne. Plädoyer für die Befreiung des türkisch-muslimischen Mannes, Köln 2006.

zuletzt Sache der Betroffenen, deren freie Entscheidung in jedem Fall Respekt und Unterstützung verdient.

9.5 »Arrangierte« und erzwungene Ehen

Zwangsverheiratung stellt *per definitionem* eine gewaltsame Verweigerung freier Selbstbestimmung und damit eine Menschenrechtsverletzung dar. Für »arrangierte« Ehen gilt dies nicht ohne Weiteres. »Allein die Auswahl potentieller Ehegatten durch die Familie der Heiratenden ist kein hinreichendes Kriterium für eine Zwangsverheiratung«, stellt der Berliner Arbeitskreis gegen Zwangsverheiratung fest.[47]

Die Sozialwissenschaftlerin und Turkologin Gaby Straßburger hat in ihrer Dissertation zum Heiratsverhalten türkischstämmiger Migrantinnen und Migranten die Funktionsweise arrangierter Ehen auf der Grundlage qualitativer Interviews mit Betroffenen detailliert beschrieben.[48] Nach ihren Beobachtungen vollzieht sich die traditionelle Ehe-Anbahnung als eine typische Sequenz diplomatischer Initiativen, durch die sichergestellt werden soll, dass die Familie des männlichen Bewerbers für den Fall des Scheiterns ihr Gesicht wahren kann. Neben Rückzugsoptionen für die werbende Familie seien auch Gelegenheiten für die potenziellen künftigen Brautleute vorgesehen, ihre Wünsche zum Ausdruck zu bringen und durchzusetzen. Oft geschehe dies aus Rücksicht vor den Prestigebedürfnissen der Gegenseite in eher indirekten Formen. Das Ziel dieser komplizierten Arrangements bestehe darin, Familienorientierung und das Wohl der betroffenen Individuen nach Möglichkeit zu einem annehmbaren Ausgleich zu bringen. Straßburger widerspricht im Ergebnis der Vorstellung, dass arrangierte Ehen per se in Gegensatz zur Freiheit der potenziellen Partner stünden.[49] Nach ihrer Einschätzung

47 | Berliner Arbeitskreis gegen Zwangsverheiratung, Informationsbroschüre Zwangsverheiratung, a.a.O., S. 3. Vgl. auch Claudia Eisenrieder, »Zwangsheirat bei MigrantInnen. Verwandtschaftliche und gesellschaftspolitische Hintergründe«, in: TERRE DES FEMMES (Hg.), Zwangsheirat, a.a.O., S. 35-44.

48 | Vgl. Gaby Straßburger, Heiratsverhalten und Partnerwahl im Einwanderungskontext: Eheschließungen der zweiten Migrantengeneration türkischer Herkunft, Würzburg 2003.

49 | Vgl. Gaby Straßburger, »Nicht westlich und doch modern. Partnerwahlmodi türkischer Migrant(inn)en in Diskurs und Praxis«, in: Beiträge zur feministischen Theorie und Praxis 26 (2003), S. 15-27, hier S. 21: »Arrangierte und selbst organisierte Partnerwahlen sind nicht als distinkte Kategorien zu verstehen, die sich gegenseitig ausschließen, sondern weisen zahlreiche Überschneidungen

stoßen Heiratsarrangements, die den Willen der Betroffenen ignorieren oder den künftigen Eheleuten lediglich ein passives Veto belassen, in der türkischstämmigen Migrationsbevölkerung in Deutschland weithin auf Ablehnung.[50]

Die begriffliche Differenzierung zwischen arrangierten Ehen und Zwangsehen darf keinesfalls dahingehend verstanden werden, dass arrangierte Ehen unproblematisch seien. Auch sie können für die Betroffenen große Belastungen – elterlichen Erwartungsdruck, persönliche Rechtfertigungsnöte, Angst vor Einsamkeit und familiären Krisen – mit sich bringen.[51] Wie es Überlappungen zwischen arrangierten Ehen und Formen selbstständig organisierter Partnerwahl gibt, so besteht am anderen Ende des Spektrums auch ein breiter Graubereich zwischen arrangierten und erzwungenen Heiraten. Auch unterhalb der Schwelle des direkten physischen oder psychischen Zwangs kann es zu schweren Beeinträchtigungen individueller Freiheit kommen, zu deren Abhilfe Unterstützungs- und Beratungsangebote sowie gezielte Bildungsmaßnahmen erforderlich sind. Von vornherein inakzeptabel sind in jedem Fall arrangierte Ehen mit Minderjährigen, die auch ohne die Androhung oder Ausübung von direktem Zwang als Verletzung des Selbstbestimmungsrechts der Betroffenen gewertet werden müssen.

Auch wenn man davon ausgehen muss, dass es einen weiten Graubereich gibt, bleibt es freilich wichtig, arrangierte Ehen und Zwangsheiraten zumindest nicht einfach gleichzusetzen. Andernfalls würde man stigmatisierenden Zerrbildern Vorschub leisten. Solche Zerrbilder finden sich in der aktuellen Diskussion leider oft. So behauptet der Journalist

---

auf. Sei es im Vorfeld – wenn zwar kollektiv nach einer Partnerin gesucht wird, die Partner sich jedoch unabhängig davon selbst gefunden haben – oder sei es im Nachhinein, indem den Eltern ein symbolisches Veto zugestanden wurde. So bemühten sich einige Interviewte darum, ihren bereits feststehenden Entschluss zu heiraten nachträglich in den Rahmen einer familiären Entscheidung einzupassen.« Vgl. auch Ipek Gedik, »Zwangsheirat bei Migrantinnenfamilien in der Bundesrepublik«, in: Jahrbuch Menschenrechte 2005. Schwerpunkt: Frauenrechte durchsetzen, Frankfurt a.M. 2004, S. 318-325, hier S. 321.

50 | Vgl. Gaby Straßburger, Nicht westlich und doch modern, a.a.O., S. 25: »Das Spektrum der akzeptierten Partnerwahlmodi schließt keine Ehen ein, die ohne aktive Mitwirkung der Eheschließenden arrangiert werden.«

51 | Nach einer jüngeren Untersuchung stoßen deshalb auch arrangierte Ehen bei jungen Frauen türkischer Herkunft ganz überwiegend auf Vorbehalte oder Ablehnung. Vgl. Ursula Boos-Nünning/Yasemin Karakasoglu, Viele Welten leben. Zur Lebenssituation von Mädchen und jungen Frauen mit Migrationshintergrund, Münster 2005, S. 254ff.

und Buchautor Günther Lachmann: »Traditionell suchen sich Muslime ihren Ehepartner nicht selbst aus, sondern werden verheiratet, ohne die Entscheidung in irgendeiner Form beeinflussen zu können.«[52] Belege für diese Behauptung bleibt Lachmann schuldig.

Ausdrücklich gegen eine Unterscheidung zwischen arrangierten und erzwungenen Ehen wendet sich Necla Kelek: »Zwischen einer arrangierten Ehe und einer Zwangsehe gibt es für mich keinen wesentlichen Unterschied, das Ergebnis ist dasselbe.«[53] Diese Aussage ist allerdings erstaunlich, da Kelek an anderer Stelle ihres Buches anschaulich schildert, welche Möglichkeiten Frauen im Rahmen familiärer Heiratsarrangements haben, ihre Ablehnung eines unerwünschten Brautbewerbers erfolgreich zum Ausdruck zu bringen: »Wenn Selma einen Bewerber unsympathisch fand, tat sie Salz statt Zucker in die Kanne [mit Mocca]. Damit war jedem Beteiligten klar, das Mädchen will nicht. Wir saßen dann kichernd hinter der Wohnzimmertür und beobachteten, wie der Sohn mit hochrotem Kopf neben seiner Mutter saß, das Gesicht verzog und es peinlichst vermied, sich irgendetwas anmerken zu lassen.«[54]

Die Differenzierung zwischen arrangierten und erzwungenen Ehen bildet auch die Voraussetzung für ein angemessenes strafrechtliches Vorgehen gegen Zwangsverheiratungen. Letztere gelten laut Strafgesetzbuch als besonders schwerer Fall von Nötigung und können mit einer Freiheitsstrafe von bis zu fünf Jahren geahndet werden.[55] Wer erzwungene mit arrangierten Ehen in einen Topf wirft, begibt sich damit von vornherein der Möglichkeit, das Strafrecht als Mittel zur Bekämpfung von Zwangsverheiratungen einzusetzen – es sei denn, er nähme in Kauf, dass ein großer Teil der Migrationsbevölkerung strukturell in den Verdacht schwerer Kriminalität gerückt würde.

Bei einer Vernachlässigung der Differenz zwischen arrangierten und erzwungenen Ehen muss es schließlich auch zu groben Fehleinschätzungen der quantitativen Dimension der Problematik kommen. Belastbare Zahlen über das Ausmaß von Zwangsverheiratungen in Deutschland gibt es derzeit nicht. Eine Untersuchung in mehr als 50 Einrichtungen aus dem Jugend- und Migrationsbereich in Berlin aus dem Jahre

52 | Lachmann, Tödliche Toleranz, a.a.O., S. 135.

53 | Kelek, Die fremde Braut, a.a.O., S. 221f.

54 | Ebd., S. 137.

55 | Zwangsverheiratung hatte schon in der Vergangenheit den Tatbestand der Nötigung (§ 240 StGB) erfüllt. Der Bundestag verabschiedete am 28. Oktober 2004 eine Gesetzesänderung, wonach Zwangsverheiratung strafrechtlich fortan als *besonders schwerer Fall von Nötigung* eingestuft wird. Diese Bestimmung ist seit Februar 2005 in Kraft.

2002 erbrachte eine Zahl von zirka 230 zwangsverheirateten bzw. von Zwangsverheiratung bedrohten Mädchen oder Frauen.[56] Die Berliner Senatsverwaltung für Wirtschaft, Arbeit und Frauen hat bezogen auf das Jahr 2004 eine Befragung bei etwa 200 Einrichtungen durchgeführt und dabei Kenntnis von ungefähr 300 Fällen drohender oder erfolgter Zwangsverheiratung erlangt; darunter befanden sich auch zehn Fälle von Männern.[57] Das Stuttgarter Wohnprojekt ROSA berichtet, dass pro Monat durchschnittlich zehn Personen wegen Zwangsverheiratung dort Schutz suchen.[58] Eine von der Fachkommission Zwangsheirat der Landesregierung Baden-Württemberg durchgeführte Fragebogenaktion hat, bezogen auf dem Zeitraum von Januar bis Oktober 2005, bei 93 verschiedenen Einrichtungen eine Gesamtzahl von 215 von Zwangsverheiratung bedrohten bzw. bereits zwangsverheirateten Personen erbracht; 18 Prozent der Betroffenen seien noch minderjährig gewesen.[59] Keine dieser Untersuchungen hat repräsentativen Charakter. Daher bleibt das tatsächliche Ausmaß von Zwangsverheiratungen in Deutschland immer noch weitgehend im Dunkeln.

Gewisse Anhaltspunkte für eine Einschätzung der quantitativen Dimension von Zwangsheiraten hat die im Sommer 2004 von Monika Schröttle im Auftrag des Bundesministeriums für Familie, Senioren, Frauen und Jugend erstellte Studie zur Gewalt gegen Frauen in Deutschland erbracht. In einer nicht repräsentativen Zusatzbefragung im Rahmen der Studie äußerten sich knapp 150 Frauen mit türkischem Familienhintergrund zur Wahl ihres Ehepartners. Die wichtigsten Ergebnisse werden wie folgt zusammengefasst: »Von den 143 Frauen, die mit einem türkischen Partner verheiratet sind oder waren, haben etwa drei Viertel den Partner vor der Heirat kennen gelernt und ein Viertel (25 %) nicht. Bei etwa der Hälfte der Frauen war der Partner von Verwandten ausgewählt worden; 75 % dieser Frauen waren mit der Wahl einverstanden, 23 % hätten den Partner lieber selbst ausgewählt, und knapp 3 % machten dazu keine Angaben. Etwa ein Viertel der Frauen, deren Partner durch die Verwandten ausgewählt wurde, waren vor der Eheschließung nicht nach ihrer Meinung zu dem zukünftigen Ehepartner gefragt worden, und 17 % hatten zum Zeitpunkt der Eheschließung das Gefühl, zu

56 | Vgl. Gedik, a.a.O., S. 319.

57 | Vgl. Bericht der Fachkommission Zwangsheirat der Landesregierung Baden-Württemberg, Stuttgart 2006, S. 24.

58 | Vgl. ebd., S. 25.

59 | Vgl. ebd., S. 28f.

dieser Ehe gezwungen zu werden.«[60] Die Ergebnisse dieser Studie zeigen, dass Zwangsverheiratung – auch wenn nach wie vor repräsentatives Zahlenmaterial fehlt – sicherlich keine marginale Erscheinung darstellt. Sie bestätigen zugleich, dass eine Differenzierung zwischen arrangierten und erzwungenen Ehe bei allen Schwierigkeiten der genauen Abgrenzung unverzichtbar ist.

9.6 Exemplarische Massnahmen

Zwangsverheiratung stellt eine schwere Verletzung der Menschenrechte dar, die in einer freiheitlichen Gesellschaft nicht hingenommen werden kann. Staat und Gesellschaft stehen deshalb in der Pflicht, Frauen und Männer, die von Zwangsverheiratung betroffen bzw. bedroht sind, mit allen zu Gebote stehenden Mitteln zu unterstützen. Ziel der Unterstützung muss es sein, Zwangsverheiratungen zu überwinden und, solange es sie gibt, den Betroffenen die Möglichkeit eines Auswegs aus erzwungenen Ehen zu verschaffen. Dabei dürfen auch arrangierte Ehen nicht aus dem Blick bleiben, denn auch bei ihnen besteht die Gefahr, dass die Familien – wenn auch ohne direkten Zwangseinwirkung – sich über den Willen der betroffenen jungen Menschen hinwegsetzen.

Eine vordringliche Aufgabe besteht darin, den meist sehr jungen Menschen, die von Zwangsverheiratung bedroht oder akut betroffen sind, die Möglichkeit zu verschaffen, dass sie über ihre Notlage sprechen. Da es sich um Fragen von Intimität, familiären Bindungen und Solidaritätserwartungen, persönlichen Lebenswünschen und sexuellen Erfahrungen handelt, ist das Problemfeld vielfach stark schambesetzt. Oftmals fühlen sich die Betroffenen auch selbst schuldig oder leiden unter der Vorstellung, dass sie die innerfamiliäre Harmonie gestört hätten. Das Gefühl, Opfer zu sein, verbindet sich so mit der Angst, womöglich schuld an der Zerrüttung der Familienfriedens zu werden. Die Betroffenen haben deshalb oft nicht einmal ein klares Bewusstseins des Unrechts, das durch eine erzwungene Heirat geschieht (wie dies umgekehrt im Übrigen auch für die Eltern und Verwandten gilt, die nicht selten der Überzeugung sind, dass der Druck, den sie in Richtung einer Heirat ausüben, doch nur »gut gemeint« sei). Solange die Betroffenen drohen-

60 | BMFSFJ (Hg.), Lebenssituation, Sicherheit und Gesundheit von Frauen in Deutschland. Eine repräsentative Untersuchung zu Gewalt gegen Frauen in Deutschland. Zusammenfassung zentraler Studienergebnisse, Berlin 2004, S. 29.

der oder bereits geschehener Zwangsverheiratung sich nicht über ihre eigenen Gefühle im Klaren sind, können sie naturgemäß keine Handlungsstrategien zur Veränderung ihrer Lebenssituation entwickeln.

Zu den wichtigsten Aufgaben im Vorgehen gegen Zwangsverheiratungen gehört daher der Ausbau telefonischer Hotlines und anderer niedrigschwelliger Angebote der Kontaktaufnahme, die es Betroffenen ermöglichen, ihre eigenen Gefühle zu klären und Handlungsoptionen zu sondieren. Für gravierende Fälle von Gewaltdrohung müssen auch ausreichende Aufnahmekapazitäten in anonymen Kriseneinrichtungen zur Verfügung stehen. Daran fehlt es derzeit. Die in jüngster Zeit einer breiteren interessierten Öffentlichkeit bekannt gewordene Kriseneinrichtung »Papatya« in Berlin, die mittlerweile seit zwanzig Jahren tätig ist, gehört zu den ganz wenigen Institutionen ihrer Art in Deutschland.[61] Hilfs- und Beratungsangebote sollten für Opfer familiärer Gewalt vor Ort leicht zugänglich sein und möglichst in mehreren Sprachen angeboten werden. Angesichts von Ängsten, dass die Einschaltung Dritter bereits eine Verletzung der Familienehre darstellt, muss bei allen Hilfs- und Beratungsangeboten strikte Vertraulichkeit gewährleistet werden. Berufsgruppen (etwa in der Sozialarbeit, in der Rechtsberatung oder im medizinischen Bereich), die in ihrer Arbeit mit Gewalt gegen Frauen konfrontiert sind, sollten Fortbildung erhalten, um Symptome rechtzeitig erkennen und gezielt fachliche Hilfe vermitteln zu können.

Der Ausstieg aus einer erzwungenen Ehe erweist sich für die Betroffenen aus vielen Gründen als schwierig: Abgesehen von psychologischen Hemmnissen bestehen oftmals sprachliche Barrieren, die die Betroffenen daran hindern, außerhalb der Familie und ihres engsten Milieus Kontakte zu pflegen. Für Heiratsmigrantinnen kommen ausländerrechtliche Probleme hinzu: Da ihre Aufenthaltserlaubnis in Deutschland in den beiden ersten Jahren vom Bestand der Ehe abhängig ist, droht ihnen im Falle einer Eheauflösung oder Scheidung die Abschiebung in ihr Herkunftsland; dies gilt auch dann, wenn die Herkunftsfamilie nicht bereit sein sollte, sie wieder aufzunehmen.[62] In Fällen, in denen das Eheleben im Ausland stattfindet, erlischt das Rückkehrrecht nach Deutschland für Personen ohne deutsche Staatsangehörigkeit nach spä-

61 | Vgl. Melanie Krebs, »›Ehrenmorde sind selten‹. Erfahrungen aus der Mädchenwohnung Papatya«, in: TERRE DES FEMMES (Hg.), Zwangsheirat, a.a.O., S. 51-54.

62 | Ein eigenständiges Ehegatten-Aufenthaltsrecht ist in der Regel nach zwei Jahren gegeben (vgl. § 31 Absatz 1 Aufenthaltsgesetz). Bei Unzumutbarkeit des Festhaltens an der ehelichen Lebensgemeinschaft ist (in Absatz 2) eine Ausnahme ohne vorgegebene Mindestehedauer vorgesehen.

testens sechs Monaten.[63] Ein vom Bestand der ehelichen Lebensgemeinschaft unabhängiges Bleiberecht für Betroffene und ihre Kinder sowie eine Erweiterung der Rückkehroptionen nach Deutschland würden die Ausstiegschancen aus einer erzwungenen Ehe erheblich verbessern. Entsprechende aufenthaltsrechtliche Liberalisierungen sollten daher zügig auf den Weg gebracht werden.

Die mit der Absicht der Verminderung von Zwangsverheiratungen seit einiger Zeit diskutierte Festsetzung eines Mindestalters von 21 Jahren für den Ehegattennachzug sowie die Bindung des Ehegattennachzugs an den Erwerb elementarer Deutschkenntnisse wären indes bedenklich. Denn davon wären auch zahlreiche Menschen betroffen, deren Ehen nicht durch Zwang zustande gekommen sind. Es bestehen erhebliche Zweifel, ob eine starre Altersregelung von mindestens 21 Jahren verhältnismäßig und mit der Rechtsprechung des Bundesverfassungsgerichts vereinbar wäre.[64] Außerdem könnte eine solche Regelung zur Folge haben, dass potenzielle Heiratsmigrantinnen frühzeitig Nachwuchs bekommen, um mit Hinweis auf die Existenz gemeinsamer Kinder eine Ausnahme von der Altersregelung reklamieren zu können. Dies aber würde die Optionen eines Ausstiegs aus einer erzwungenen Ehe weiter verringern.

Beim staatlichen Vorgehen gegen Zwangsverheiratungen ist auch der Einsatz des Strafrechts unverzichtbar. Zwangsverheiratung erfüllt nach geltender Rechtslage den Tatbestand der Nötigung in einem besonders schweren Fall und kann mit bis zu fünf Jahren Haft bestraft werden (§ 240 StGB).[65] Es wird darüber diskutiert, ob darüber hinaus ein eigener Straftatbestand »Zwangsheirat« mit gegenüber der aktuellen Regelung erweitertem Strafrahmen geschaffen werden soll.[66]

63 | Vgl. § 51 Absatz 1 Nr. 7 Aufenthaltsgesetz.

64 | Vgl. den Beschluss des Bundesverfassungsgerichts vom 12.05.1987 über die Verhängung von Wartezeiten für den Ehegattennachzug zum Zweck der Bekämpfung möglicher Scheinehen: BVerfGE Bd. 76, S. 1ff. Darin wird eine Ehebestandszeit von mindestens drei Jahren als unverhältnismäßig bezeichnet.

65 | Vgl. dazu Regina Kalthegener, »Und bist Du nicht willig ...«, in: TERRE DES FEMMES, Menschenrechte für die Frau 4/2005, S. 8-10.

66 | Es ist zu bezweifeln, dass die Schaffung eines eigenen Straftatbestands »Zwangsheirat« (über die bereits bestehende Regelung der Zwangsverheiratung im Strafgesetzbuch als besonders schwerer Fall der Nötigung hinaus) spürbare Wirkung in der unmittelbaren Praxis der Strafgerichtsbarkeit entfalten würde. Viele Befürworterinnen und Befürworter einer strafrechtlichen Neuregelung argumentieren denn auch eher mit einer erwarteten symbolischen oder pädagogischen Wirkung einer eigenständigen Strafnorm; sie erhoffen sich davon eine Ab-

Eine Schlüsselrolle im Bemühen um die Überwindung autoritärer Familienstrukturen spielt die schulische Bildung. Um die Schulen zu befähigen, die Kontakte zu Elternhäusern mit Migrationshintergrund zu entwickeln, wäre eine Erweiterung fachlicher Beratungs- und Weiterbildungsangebote für Lehrerinnen und Lehrer hilfreich; solche Weiterbildungsmaßnahmen sollten auch den Umgang mit traditionellen Vorstellungen von Geschlechterehre umfassen. Systematische Elternarbeit ist – abgesehen vom persönlichen Engagement vieler einzelner Lehrerinnen und Lehrer – als integraler Bestandteil des Schulauftrags in Deutschland bislang wenig verankert. Dabei kann die Einbeziehung von Eltern oder anderen erwachsenen Personen aus Migrationsfamilien zum Beispiel bei Klassenfahrten erfahrungsgemäß dazu beitragen, die in konservativen Familien bestehenden Ängste abzubauen und Chancen für eine umfassende Integration von Schülerinnen in das Klassenleben zu verbessern.

Gesellschaftliche und staatliche Maßnahmen zur Überwindung von Zwangsverheiratungen sollten generell getragen sein von einer *politischen Anerkennung der multikulturellen Gesellschaft.* Deren Scheitern zu erklären und die Abkehr vom Konzept des Multikulturalismus zu propagieren, stünde in Widerspruch zum freiheitlichen Anspruch dieser Gesellschaft. Denn die Alternative, also eine Politik forcierter kultureller Assimilation, würde all denjenigen Frauen und Männern den Bewegungsraum streitig machen, die sich – für sich persönlich und gemeinsam mit anderen – um selbstbestimmte Lebensgestaltung und Gleichberechtigung innerhalb ihres kulturellen Kontextes bemühen. Eine solche assimilatorische Politik wäre der Tendenz nach genauso autoritär wie jene paternalistisch-romantisierende Variante des Multikulturalismus, die die Angehörigen von Minderheiten umgekehrt konzeptionell in ein Ghetto kultureller »Besonderheiten« einsperrt.

Die Menschenrechte sind von beiden Verkürzungen gleichermaßen entfernt. Gewiss formulieren sie *Grenzen der Toleranz,* insofern sie als Rechte gleicher Freiheit mit Praktiken von Unfreiheit und Diskriminierung naturgemäß unvereinbar sind. Die emanzipatorische Ausrichtung der Menschenrechte verlangt indes zugleich, die *Vielfalt der Wege* zu achten, die die Menschen – auch in der persönlichen Auseinanderset-

---

schreckung potenzieller Täter, eine argumentative Rückendeckung für die Opfer und nicht zuletzt eine erhöhtes Problembewusstsein bei staatlichen Behörden im Umgang mit Zwangsverheiratungen. Falls der Gesetzgeber sich zur Schaffung eines eigenen Straftatbestands Zwangsheirat entschließen sollte, müsste berücksichtigt werden, dass der zum Zwecke einer sexuellen Lebensgemeinschaft eingesetzte Zwang keineswegs in allen Fällen auf eine förmliche, von Staats wegen anerkannte Heirat abzielt.

zung mit autoritären Strukturen kultureller Milieus – einschlagen können. Ein Menschenrechtsansatz, der auf »Empowerment« der Betroffenen abstellt, sollte diese Vielfalt der Wege stets in Betracht ziehen. Interkulturelle Kompetenz auf der Grundlage eines aufgeklärten Multikulturalismus ist deshalb unverzichtbar. Ohne sie kann auch der Kampf gegen Zwangsverheiratungen nicht gelingen.

10. Gesprächsleitfäden und Einbürgerungstests

10.1 Varianten von Einbürgerungstests

Die Einbürgerung ist nicht nur ein wichtiger Akt für die betroffenen Menschen, denen damit volle Rechtsgleichheit und rechtliche Integration in das politische Gemeinwesen zuerkannt wird. Sie ist auch von großer Bedeutung für die Gesellschaft im Ganzen. An der Einbürgerungspolitik zeigt sich das Selbstverständnis einer Gesellschaft: ihre Weltoffenheit, ihr Umgang mit kultureller Differenz, das Ernstnehmen der eigenen Verfassungsprinzipien und die Bindung an menschenrechtliche Normen.[1] Einbürgerungspolitik ist deshalb ein notwendiger Gegenstand öffentlicher und gelegentlich auch kontrovers geführter Debatten.

Durch die zu Beginn des Jahres 2000 in Kraft getretene Novellierung des deutschen Staatsangehörigkeitsgesetzes ist der Erwerb der deutschen Staatsbürgerschaft erleichtert worden. Über die erweiterten Zugangsmöglichkeiten hinaus bedeutet das neue Staatsangehörigkeitsgesetz vor allem auch eine *historische Zäsur*; denn es signalisiert die grundsätzliche Abkehr von der traditionellen Vorstellung, das politische Gemeinwesen sei primär als Abstammungsgemeinschaft konstituiert. Damit hat die über Jahrzehnte hinweg verdrängte Realität, dass Deutschland zum Einwanderungsland geworden ist, ihre förmliche politisch-rechtliche Anerkennung gefunden.

Gleichwohl entbrannte zu Beginn des Jahres 2006 eine monatelange heftige Auseinandersetzung über die Grundsätze und die Praxis der Einbürgerung. Ausgelöst wurde sie durch einen vom baden-württember-

1 | Vgl. Ulrike Davy, »Integration von Einwanderern in Deutschland: Instrumente und Barrieren«, in: Barwig/Davy (Hg.), Auf dem Weg zur Rechtsgleichheit?, a.a.O., S. 83-95.

gischen Innenministerium entwickelten »Leitfaden für Einbürgerungswillige«, der den Ausländerämtern des Landes als Grundlage für Einbürgerungsgespräche dienen soll.[2] Dieser Leitfaden ist durchgängig von einer skeptischen Grundhaltung hinsichtlich der Integrationsfähigkeit und verfassungspolitischen Loyalität muslimischer Einbürgerungswilliger geprägt. Zwar beziehen sich die im Leitfaden selbst aufgeführten Fragen nirgends *expressis verbis* auf den Islam. Sie nehmen aber genau diejenigen Problembereiche auf, die in jüngerer Zeit vielfach stereotyp mit dem Islam in Verbindung gebracht werden: religiöse Bekleidungsregelungen für Frauen, Zwangsheiraten, koedukativer Sportunterricht, terroristische Bedrohung.[3] Nicht nur Muslime haben darauf mit Unverständnis reagiert. Auch in der Presse war vielfach die Rede davon, der Leitfaden sei ein »Gesinnungstest für Muslime« und Ausdruck eines diskriminierenden Pauschalverdachts gegen Menschen mit muslimischem Hintergrund. Die Unterstützer des Leitfadens haben dagegen argumentiert, dass die im Leitfaden angesprochenen Themen lediglich unverzichtbare Mindeststandards für das Zusammenleben in der freiheitlichen Gesellschaft enthielten.

Im Frühjahr 2006 wurden aus Hessen und Bayern andere Varianten eines Einbürgerungstests bekannt, in denen keine spezifisch islamskeptischen Komponenten enthalten sind. Der hessische Innenminister legte das Modell eines Wissenstests vor, in dem Kenntnisse über Deutschlands Geschichte, Geographie, Kultur, Verfassungsprinzipien und Staatsinstitutionen abgefragt werden. Wiederum andere Akzente setzt das von Bayern entwickelte Modell. Danach müssen Einbürgerungswillige Auskunft über etwaige Mitgliedschaft oder Unterstützung für extremistische Organisationen Auskunft geben. Die vorgelegte Liste ist lang und enthält rechtsextremistische, linksextremistische und sogenannte ausländerextremistische Organisationen.

Anfang Mai 2006 beriet die Konferenz der Innenminister der Länder

2 | Der Leitfaden für Einbürgerungswillige wird seit Anfang 2006 von den Ausländerämtern des Landes Baden-Württemberg eingesetzt.

3 | Die baden-württembergische Landesregierung stellte angesichts der kritischen öffentlichen Diskussion im Januar 2006 klar, dass der Leitfaden unabhängig vom religiösen Bekenntnis oder Hintergrund der Antragsteller Anwendung finden soll; sie hat damit die ursprüngliche Position des Innenministeriums korrigiert, das die spezifische Ausrichtung des Fragebogens auf Muslime zunächst ausdrücklich betont hatte. Die Art der Fragen lässt aber nach wie vor erkennen, dass der Leitfaden insbesondere von Zweifeln an der kulturellen und verfassungspolitischen Integrationsbereitschaft muslimischer Einbürgerungswilliger inspiriert wurde.

über einen gemeinsamen Umgang mit Einbürgerungskursen und Einbürgerungstests. Es wurde beschlossen, dass für Einbürgerungswillige künftig in allen Bundesländern Einbürgerungskurse mit bundeseinheitlichen Standards und Inhalten angeboten und in Verantwortung der Länder durchgeführt werden sollen. Ziel dieser Kurse sei die Vermittlung sowohl staatsbürgerlichen Wissens als auch von Grundsätzen und Werten der Verfassung. Über die Teilnahme an diesen Kursen hinaus seien Einbürgerungswillige verpflichtet, ein Bekenntnis zur freiheitlichen demokratischen Grundordnung abzuleisten. In Zweifelsfällen solle eine Überprüfung der politischen Loyalität in einem Einbürgerungsgespräch möglich sein. Außerdem sei eine Befragung über eine Mitgliedschaft bzw. Unterstützung extremistischer Organisationen vorgesehen. Das Bundesamt für Migration und Flüchtlinge (BAMF) wurde auf Beschluss der Innenministerkonferenz über die Bundesregierung mit der Entwicklung eines Konzepts für Einbürgerungskurse sowie einer »Einbürgerungsfibel« beauftragt.[4] Nachdem die Innenministerkonferenz somit einen länderübergreifenden vorläufigen Konsens erreicht hatte, verebbte die öffentliche Diskussion um die Grundsätze der Einbürgerungspolitik rasch. Sie hat aber zu Tage gefördert, welch massive Vorbehalte in großen Teilen der Bevölkerung nach wie vor gegenüber der Einwanderungsgesellschaft bestehen.

10.2 Staatsbürgerrechte als »mittelbare Menschenrechte«

Die Verleihung der Staatsangehörigkeit wird auch heute noch vielfach als ein souveränes Recht der Staaten angesehen, denen es freistehe, darüber zu entscheiden, wen sie als vollberechtigtes Mitglied in den politischen Verband einbürgern wollen. Von daher mag es zunächst zweifelhaft erscheinen, ob Fragen der Einbürgerung überhaupt einer menschenrechtlichen Bewertung unterliegen. Solche Zweifel können sich auch darauf gründen, dass weder im Rahmen der Vereinten Nationen noch in der Europäischen Menschenrechtskonvention oder einem anderen regionalen menschenrechtlichen Schutzsystem ein Menschenrecht auf Einbürgerung besteht.[5] Es gibt gleichwohl gute Gründe für die Forde-

---

4 | Vgl. Beschlussniederschrift über die 180. Sitzung der ständigen Konferenz der Innenminister und -senatoren der Länder am 04./05.05.2006 in Garmisch-Partenkirchen.

5 | Zwar gibt es menschenrechtliche Schutzvorkehrungen gegen zwangsweise *Ausbürgerung* sowie internationale Abkommen zur Vermeidung von Staatenlosigkeit. Daraus lässt sich jedoch kein allgemeines Menschenrecht auf *Ein-*

rung, dass auch die Einbürgerungspolitik – bei allem Ermessen, das den Staaten dabei anerkanntermaßen zusteht – menschenrechtlichen Prinzipien genügen muss.

Seit der »Erklärung der Rechte des Menschen und des Bürgers« der Französischen Revolution von 1789 unterscheidet man zwischen Menschenrechten und Staatsbürgerrechten. Während die Menschenrechte dem Einzelnen schon aufgrund seines Menschseins zukommen, können die Staatsbürgerrechte nur von den Staatsangehörigen des jeweiligen Staates in Anspruch genommen werden. Diese Unterscheidung findet sich in zahlreichen Verfassungen und Menschenrechtsdokumenten, etwa im Grundrechtsabschnitt des Grundgesetzes, im Internationalen Pakt über bürgerliche und politische Rechte oder im 1. Zusatzprotokoll zur Europäischen Menschenrechtskonvention. Auch die rechtlich noch nicht in Kraft getretene EU-Grundrechtscharta reserviert einige Grundrechte den Unionsbürgerinnen und -bürgern.

Die Tatsache, dass internationale Menschenrechtskonventionen neben den Menschenrechten auch einzelne Staatsbürgerrechte aufführen, verweist bei aller Differenz zugleich auf einen engen normativen Zusammenhang zwischen beiden Kategorien von Rechten. Er besteht darin, dass die über die Staatsbürgerschaft ermöglichte Rechtsausübung grundlegende Bereiche freiheitlicher Lebensgestaltung – insbesondere demokratische Beteiligungsrechte – betrifft, die ihrerseits Gegenstand *menschenrechtlicher Ansprüche* sind. So bestimmt die Allgemeine Erklärung der Menschenrechte der Vereinten Nationen von 1948: »Jeder hat das Recht, an der Gestaltung der öffentlichen Angelegenheiten seines Landes unmittelbar oder durch frei gewählte Vertreter mitzuwirken.« (Art. 21 Abs. 1 AEMR) Die Formulierung dieses Artikels ist erhellend. Auf der einen Seite wird darin das Recht auf demokratische Mitwirkung als allgemeines Menschenrecht (»jeder«) statuiert; auf der anderen Seite wird seine Ausübung auf das je eigene (»seine«) Land beschränkt. Im Unterschied beispielsweise zum Recht, »überall als rechtsfähig anerkannt zu werden« (Art. 6 AEMR), handelt es sich beim Recht auf demokratische Mitwirkung um ein Recht mit einem bestimmten territorialen Bezug, das gleichwohl ein Menschenrecht ist. Andersherum formuliert: Das Recht auf demokratische Mitbestimmung stellt ein *Menschenrecht* dar, das erst durch die Einbürgerung in einen konkreten Staat – d.h. *als Staatsbürgerrecht* – positiv-rechtlich in Anspruch genommen und prak-

bürgerung in einen bestimmten Staat herleiten. Einen wichtigen Fortschritt in diese Richtung markiert das Europäische Abkommen über die Staatsangehörigkeit, das 1997 im Rahmen des Europarates entstanden ist und eine Frist von zehn Jahren formuliert, innerhalb derer spätestens eine Einbürgerung möglich sein soll.

tisch ausgeübt werden kann. Ich möchte deshalb vorschlagen, in diesem Fall von einem »mittelbaren Menschenrecht« zu sprechen.[6]

Ohne Recht auf demokratische Mitwirkung wäre die in den Menschenrechten verbürgte Anerkennung des Menschen als eines mündigen Rechtssubjekts unvollständig; sie wäre sozusagen halbiert und auf die vorpolitischen Bereiche menschlicher Lebensgestaltung beschränkt.[7] Das Recht auf demokratische Mitwirkung bildet deshalb nicht ohne Grund einen integralen Bestandteil menschenrechtlicher Gewährleistung.[8] Gleichzeitig gilt, dass der Territorialstaat den konkreten Raum absteckt, in dem demokratische Mitwirkung auch heute noch vornehmlich Gestalt gewinnt. Die Bindung des Menschenrechts auf demokratische Mitwirkung an die Staatsangehörigkeit des jeweiligen Staates gewinnt von dorther ihre historische Plausibilität.[9]

Bei aller spezifischen Differenz stehen die Staatsbürgerrechte somit nicht außerhalb der universalen Menschenrechte, sondern werden als »mittelbare Menschenrechte« vom menschenrechtlichen Universalismus mit umfasst. Daraus wiederum folgt, dass die Leitlinien staatlicher Einbürgerungspolitik durchaus menschenrechtlicher Bewertung unterliegen. Obwohl die Staaten in der Formulierung der Einbürgerungspolitik anerkanntermaßen einen weiten Ermessensspielraum haben, ist der Akt

---

6 | Im Internationalen Pakt über bürgerliche und politische Rechte sind die Rechte demokratischer Partizipation ausdrücklich an den Staatsbürgerstatus gebunden (Art. 25). Gleichwohl bleibt der menschenrechtliche Kontext für das Verständnis dieser Gewährleistung wesentlich. Die Europäische Menschenrechtskonvention anerkennt das in der Regel an den Staatsbürgerstatus gekoppelte demokratische Wahlrecht in Artikel 3 des 1. Zusatzprotokolls.

7 | Vgl. Robert Alexy, »Die Institutionalisierung der Menschenrechte im demokratischen Verfassungsstaat«, in: Stefan Gosepath/Georg Lohmann (Hg.), Philosophie der Menschenrechte, Frankfurt a.M. 1998, S. 244-264, hier S. 261.

8 | Vgl. Johannes Schwartländer (Hg.), Menschenrechte und Demokratie, Kehl/Straßburg 1981.

9 | Der menschenrechtliche Universalismus verlangt keineswegs einen generellen Abbau staatlicher Grenzen und die Verschmelzung der Territorialstaaten zu einer Weltrepublik. Vielmehr haben Staatsgrenzen auch in Zeiten der Globalisierung ihre (allerdings von vornherein bedingte und begrenzte) Funktion. In ihrem konkreten Verlauf uneinholbar kontingent, dienen sie dazu, staatliche Verantwortungsbereiche zu klären und zu koordinieren, und erleichtern auf diese Weise die administrative Gewährleistung von Rechtsstaatlichkeit und Sozialstaatlichkeit. Zugleich stecken sie die konkreten Räume ab, in denen gemeinschaftliche demokratische Selbstbestimmung stattfinden kann. Vgl. Jürgen Habermas, der gespaltene Westen, Frankfurt a.M. 2004, S. 175.

der Einbürgerung kein Ausfluss unumschränkter staatlicher Souveränität, sondern eine Ausübung staatlicher Verantwortung für die volle Verwirklichung der Menschenrechte, die eben auch die »mittelbaren«, an die Staatsbürgerschaft geknüpften Menschenrechte einschließt.

Die Staaten sind deshalb gehalten dafür zu sorgen, dass diejenigen Menschen, die ihren Lebensmittelpunkt dauerhaft im Lande gefunden haben, tatsächlich *Zugang zu den Staatsbürgerrechten* als »mittelbaren Menschenrechten« finden können. Dieses Postulat folgt nicht nur aus dem Anspruch der Menschenrechte, sondern auch aus dem Selbstverständnis der freiheitlichen Demokratie. »Kein demokratischer Staat«, so Michael Walzer, »kann die Etablierung dauerhafter Statusunterschiede zwischen Bürgern und Fremdlingen zulassen (auch wenn es Übergangsstadien von der einen zur andern politischen Identität geben kann).«[10] Das novellierte Staatsangehörigkeitsgesetz trägt dem insofern Rechnung, als es einen Anspruch auf Einbürgerung nach achtjährigem rechtmäßigem Aufenthalt statuiert.[11] Dieser Anspruch wird zugleich an bestimmte Bedingungen – Sprachkenntnisse, Unabhängigkeit von Sozialhilfe, Rechtstreue, Bekenntnis zur freiheitlichen Verfassungsordnung – geknüpft. Wichtig ist, dass das neue Staatsangehörigkeitsgesetz in der Verwaltungspraxis mit Leben gefüllt wird. Bei seiner administrativen Umsetzung sollte deutlich werden, dass die Verleihung der Staatsbürgerschaft weder ein staatlicher Gnadenakt noch eine aus freiem Ermessen gewährte Belohnung für besondere Integrationsleistungen ist. Einbürgerungswillige sind keine Bittsteller, sondern haben einen Anspruch darauf, im Verfahren der Einbürgerung als Rechtssubjekte angemessen und diskriminierungsfrei behandelt zu werden.

Die Anerkennung des Menschen als *Rechtsperson* folgt aus der gebotenen Achtung der Würde des Menschen als eines Verantwortungssubjekts. Einbürgerungswillige haben deshalb ein Anrecht darauf, die Bedingungen und Hürden der Einbürgerung im Einzelnen zu kennen und die Gründe einer etwaigen Ablehnung zu erfahren. In einem freiheitlichen Rechtsstaat, der sich zur Achtung der Rechtspersonalität des Menschen bekennt, muss auch die Praxis des Einbürgerungsverfahrens den Gesichtspunkten von Transparenz und Rechenschaftspflichtigkeit genügen, durch die es den Betroffenen überhaupt erst möglich wird, sich im Verfahren als handelnde Subjekte zu behaupten. Auch das menschenrechtliche *Diskriminierungsverbot* steht in engstem Zusammenhang mit der Menschenwürde, die als oberster Wert keine interne Abstufung zu-

10 | Michael Walzer, Sphären der Gerechtigkeit, Frankfurt a.M. 1992, S. 105.

11 | Vgl. § 10 Absatz 1 Staatsangehörigkeitsgesetz.

lässt. Dass es als ein Strukturmerkmal der Menschenrechte auch bei der Einbürgerung Beachtung finden muss, hat kürzlich der Antirassismusausschuss der Vereinten Nationen klargestellt.[12] Deshalb wäre beispielsweise eine Einbürgerungspolitik, die darauf abzielt, durch Aufbau besonderer Hürden gegenüber ethnischen, kulturellen oder religiösen Minderheiten einen möglichst homogenen Staatsbürgerverband zu schaffen, menschenrechtlich nicht legitim.

10.3 Grenzen der Überprüfung verfassungspolitischer Loyalität

Das Grundgesetz der Bundesrepublik Deutschland ist nicht nur eine »Geschäftsgrundlage« zur Regelung der Kompetenzbereiche staatlicher Institutionen. Es enthält auch substanzielle Werte: die Achtung der Menschenwürde und der Menschenrechte, das Demokratieprinzip, Rechtsstaatlichkeit und Sozialstaatlichkeit. Nicht zufällig wird die Anerkennung der Menschenrechte im Grundgesetz als ein *Bekenntnis* formuliert. Ein aktives Eintreten für die Verfassung geht deshalb über die bloße Rechtsbefolgung hinaus; es hat wesentlich zu tun mit Überzeugung und persönlicher Einstellung. Politische Loyalität gegenüber einer Verfassungsordnung, die ihrerseits auf das Bekenntnis zu Menschenwürde und Menschenrechten gegründet ist, bezieht in gewisser Weise den Bereich der Gesinnung mit ein. Die Erwartung, dass Einbürgerungswillige sich auch *innerlich* auf die Verfassung und die in ihr verkörperten Werte einlassen, ist deshalb auf den ersten Blick alles andere als abwegig.

Eine solche innerlich affirmative Einstellung lässt sich aber nicht *rechtlich* einfordern und noch weniger lässt sie sich rechtlich kontrollieren und überprüfen. Deshalb ist der Protest gegen einen staatlichen »Gesinnungstest«, wie er in Gestalt des baden-württembergischen Leitfadens für Einbürgerungswillige bekannt geworden war, durchaus berechtigt. Mit einem Gesinnungstest würde der Staat nicht nur eine *faktische*, sondern auch eine *normative* Grenze seiner Kompetenz überschrei-

12 | Vgl. CERD [= Committee for the Elimination of all Forms of Racial Discrimination], General Recommendation Nr. 30 (2004): »Take into consideration that in some cases denial of citizenship for long-term or permanent residents could result in creating disadvantage for them in access to employment and social benefits, in violation of the Convention's anti-discrimination principles.« CERD ist der für die Überwachung der Antirassismuskonvention der Vereinten Nationen von 1965 zuständige Fachausschuss. Vgl. Petra Follmar-Otto, »Integration durch Diskriminierungsschutz?«, in: Davy/Weber (Hg.), Paradigmenwechsel in Einbürgerungsfragen?, a.a.O., S. 190-209, bes. S. 207ff.

ten: Nicht nur *kann* er eine Überprüfung der Gesinnung letztlich nicht leisten, er *darf* einen solchen Versuch auch nicht in Angriff nehmen.

Der innerste Kern der menschlichen Persönlichkeit – das Gewissen als die letzte Instanz sittlicher Orientierung – stellt eine unüberschreitbare Grenze staatlichen Eingreifens dar. Der Respekt dieser Grenze unterscheidet den Rechtsstaat vom Tugendstaat. Diese Unterscheidung bedeutet nicht, dass die moralische Dimension menschlichen Lebens für die Rechtsordnung belanglos wäre. Im Gegenteil: *Gerade weil* der Rechtsstaat sich durch die Achtung vor der Würde des Menschen als eines sittlichen Verantwortungssubjekts definiert, darf er Fragen der inneren Einstellung – Gewissensfragen oder Gesinnungsfragen – nicht unmittelbar zum Gegenstand staatlichen Handelns und staatlicher Bewertung machen. Vielmehr beschränkt sich der Rechtsstaat auf die Regelung und Bewertung äußerlich sichtbaren Verhaltens. Nur wenn eine innere Gesinnung des Menschen sich in faktischem Verhalten äußerlich manifestiert, kann sie – insofern *mittelbar* – in den Brennpunkt staatlicher Regelungskompetenz geraten.

Wer versucht, das Innere menschlicher Gesinnung, ohne Rekurs auf faktisches Verhalten, unmittelbar zum Gegenstand äußerer Überprüfung zu machen, wird feststellen, dass er dabei niemals »eindeutige« Ergebnisse erzielen kann. Nicht einmal in der *eigenen* persönlichen Gewissenserforschung wird das Innere dem Menschen vollends transparent. Erst recht gilt dies für Überprüfungen seitens staatlicher Behörden. Die Suche nach Eindeutigkeit führt daher, wenn sie sich unmittelbar auf die Gesinnungsebene richtet, zwangsläufig ins Bodenlose. Sie kann im Extremfall inquisitorische Züge annehmen und in eine Logik des Verdachts abrutschen, bei der es schon deshalb kein Halten mehr gibt, weil nicht nur unvollständige oder sachlich unbefriedigende Auskünfte, sondern auch »zu glatte« Antworten nur neues Misstrauen hervorrufen. Bereits Kant hat deshalb davor gewarnt, Gesinnungsfragen zum Gegenstand des Rechtszwangs zu machen: »Weh aber dem Gesetzgeber, der eine auf ethische Zwecke gerichtete Verfassung durch Zwang bewirken wollte! Denn er würde dadurch nicht allein das Gegenteil der ethischen bewirken, sondern auch seine politische untergraben und unsicher machen.«[13]

Den Rechtsakt der Einbürgerung vom Ergebnis eines anlassunabhängigen Tests der inneren Einstellungen abhängig zu machen, wäre rechtsstaatlich bedenklich. Noch problematischer wäre eine rückwirkende Aberkennung der Staatsbürgerschaft, wie dies im baden-württember-

13 | Vgl. Kant, Die Religion innerhalb der Grenzen der bloßen Vernunft, Akademie-Ausgabe, Bd. VI, S. 96.

gischen Leitfaden für Einbürgerungswillige für den Fall von Falschangaben angedeutet worden ist – und zwar selbst dann, wenn die Betroffenen dadurch staatenlos werden sollten. Eine solche Maßnahme stünde in Widerspruch zum Grundgesetz, das in Artikel 16 Absatz 1 Schutz vor der Aberkennung der Staatsangehörigkeit gewährt und den unfreiwilligen Verlust der Staatsangehörigkeit bei drohender Staatenlosigkeit ausschließt.[14] Es spricht daher alles dafür, bei der Überprüfung verfassungspolitischer Loyalität von Einbürgerungswilligen, wie im geltenden Recht vorgesehen, an das *faktische Verhalten* der Betroffenen anzuknüpfen.

Natürlich kann und soll der Staat bei begründeten – d.h. auf Tatsachen gestützten – Zweifeln im Einzelfall auf Auskünfte und Klarstellungen bestehen.[15] Dabei sollten die Behörden allerdings auch die Anhaltspunkte für etwaige Zweifel an der Verfassungsloyalität bekannt geben, damit die Betroffenen die Chance haben, solche Zweifel ggf. auszuräumen. Berichten zufolge geschieht dies keineswegs durchgängig. In manchen Fällen sind Einbürgerungswillige von den Behörden mit nicht näher qualifizierten Hinweisen abgespeist worden, wonach man sie im Umfeld von Moscheegemeinden gesichtet habe, die vom Verfassungsschutz beobachtet werden.[16] Gegen derart vage formulierte Vorwürfe kann sich natürlich niemand verteidigen. Wiederum besteht die Gefahr, dass sich eine Logik des Verdachts festsetzt, die den Betroffenen als Objekt des Misstrauens strukturell wehrlos macht. Deshalb ist darauf zu achten, dass Berichte des Verfassungsschutzes (der ja gleichsam das

14 | Vgl. Artikel 16 Absatz 1 GG: »Die deutsche Staatsangehörigkeit darf nicht entzogen werden. Der Verlust der Staatsangehörigkeit darf nur aufgrund eines Gesetzes und gegen den Willen des Betroffenen nur dann eintreten, wenn der Betroffene dadurch nicht staatenlos wird.« Zwar hat das Bundesverfassungsgericht am 24.05.2006 die Aberkennung der Staatsangehörigkeit in einem Fall »erschlichener« Einbürgerung akzeptiert (einschließlich der daraus resultierenden Staatenlosigkeit), dabei aber den Ausnahmecharakter des zur Entscheidung stehenden extremen Einzelfalles betont, von dem gerade keine Präzedenzwirkung ausgehen dürfe (vgl. 2 BvR 669/04). Es wäre jedenfalls ein Verstoß gegen rechtsstaatliche Prinzipien von Transparenz und Berechenbarkeit, wollte der Staat eine so einschneidende Maßnahme wie die Aberkennung der Staatsbürgerschaft von den in aller Regel uneindeutigen Ergebnissen einer Befragung nach inneren Werthaltungen abhängig machen.

15 | Vgl. § 10 Absatz 1 sowie § 11 Absatz 2 Staatsangehörigkeitsgesetz.

16 | Vgl. Werner Schiffauer, »Verfassungsschutz und islamische Gemeinden«, in: Uwe E. Kemmesies (Hg.), Terrorismus und Extremismus – der Zukunft auf der Spur, München 2006, S. 237-254.

institutionalisierte Misstrauen verkörpert, das sich auch eine liberale Gesellschaft zur Gefahrenabwehr leisten muss) nicht unvermittelt auf Verwaltungshandeln durchschlagen, sondern ggf. Anlass für eine Klärung von Verdachtsmomenten in einem offenen Gespräch geben. Verwaltung und Gerichte müssen dabei bedenken, dass die Einzelfallgerechtigkeit, auf die sie verpflichtet sind, gerade nicht zum Auftrag des Verfassungsschutzes gehört. Deshalb können sie nicht unter generellem Verweis auf die Berichte des Verfassungsschutzes auf eine konkrete Würdigung und Klärung individueller Fälle verzichten.

Die im baden-württembergischen Leitfaden aufgegriffenen Themen – autoritäre, patriarchalische Familienstrukturen, antisemitische Verschwörungstheorien, Verachtung gegenüber Homosexuellen – gehören zweifellos in die öffentliche Integrationsdebatte; denn sie stehen für reale Probleme, die in bestimmten, oft muslimisch geprägten Migrantenmilieus verstärkt vorkommen. Sie aber einbürgerungswilligen Individuen – unabhängig von deren konkretem Verhalten – als Pauschalverdacht entgegenzuhalten, ist unverhältnismäßig. Zur Lösung der bestehenden Probleme trägt dies nichts bei, und die Betroffenen werden auf diese Weise von Staats wegen dazu gedrängt, sich förmlich von Positionen und Praktiken zu distanzieren, die ihnen womöglich völlig absurd vorkommen. Die staatliche Verwaltung steht damit aber in der Gefahr, den permanenten »Erklärungsdruck«, den viele Menschen mit muslimischem Hintergrund als alltägliche gesellschaftliche Diskriminierung erleben, fortzusetzen und zu verstärken. Navid Kermani beschreibt diesen inquisitorischen Mechanismus und seine ausgrenzende Wirkung mit folgenden Worten: »In dem Augenblick, wo ich mich distanziere, billige ich dem Gegenüber das Recht zu, mich zu verdächtigen. Zu den Aufgaben und Pflichten muslimischer Organisationen gehört es, sich öffentlich zu bekennen, aber wenn ich als Individuum qua Religion oder Herkunft verdächtigt werde, die Barbarei zu unterstützen, sollte ich mir lieber gleich einen neuen Kontinent suchen [...].«[17]

Verfehlt ist der baden-württembergische Leitfaden deshalb weniger in seiner inhaltlichen Ausrichtung als vielmehr in seiner – vermutlich eher unbewussten – *kommunikativen Signalwirkung*. Das von seinen Unterstützern zur Verteidigung angeführte Argument, der Leitfaden enthalte lediglich selbstverständliche Mindestnormen des Zusammenlebens in einer freiheitlichen Gesellschaft, verweist unfreiwillig genau auf das entscheidende Problem. Denn gerade diejenigen Menschen, die die Normen des Grundgesetzes für sich selbst immer schon als Selbstver-

17 | Navid Kermani, »Die Terroristen sind unter uns«, in: DIE ZEIT Nr. 40 (2006), S. 51.

ständlichkeit betrachten, dürften es als demütigend erleben, wenn man ihnen abverlangt, dass sie dies, nur weil sie Muslime sind oder einen irgendwie »muslimisch klingenden« Namen tragen, noch einmal ausdrücklich bekräftigen und dies gegen skeptische Rückfragen erläutern sollen. Die *»Selbstverständlichkeit«* in der Erwartung verfassungspolitischer Loyalität sollte sich in einem Rechtsstaat deshalb gerade darin ausdrücken, dass er, soweit es keine konkreten und nachvollziehbaren Hinweise auf das Gegenteil gibt, diese Loyalität *als gegeben unterstellt.* Genau darin zeigt sich ein selbstbewusster Umgang des Staates mit der freiheitlichen Verfassungsordnung und den sie tragenden Werten.

Nachwort

Wie viele Gesellschaften in aller Welt ist auch Deutschland in den letzten Jahrzehnten unverkennbar pluralistischer geworden. Die Einwanderung, obwohl keineswegs die einzige Ursache der Pluralisierung, hat dazu offenkundig wesentlich beigetragen. Für die religiösen und kulturellen Aspekte gesellschaftlicher Pluralisierung hat sich der Begriff des Multikulturalismus durchgesetzt, der – als zugleich deskriptiver wie normativer Begriff – einerseits ein irreversibles *Faktum* bezeichnet, andererseits die *prinzipielle Anerkennung* dieser neuen Wirklichkeit signalisiert.

Eine angemessene Beschreibung des durch die Einwanderung erweiterten Pluralismus kann sich nicht auf eine Aufzählung hierzulande »neuer« Religionen und Kulturen beschränken. Von vornherein mit zur Kenntnis zu nehmen ist auch die *Pluralität der Verhaltensmodi* zu Religion und Kultur. So wäre die in jüngster Zeit viel beschworene »Rückkehr der Religionen« missverstanden, wollte man sie schlichtweg als Revitalisierung klassischer Frömmigkeitsformen auffassen. Neben den Modi von Glauben, Bekennen und der Teilnahme an gemeinschaftlicher religiöser Praxis gibt es auch andere Formen interessierter Beschäftigung mit Religion – von wissenschaftlicher Neugier über ästhetischen Konsum bis hin zu politisch motivierter Skepsis und der therapeutischen Bearbeitung religiös bedingter Traumatisierungen. Außerdem ist davon auszugehen, dass zahlreiche Menschen – mit oder ohne Migrationshintergrund – sich nur wenig, eher gelegentlich oder überhaupt nicht für religiöse Fragen interessieren und etwaige Religionszugehörigkeit *nicht* als zentralen Bestandteil ihrer persönlichen Lebensgestaltung verstehen. Auch kulturelle Identitäten lassen sich nicht angemessen in der Dichotomie von Zugehörigkeit und Nicht-Zugehörigkeit beschreiben, sondern entwickeln sich in komplexen Brechungen und Verbindungen. Nicht nur die *Eindeutigkeit*, sondern auch die *Relevanz* kultureller Zugehörigkeit unterliegt dabei – in Abhängigkeit beispielsweise von biographischen Entwicklungen, kommunikativen Kontexten oder auch familiären Erwartungen – unablässigen Veränderungen.

Die politische Gestaltung multikulturellen Zusammenlebens muss diesem Pluralismus nicht nur der Religionen und Kulturen, sondern auch der *Modi des Verhaltens* zu Religion und Kultur von vornherein Rechnung tragen. Denn ein Multikulturalismus, der die Vielfalt der Biographien auf ein übersichtliches Nebeneinander möglichst eindeutiger religiöser oder kultureller »Mitgliedschaften« reduzieren wollte, liefe auf eine neue Variante eines autoritären Korporatismus hinaus. Ein solches Modell von Multikulturalismus wäre mit dem Selbstverständnis einer freiheitlichen demokratischen Gesellschaft nicht vereinbar. Demgegenüber lässt sich von den Menschenrechten her ein Konzept des *aufgeklärten Multikulturalismus* entwickeln. Seinen normativen Angelpunkt stellt die Anerkennung der *individuellen und gemeinschaftlichen Freiheit aller Menschen* dar, die in der gebotenen Achtung der Würde des Menschen gründet. Statt die Individuen auf ihre (tatsächliche oder zugeschriebene) Mitgliedschaft zu Religionen oder Kulturen zu reduzieren, finden im Kontext der Menschenrechte – umgekehrt – religiöse oder kulturelle Traditionen, Praktiken und Lebensformen *vermittelt über die sie tragenden Menschen* Anerkennung. Denn die durch die Menschenrechte zu gewährleistende umfassende Selbstbestimmung erstreckt sich selbstverständlich auch auf Religion und Kultur. Sie eröffnet Möglichkeiten, religiöse bzw. kulturelle Identitäten – je individuell sowie in Gemeinschaft mit anderen – zu bekennen, zu pflegen, weiterzuentwickeln und sie öffentlich zum Ausdruck zu bringen. Von vornherein mit einbezogen ist dabei die Freiheit, sich von religiösen bzw. kulturellen Traditionen auch fernzuhalten, sie zu kritisieren, sie mit friedlichen Mitteln zu bekämpfen, sich von ihnen aktiv zu distanzieren oder sich ihnen gegenüber indifferent zu verhalten.

Damit Menschenrechte ihre orientierende Funktion für die Gestaltung des Zusammenlebens in der irreversibel multikulturellen Gesellschaft entfalten können, muss der ihnen inhärente normative Universalismus *gegen die Verwechslung oder Vermischung mit partikularen kulturellen Wertvorstellungen* immer wieder neu zur Geltung gebracht werden. Im historischen Rückblick zeigt sich, dass das virtuelle Subjekt menschenrechtlicher Ansprüche faktisch stets mit handfesten »Menschenbildern« amalgamiert und der menschenrechtliche Universalismus infolgedessen zum Beispiel androzentrisch oder eurozentrisch verkürzt worden war (und vielfach immer noch ist). Die geschichtliche Weiterentwicklung des Menschenrechtskonzepts vom späten 18. Jahrhundert bis zur Gegenwart ist vor allem dadurch möglich geworden, dass soziale Bewegungen (Frauenbewegungen, Anti-Sklaverei-Gesellschaften, Gewerkschaften, Selbstorganisationen von Menschen mit Behinderungen, Schwulen- und Lesbenverbände usw.) partikularistische Verengungen in Formulierung und Praxis der Menschenrechte konkret aufgedeckt und ihre Überwindung eingefordert haben. Diese kritische Arbeit ist und bleibt unvollendet. Sie findet ihre aktuelle Fortsetzung zum Beispiel in der Kritik an der schlichten Gleichsetzung menschenrechtlicher Emanzipation mit einem bestimmten »westlich-modernen Lebensstil« oder an der Vereinnahmung der Menschenrechte in partikulare Leitkulturkonzepte.

Menschenrechte sind eine Errungenschaft der Aufklärung, die sich nur in der *Fortführung der Aufklärung* bewahren lässt. Ohne Bereitschaft zum interkulturellen Diskurs besteht unterdessen die Gefahr, dass »die Aufklärung« selbst zur quasi-kulturalistischen Kategorie gerinnt oder gar als Medium westlich-leitkultureller Selbstvergewisserung in Abgrenzung zu vermeintlich unaufgeklärten Kulturen und Religionen fungiert. Interkulturelle Kommunikation – verbunden mit der Einsicht in die unaufhebbare Kontingenz aller kulturellen Grenzziehungen – ist deshalb längst zum unverzichtbaren Bestandteil gesellschaftlicher Aufklärung geworden. Ähnliches trifft auch für die Menschenrechte zu. Sie können ihre konstituierende Rolle für einen aufgeklärten Multikulturalismus nur dann entfalten, wenn sie auch ihrerseits zum Gegenstand interkultureller Kommunikation werden, deren Möglichkeitsbedingung – die selbstbestimmten und gleichberechtigten Mitwirkungsoptionen aller – sie gleichzeitig sichern.

Literatur

Afshari, Reza: »An Essay on Islamic Cultural Relativism in the Discourse of Human Rights«, in: Human Rights Quarterly 16 (1994), S. 235-276.

Alacacioglu, Hasan: Außerschulischer Religionsunterricht für muslimische Kinder und Jugendliche in NRW. Eine empirische Studie zu Koranschulen in türkisch-islamischen Gemeinden, Münster 1999.

Al-Ashmawy, Muhammad Said: L'islamisme contre l'islam, Paris 1989.

Al-Azmeh, Aziz: Die Islamisierung des Islam. Imaginäre Welten einer politischen Theologie, Frankfurt a.M. 1996.

Alexy, Robert: »Die Institutionalisierung der Menschenrechte im demokratischen Verfassungsstaat«, in: Gosepath, Stefan/Lohmann, Georg (Hg.): Philosophie der Menschenrechte, Frankfurt a.M. 1998, S. 244-264.

Amirpur, Katajun/Amman, Ludwig (Hg.): Der Islam am Wendepunkt. Liberale und konservative Reformer einer Weltreligion, Freiburg i.Br. 2006.

Amman, Ludwig: »Auf dem Weg zu einem europäischen Islam? Muslime in Deutschland und Europa«, in: Evangelische Akademien in Deutschland (Hg.), Christen und Muslime. Verantwortung zum Dialog, Darmstadt 2006, S. 53-59.

Anger, Thorsten: Islam in der Schule. Rechtliche Wirkungen der Religionsfreiheit und der Gewissensfreiheit sowie des Staatskirchenrechts im öffentlichen Schulwesen, Berlin 2003.

Arendt, Hannah: »Es gibt nur ein einziges Menschenrecht«, in: Die Wandlung 4 (1949), S. 754-770.

Arendt, Hannah: Elemente und Ursprünge totaler Herrschaft, 2. Aufl., München/Zürich 1974.

Ates, Seyran: Große Reise ins Feuer. Die Geschichte einer deutschen Türkin, Berlin 2003.

Bade, Klaus J.: »Migration, Integration und kulturelle Vielfalt: historische Erfahrungen und aktuelle Herausforderungen«, in: Cappenberger Gespräche, Bd. 34, Stuttgart 2006, S. 1-22.

Baehr, Susanne: »Menschenwürde zwischen Recht, Prinzip und Referenz. Die Bedeutung von Enttabuisierungen«, in: Deutsche Zeitschrift für Philosophie 2005, S. 571-588.

Barwig, Klaus/Davy, Ulrike (Hg.): Auf dem Weg zur Rechtsgleichheit? Konzepte und Grenzen einer Politik der Integration von Einwanderern, Baden-Baden 2004.

Bendel, Petra/Hildebrandt, Mathias (Hg.): Integration von Muslimen, München 2006.

Benhabib, Seyla: Kulturelle Vielfalt und demokratische Gleichheit. Politische Partizipation im Zeitalter der Globalisierung, Frankfurt a.M. 1999.

Benoist, Alain de: Aufstand der Kulturen. Europäisches Manifest für das 21. Jahrhundert, Berlin 1999.

Berger, Peter: »On the Obsolescence of the Concept of Honour«, in: Sandel, Michael (Hg.): Liberalism and its Critics, New York 1984, S. 149-158.

Berliner Arbeitskreis gegen Zwangsverheiratung: Informationsbroschüre Zwangsverheiratung, 2. Aufl., Berlin 2004.

Bielefeldt, Heiner: Philosophie der Menschenrechte. Grundlagen eines weltweiten Freiheitsethos, Darmstadt 1998.

Bielefeldt, Heiner: Zum Innovationspotenzial der UN-Behindertenkonvention, Deutsches Institut für Menschenrechte, Berlin 2006.

Bielefeldt, Heiner: Muslime im säkularen Rechtsstaat. Integrationschancen durch Religionsfreiheit, Bielefeld 2003.

Bielefeldt, Heiner: Symbolic Representation in Kant's Practical Philosophy, Cambridge 2003.

Bläser, Fatma: Hennamond, Wuppertal 1999.

Blumenberg, Hans: Säkularisierung und Selbstbehauptung, Frankfurt a.M. 1974.

Böckenförde, Ernst-Wolfgang/Spaemann, Robert (Hg.): Menschenrechte und Menschenwürde. Historische Voraussetzungen – säkulare Gestalt – christliches Verständnis, Stuttgart 1987.

Böckenförde, Ernst-Wolfgang: »Bekenntnisfreiheit in einer pluralen Gesellschaft und die Neutralitätspflicht des Staates«, in: UNA SANCTA. Zeitschrift für ökumenische Bewegung 60 (2005), S. 235-249.

Boos-Nünning, Ursula/Karakasoglu, Yasemin: Viele Welten leben. Zur Lebenssituation von Mädchen und jungen Frauen mit Migrationshintergrund, Münster 2005.

Brettfeld, Katrin/Wetzels, Peter: »Junge Muslime in Deutschland: Eine kriminologische Analyse zur Alltagsrelevanz von Religion und Zusammenhängen von individueller Religiosität und Gewalterfahrungen, -einstellungen und -handeln«, in: Bundesministerium des Inneren (Hg.): Islamismus. Texte zur inneren Sicherheit, Berlin Dezember 2003, S. 221-316.

Breuer, Rita: »Grundlagen der Scharia und ihre Anwendung im 21. Jahrhundert«, in: Bundesministerium des Inneren (Hg.): Islamismus. Texte zur inneren Sicherheit, Berlin Dezember 2003, S. 83-101.

Britz, Gabriele: Kulturelle Rechte und Verfassung. Über den rechtlichen Umgang mit kultureller Differenz, Tübingen 2000.

Britz, Gabriele: »Kulturelle Rechte in der Schule«, in: Recht der Jugend und des Bildungswesens 2003, S. 393-408.

Brugger, Winfried/Huster, Stefan (Hg.): Der Streit um das Kreuz in der Schule. Zur religiös-weltanschaulichen Neutralität des Staates, Baden-Baden 1998.

Brunner, Otto/Conze, Werner/Koselleck, Reinhard (Hg.): Geschichtliche Grundbegriffe. Historisches Lexikon zur politisch-sozialen Sprache in Deutschland, Bd. 7, Stuttgart 1978.

Bundesministerium für Bildung und Forschung: Berufsbildungsbericht 2006.

Bundesministerium für Familie, Senioren, Frauen und Jugend (BMFSFJ) (Hg.): Lebenssituation, Sicherheit und Gesundheit von Frauen in Deutschland. Eine repräsentative Untersuchung zu Gewalt gegen Frauen in Deutschland, Berlin 2004.

Bundesministerium des Inneren (Hg.): Islamismus. Texte zur inneren Sicherheit, Berlin Dezember 2003.

Burke, Edmund: Betrachtungen über die Französische Revolution, Zürich o.J.

Cileli, Serap: Wir sind Eure Töchter, nicht Eure Ehre!, Michelstadt 2002.

Comte, Auguste: Système de Politique Positive ou Traité de Sociologie, Instituant la Religion de l'Humanité, 3 Bde., Nachdruck Osnabrück 1967.

Dassetto, Felice: »The New European Islam«, in: Ferrari, Silvio/Bradney, Antony (Hg.): Islam and European Legal Systems, Ashgate 2000, S. 31-45.

Davy, Ulrike: »Integration von Einwanderern in Deutschland: Instrumente und Barrieren«, in: Barwig, Klaus/Davy, Ulrike (Hg.): Auf dem

Weg zur Rechtsgleichheit? Konzepte und Grenzen einer Politik der Integration von Einwanderern, Baden-Baden 2004, S. 83-95.

Davy, Ulrike/Weber, Albrecht (Hg.): Paradigmenwechsel in Einwanderungsfragen? Überlegungen zum neuen Zuwanderungsgesetz, Baden-Baden 2006.

Degener, Theresia: »Der Streit um Gleichheit und Differenz in der Bundesrepublik Deutschland seit 1945«, in: Gerhard, Ute (Hg.): Frauen in der Geschichte des Rechts. Von der frühen Neuzeit bis zur Gegenwart, München 1997, S. 871-899.

Deutsches Institut für Menschenrechte (Hg.): Die »General Comments« zu den VN-Menschenrechtsverträgen. Deutsche Übersetzung und Kurzeinführungen, Baden-Baden 2005.

Dilcher, Gerhard/Staff, Ilse (Hg.): Christentum und modernes Recht. Beiträge zum Problem der Säkularisierung, Frankfurt a.M. 1984.

Eisenrieder, Claudia: »Zwangsheirat bei MigrantInnen. Verwandtschaftliche und gesellschaftliche Hintergründe«, in: TERRE DES FEMMES (Hg.): Zwangsheirat. Lebenslänglich für die Ehre, Tübingen 2002, S. 35-44.

El Fadl, Khaled Abou: »Legal Debates on Muslim Minorities. Between Rejection and Accomodation«, in: Journal of Religious Ethics 22 (1994), S. 127-162.

European Monitoring Centre on Racism and Xenophobia (EUMC): Muslims in the European Union. Discrimination and Islamophobia, Wien 2006.

Fachkommission Zwangsheirat der Landesregierung Baden-Württemberg: Bericht der Fachkommission Zwangsheirat der Landesregierung Baden-Württenberg, Stuttgart 2006.

Ferrari, Silvio/Bradney, Antony (Hg.): Islam and European Legal Systems, Ashgate 2000.

Finkielkraut, Alain: Die Niederlage des Denkens, Reinbek bei Hamburg 1989.

Follmar-Otto, Petra: »Integration durch Diskriminierungsschutz?«, in: Davy, Ulrike/Weber, Albrecht (Hg.): Paradigmenwechsel in Einwanderungsfragen? Überlegungen zum neuen Zuwanderungsgesetz, Baden-Baden 2006, S. 190-209.

Forstner, Martin: »Übersetzung und Kommentar zur ›Allgemeinen Islamischen Menschenrechtserklärung‹ des Islamrats für Europa von 1981«, in: CIBEDO-Dokumentationen Nr. 15/16, 1982.

Gedik, Ipek: »Zwangsheirat bei Migrantinnenfamilien in der Bundesrepublik«, in: Jahrbuch Menschenrechte 2005. Schwerpunkt: Frauenrechte durchsetzen, Frankfurt a.M. 2004, S. 318-325.

Geertz, Clifford: Religiöse Entwicklungen im Islam. Beobachtet in Marokko und Indonesien, Frankfurt a.M. 1991.

Gerhard, Ute: Gleichheit ohne Angleichung. Frauen im Recht, München 1990.

Gerhard, Ute (Hg.): Frauen in der Geschichte des Rechts. Von der frühen Neuzeit bis zur Gegenwart, München 1997.

Global Commission on International Migration: Migration in einer interdependenten Welt: Neue Handlungsprinzipien. Bericht der Weltkommission für internationale Migration (Oktober 2005), deutsche Ausgabe Berlin 2006.

Gosepath, Stefan/Lohmann, Georg (Hg.): Philosophie der Menschenrechte, Frankfurt a.M. 1998.

Graf, Friedrich Wilhelm: Moses Vermächtnis. Über göttliche und menschliche Gesetze, München 2006.

Green, Leslie: »Internal Minorities and their Rights«, in: Kymlicka, Will (Hg.): The Rights of Minority Cultures, Oxford 1995, S. 256-272.

Grimm, Dieter: »Kann der Turbanträger von der Helmpflicht befreit werden?«, in: Frankfurter Allgemeine Zeitung vom 21.06.2002, S. 49.

Graulich, Kurt: »Religionsgemeinschaften und Religionsunterricht nach Art. 7 Abs. 3 GG«, in: Langenfeld, Christine/Lipp, Volker/Schneider, Irene (Hg.): Islamische Religionsgemeinschaften und islamischer Religionsunterricht: Probleme und Perspektiven, Göttingen 2005, S. 79-87.

Habermas, Jürgen: »Anerkennungskämpfe im demokratischen Rechtsstaat«, in: Gutman, Amy/Taylor, Charles (Hg.): Multikulturalismus und die Politik der Anerkennung, Frankfurt a.M. 1993, S. 147-196.

Habermas, Jürgen: Der gespaltene Westen, Frankfurt a.M. 2004.

Habermas, Jürgen: Die Zukunft der menschlichen Natur. Auf dem Weg zu einer liberalen Eugenik? Erweiterte Ausgabe, Frankfurt a.M. 2005.

Habermas, Jürgen: »Religion in der Öffentlichkeit. Kognitive Voraussetzungen für den ›öffentlichen Vernunftgebrauch‹ religiöser und säkularer Bürger«, in: Zwischen Naturalismus und Religion. Philosophische Aufsätze, Frankfurt a.M. 2005, S. 119-154.

Haddad, Yvonne Yazbeck/Esposito, John L. (Hg.): Islam, Gender & Social Change, New York 1998.

Han, Petrus: Soziologie der Migration. Erklärungsmodelle – Fakten – Politische Konsequenzen – Perspektiven, 2. überarb. und erw. Aufl., Stuttgart 2005.

Hassan, Riffat: »On Human Rights and the Qur'anic Perspective«, in: Swidler, Arlene (Hg.): Human Rights in Religious Traditions, New York 1982, S. 51-65.

Häußler, Ulf: »Leitkultur oder Laizismus?«, in: Zeitschrift für Ausländerrecht 2004, S. 6-14.

Heckel, Martin: »Religionsunterricht für Muslime? Kulturelle Integration unter Wahrung der religiösen Identität. Ein Beispiel für die komplementäre Natur der Religionsfreiheit«, in: Juristenzeitung 54 (1999), S. 741-758.

Heckel, Martin: »Unterricht in Islam an deutschen Schulen – seine Gründe und Formen, Voraussetzungen und Grenzen«, in: Recht der Jugend und des Bildungswesens 2004, S. 39-62.

Hegel, Wilhelm Friedrich Georg: Grundlinien der Philosophie des Rechts. Mit Hegels eigenhändigen Notizen und den mündlichen Zusätzen, Suhrkamp-Werkausgabe Bd. 7, Frankfurt a.M. 1970.

Heidelmeyer, Wolfgang (Hg.): Die Menschenrechte. Erklärungen, Verfassungsartikel, Internationale Abkommen, 3. Aufl., Paderborn 1982.

Heimbach-Steins, Marianne: Menschenrechte in Gesellschaft und Kirche. Lernprozesse – Konfliktfelder – Zukunftschancen, Mainz 2001.

Heine, Peter: »Islamismus – ein ideologiegeschichtlicher Überblick«, in: Bundesministerium des Inneren (Hg.): Islamismus. Texte zur Inneren Sicherheit, Berlin 2003, S. 7-18.

Heitmeyer, Wilhelm/Anhut, Reimund (Hg.): Bedrohte Stadtgesellschaften. Soziale Desintegrationsprozesse und ethnisch-kulturelle Konfliktkonstellationen, Weinheim/München 2000.

Heitmeyer, Wilhelm (Hg.): Deutsche Zustände, Bd. 4, Frankfurt a.M. 2006.

Hense, Ansgar: »Staatskirchenrecht oder Religionsverfassungsrecht: mehr als ein Streit um Begriffe?«, in: Haratsch, Andreas/Janz, Norbert/Rademacher, Sonja/Schmahl Stefanie/Weiß, Norman (Hg.): Religion und Weltanschauung im säkularen Staat. Assistententagung Öffentliches Recht 2001, Stuttgart 2001, S. 9-47.

Hildebrandt, Mathias/Brocker, Manfred/Behr, Hartmut (Hg.): Säkularisierung und Resakralisierung in westlichen Gesellschaften. Ideengeschichtliche und theoretische Perspektiven, Opladen 2001.

Hillgruber, Christian: »Der deutsche Kulturstaat und der muslimische Kulturimport. Die Antwort des Grundgesetzes auf eine religiöse Herausforderung«, in: Juristenzeitung 11 (1999), S. 538-547.

Hilpert, Konrad: Die Menschenrechte. Geschichte – Theologie – Aktualität, Düsseldorf 1991.

Hirsi Ali, Ayaan: Ich klage an. Plädoyer für die Befreiung der islamischen Frau, München 2005.

Hofmann, Murat Wilfried: Der Islam im 3. Jahrtausend. Eine Religion im Aufbruch, Kreuzlingen 2000.

Huntington, Samuel P.: The Clash of Civilizations and the Remaking of World Order, New York 1996.

Hüttermann, Jörg: Das Minarett. Zur politischen Kultur des Konflikts um islamische Symbole, Weinheim 2006.

Isensee, Josef: »Die Zukunftsfähigkeit des deutschen Staatskirchenrechts. Gegenwärtige Legitimationsprobleme«, in: Isensee, Josef/ Rees, Wilhelm/Rüfner, Wolfgang (Hg.): Dem Staate, was des Staates, der Kirche, was der Kirche ist. Festschrift für Joseph Listl zum 70. Geburtstag, Berlin 1999, S. 67-90.

Jakobs, Andreas: Reformist Islam. Protagonists, Methods, and Themes of Progressive Thinking in Contemporary Islam, Arbeitspapier Nr. 155/ 2006 der Konrad-Adenauer Stiftung (September 2006).

Jessen, Frank/von Wilamowitz-Moellendorf, Ulrich: Das Kopftuch – Die Entschleierung eines Symbols?, Konrad-Adenauer-Stiftung. Zukunftsforum Politik, Nr. 77 (September 2006).

Johansen, Baber: »Staat, Recht und Religion im sunnitischen Islam. Können Muslime einen religionsneutralen Staat akzeptieren?«, in: Essener Gespräche zum Thema Staat und Kirche, Heft 20 (1986), S. 12-60.

Jonker, Gerdien (Hg.): Kern und Rand. Religiöse Minderheiten aus der Türkei in Deutschland, Berlin 1999.

Kalisch, Muhammad: »Muslime als religiöse Minderheit. Ein Beitrag zur Notwendigkeit eines neuen Igtihad«, in: Schneiders, Torsten Gerald/Lamya, Kaddor: Muslime im Rechtsstaat, Münster 2005, S. 47-67.

Kälin, Walter: Grundrechte im Kulturkonflikt. Freiheit und Gleichheit in der Einwanderungsgesellschaft, Zürich 2000.

Kant, Immanuel: Werke. Zitiert nach der Ausgabe der Preußischen Akademie der Wissenschaften [Akademie-Ausgabe].

Kalthegener, Regina: »Und bist Du nicht willig ...«, in: TERRE DES FEMMES, Menschenrechte für die Frau 4/2005, S. 8-10.

Karakasoglu-Aydin, Yasemin: Muslimische Religiosität und Erziehungsvorstellungen. Eine empirische Untersuchung zu Orientierungen bei türkischen Lehramts- und Pädagogik-Studentinnen in Deutschland, Frankfurt a.M. 2000.

Kaschuba, Wolfgang: »Wie Fremde gemacht werden. Das Gerede von der Parallelgesellschaft ist nicht nur falsch. Es ist sogar gefährlich«, in: Der Tagesspiegel vom 14.01.07, S. 8.

Kelek, Necla: Die fremde Braut. Ein Bericht aus dem Inneren des türkischen Lebens in Deutschland, Köln 2005.

Kelek, Necla: Die verlorenen Söhne. Plädoyer für die Befreiung des türkisch-muslimischen Mannes, Köln 2006.

Kermani, Navid: »Die Terroristen sind unter uns«, in: DIE ZEIT Nr. 40 (2006), S. 51.

Kermani, Navid: (Beitrag ohne Titel), in: Lammert, Norbert: Verfassung – Patriotismus – Leitkultur. Was unsere Gesellschaft zusammenhält, Hamburg 2006, S. 86-90.

Khoury, Adel Theodor/Heine, Peter/Oebbecke, Janbernd: Handbuch Recht und Kultur des Islams in der deutschen Gesellschaft, Gütersloh 2000.

King, Vera: »Bildungskarrieren und Männlichkeitsentwürfe bei Adoleszenten in Migrantenfamilien«, in: dies./Flaake, Karin (Hg.): Männliche Adoleszenz. Sozialisation und Bildungsprozesse zwischen Kindheit und Erwachsensein, Frankfurt a.M. 2005, S. 57-76.

Klausen, Jytte: Europas muslimische Eliten. Wer sie sind und was sie wollen, Frankfurt a.M. 2006.

Klinkhammer, Gritt/Frick, Tobias (Hg.): Religionen und Recht. Eine interdisziplinäre Diskussion um die Integration von Religionen in demokratische Gesellschaften, Marburg 2002.

Kloepfer, Michael: »Der Islam in Deutschland als Verfassungsfrage«, in: Die öffentliche Verwaltung 59 (2006), S. 45-55.

Koenig, Matthias: Menschenrechte, Frankfurt a.M./New York 2005.

Koenig, Matthias: »Islamische Minderheiten in Westeuropa. Eine Herausforderung des säkularen Rechtsstaats?«, in: Schneiders, Thorsten Gerald/Kaddor, Lamya (Hg.): Muslime im Rechtsstaat, Münster 2005, S. 33-46.

Korn, Samuel: (Beitrag ohne Titel), in: Lammert, Norbert: Verfassung – Patriotismus – Leitkultur. Was unsere Gesellschaft zusammenhält, Hamburg 2006, S. 114-119.

Kraft, Friedhelm: Muslimische Kinder und das »Recht auf Religion«: Der lange Weg zu einem islamischen Religionsunterricht, Internet-Aufsatz des Religionspädagogischen Instituts Loccum, in: www.rpi-loccum.de/krisru.html (abgerufen am 25.08.06).

Krämer, Gudrun: Gottes Staat als Republik. Reflexionen zeitgenössischer Muslime zu Islam, Menschenrechten und Demokratie, Baden-Baden 1999.

Krebs, Melanie: »›Ehrenmorde sind selten‹. Erfahrungen aus der Mädchenwohnung Papatya«, in: TERRE DES FEMMES (Hg.): Zwangsheirat. Lebenslänglich für die Ehre, Tübingen 2002, S. 51-54.

Krennerich, Michael: »Soziale Menschenrechte sind Freiheitsrechte! Plädoyer für ein freiheitliches Verständnis wirtschaftlicher, sozialer und kultureller Rechte«, in: Jahrbuch Menschenrechte 2007, Frankfurt a.M. 2006, S. 57-66.

Kühnhardt, Ludger: Die Universalität der Menschenrechte. Studie zur ideengeschichtlichen Bestimmung eines politischen Schlüsselbegriffs, München 1987.

Künzli, Jörg: Zwischen Rigidität und Flexibilität: Der Verpflichtungsgrad internationaler Menschenrechte, Berlin 2001.

Kymlicka, Will: Multikulturalismus und Demokratie. Über Minderheiten und Staaten und Nationen, Berlin 1999.

Lachmann, Günther: Tödliche Toleranz. Die Muslime und unsere offene Gesellschaft, München/Zürich 2005.

Ladeur, Karl-Heinz/Augsberg, Ino: »Der Mythos vom neutralen Staat«, in: Juristenzeitung 1/2007, S. 12-18.

Lammert, Norbert: Verfassung – Patriotismus – Leitkultur. Was unsere Gesellschaft zusammenhält, Hamburg 2006.

Langenfeld, Christine: »Die rechtlichen Voraussetzungen für islamischen Religionsunterricht«, in: dies./Lipp, Volker/Schneider, Irene (Hg.): Islamische Religionsgemeinschaften und islamischer Religionsunterricht: Probleme und Perspektiven, Göttingen 2005, S. 17-36.

Leibold, Jürgen/Kühnel, Steffen: »Islamophobie. Differenzierung tut not«, in: Heitmeyer, Wilhelm (Hg.): Deutsche Zustände. Band 4, Frankfurt a.M. 2006, S. 135-155.

Leisner, Walter: »Geglaubtes Recht. Säkularisierte religiöse Grundlagen der Demokratie«, in: Isensee, Josef/Rees, Wilhelm/Rüfner, Wolfgang (Hg.): Dem Staate, was des Staates, der Kirche, was der Kirche ist. Festschrift für Joseph Listl zum 70. Geburtstag, Berlin 1999, S. 115-128.

Lemmen, Thomas: Islamische Vereine und Verbände in Deutschland, hg. von der Friedrich-Ebert-Stiftung, Bonn 2002.

Lindholm, Tore: »Philosophical and Religious Justifications of Freedom of Religion or Belief«, in: ders. u.a. (Hg.): Facilitating Freedom of Religion or Belief. A Deskbook, Leiden 2004, S. 19-61.

Lepsius, Oliver: »Die Religionsfreiheit als Minderheitenrecht in Deutschland, Frankreich und den USA«, in: Leviathan Jg. 34 (2006), S. 321-349.

Lübbe, Hermann: Säkularisierung. Geschichte eines ideenpolitischen Begriffs, Freiburg i.Br. 1965.

Maier, Hans: Revolution und Kirche. Zur Frühgeschichte der christlichen Demokratie, 5. erw. Aufl., Freiburg i.Br. 1988.

Maier, Hans: Wie universal sind die Menschenrechte?, Freiburg i.Br. 1997.

Mak, Geert: Der Mord an Theo van Gogh. Geschichte einer moralischen Panik, Frankfurt a.M. 2005.

Martinez-Torrón, Javier: »The Legal Status of Islam in Spain«, in: Ferrari, Silvio/Bradney, Antony (Hg.): Islam and European Legal Systems, Ashgate 2000, S. 47-71.

Marx, Karl: »Zur Judenfrage«, in: Marx-Engels-Werke, Bd. 1, Ost-Berlin 1970, S. 347-377.

Mawdudi, Abul A'la: The Islamic Law and Constitution, 3. Aufl., Lahore 1967.

Mawdudi, Abul A'la: Islamische Lebensweise, Beirut 1983.

Menke, Christoph: »Von der Würde des Menschen zur Menschenwürde: Das Subjekt der Menschenrechte«, in: WestEnd. Neue Zeitschrift für Sozialforschung, 3. Jahrgang, Heft 2 (2006), S. 3-21.

Merad, Ali: »Die Scharia – Weg zur Quelle des Lebens (Diskussionsbeitrag)«, in: Schwartländer, Johannes (Hg.): Freiheit der Religion. Christentum und Islam unter dem Anspruch der Menschenrechte, Mainz 1993, S. 392-393.

Mir-Hosseini, Ziba: »Neue Überlegungen zum Geschlechterverhältnis im Islam. Perspektiven der Gerechtigkeit und Gleichheit für Frauen«, in: Rumpf, Mechthild/Gerhard, Ute/Jansen, Mechthild M. (Hg.): Facetten islamischer Welten. Geschlechterordnungen, Frauen- und Menschenrechte in der Diskussion, Bielefeld 2003, S. 53-81.

Motakef, Mona: Das Menschenrecht auf Bildung und der Schutz vor Diskriminierung. Exklusionsrisiken und Inklusionschancen. Studie des Deutschen Instituts für Menschenrechte, Berlin 2006.

Muckel, Stefan: »Streit um den muslimischen Gebetsruf. Der Ruf des Muezzin im Spannungsfeld von Religionsfreiheit und einfachem Recht«, in: Nordrhein-westfälische Verwaltungsblätter 12 (1998), S. 1-6.

Mückl, Stefan: »Staatskirchenrechtliche Regelungen zum Religionsunterricht«, in: Archiv für öffentliches Recht 122 (1997), S. 513-556.

Noelle, Elisabeth/Petersen, Thomas: »Eine fremde, bedrohliche Welt«, in: Frankfurter Allgemeine Zeitung vom 17.05.2006, S. 5.

Oberndörfer, Dieter: »Nation, Multikulturalismus und Migration – auf dem Weg in die postnationale Republik?«, in: IMIS-Beiträge 30/2006, S. 7-21.

Oebbecke, Janbernd: »Das deutsche Recht und der Islam«, in: Khoury, Adel Theodor/Heine, Peter/Oebbecke, Janbernd: Handbuch Recht und Kultur des Islams in der deutschen Gesellschaft, Gütersloh 2000, S. 287-327.

Oestreich, Heide: Der Kopftuchstreit. Das Abendland und ein Quadratmeter Islam, Frankfurt a.M. 2004.

Othman, Norani: »The Sociopolitical Dimensions of Islamisation in Malaysia: A Cultural Accomodation of Social Change«, in: dies. (Hg.):

Shari'a Law and the Modern Nation-State. A Malaysian Symposion, Kuala Lumpur 1994, S. 123-143.

Pannenberg, Wolfhart: »Civil Religion? Religionsfreiheit und pluralistischer Staat: Das theologische Fundament der Gesellschaft«, in: Koslowski, Peter (Hg.): Die religiöse Dimension der Gesellschaft. Religion und ihre Theorien, Tübingen 1985, S. 63-75.

Pauer-Studer, Herlinde: »Geschlechtergerechtigkeit: Gleichheit und Lebensqualität«, in: Nagl-Docekal, Herta/Pauer-Studer, Herlinde (Hg.): Politische Theorie. Differenz und Lebensqualität, Frankfurt a.M. 1996, S. 54-95.

Plé, Bernhard: »Säkularismus als Religion?«, in: Hildebrandt, Mathias/Brocker, Manfred/Behr, Hartmut (Hg.): Säkularisierung und Resakralisierung in westlichen Gesellschaften. Ideengeschichtliche und theoretische Perspektiven, Opladen 2001, S. 97-116.

Qutb, Sayyid: Dieser Glaube. Der Islam, Kuwait Stadt 1992.

Raddatz, Hans-Peter: Allahs Schleier. Die Frau im Kampf der Kulturen, München 2004.

Ramadan, Tariq: Muslimsein in Europa. Untersuchung der islamischen Quellen im europäischen Kontext, Köln 2001.

Rawls, John: Political Liberalism, New York 1993.

Razack, Sherene H.: »Imperilled Muslim Women, Dangerous Muslim Men and Civilised Europeans: Legal and Social Responses to Forced Marriages«, in: Feminist Legal Studies 12 (2004), S. 129-174.

Reuter, Hans-Richard (Hg.): Ethik der Menschenrechte. Zum Streit um die Universalität einer Idee I, Tübingen 1999.

Robbers, Gerhard: »Status und Stellung von Religionsgemeinschaften in der Europäischen Union«, in: Minkenberg, Michael/Willems, Ulrich (Hg.): Politik und Religion. Politische Vierteljahresschrift, Sonderheft 33/2002, Wiesbaden 2003, S. 139-163.

Robbers, Gerhard: »Muslimische Lehrerinnen, das Kopftuch und das deutsche Bundesverfassungsgericht«, in: Österreichisches Archiv für Recht und Religion 2003, S. 405-417.

Rohe, Mathias: Der Islam – Alltagskonflikte und Lösungen. Rechtliche Perspektiven, 2. Aufl., Freiburg i.Br. 2001.

Rohe Mathias: »Zur rechtlichen Integration von Muslimen in Deutschland«, in: Bendel, Petra/Hildebrandt, Mathias (Hg.): Integration von Muslimen, München 2006, S. 89-116.

Rousseau, Jean-Jacques: Emile oder Über die Erziehung, Stuttgart 1963.

Rumpf, Mechthild/Gerhard, Ute/Jansen, Mechtild M. (Hg.): Facetten islamischer Welten. Geschlechterordnungen, Frauen- und Menschenrechte in der Diskussion, Bielefeld 2003.

Sachverständigenrat für Zuwanderung und Integration (Hg.): Migration und Integration – Erfahrungen nutzen, Neues wagen. Jahresgutachten 2004.

Sardar Ali, Shaheen: Gender and Human Rights in Islam and International Law, Den Haag 2000.

Schieder, Rolf: Wieviel Religion verträgt Deutschland?, Frankfurt a.M. 2001.

Schiffauer, Werner: Die Gewalt der Ehre. Erklärungen zu einem türkisch-deutschen Sozialkonflikt, Frankfurt a.M. 1983.

Schiffauer, Werner: Die Bauern von Subay: Das Leben in einem türkischen Dorf, Stuttgart 1987.

Schiffauer, Werner: Die Migranten aus Subay: Türken in Deutschland. Eine Ethnographie, Stuttgart 1991.

Schiffauer, Werner: »Verfassungsschutz und islamische Gemeinden«, in: Kemmesies, Uwe E. (Hg.): Terrorismus und Extremismus – der Zukunft auf der Spur, München 2006, S. 237-254.

Schmidt, Helmut (Hg.): Allgemeine Erklärung der Menschenpflichten. Ein Vorschlag, München/Zürich 1997.

Schmitt, Carl: Der Begriff des Politischen, Berlin 1963 (Nachdruck der 2. Auflage von 1934).

Schmitt, Carl: »Staatsethik und pluralistischer Staat«, in: Positionen und Begriffe im Kampf mit Weimar – Genf – Versailles 1923-1939, Berlin 1988, S. 133-145.

Schneiders, Thorsten Gerald/Kaddor, Lamya (Hg.): Muslime im Rechtsstaat, Münster 2005.

Schöningh-Kalender, Claudia/Neusel, Ayla/Jansen, Mechthild M. (Hg.): Feminismus, Islam, Nation: Frauenbewegungen im Maghreb, in Zentralasien und in der Türkei, Frankfurt a.M. 1997.

Schöpp-Schilling, Hanna Beate: »CEDAW im Rahmen der völkerrechtlichen Schutzinstrumente für Frauen – Einführung in das Instrument und in die Durchsetzungsmechanismen des Abkommens«, in: Deutsches Institut für Menschenrechte (Hg.): Konferenzdokumentation »Menschenrechtsinstrumente: Für Frauen Nutzen«, Abgeordnetenhaus Berlin, 13. Dezember 2002, Berlin 2003, S. 1-13.

Schröder, Hannelore: Die Frau ist frei geboren. Texte zur Frauenemanzipation, Bd. I: 1789-1870, München 1979.

Schumann, Christoph: »Integration aus Sicht von Muslimen in Deutschland«, in: Bendel, Petra/Hildebrandt, Mathias (Hg.): Integration von Muslimen, München 2006, S. 53-75.

Schwartländer, Johannes (Hg.): Menschenrechte. Aspekte ihrer Begründung und Verwirklichung, Tübingen 1978.

Schwartländer, Johannes (Hg.): Menschenrechte und Demokratie, Kehl/Straßburg 1981.
Schwartländer, Johannes (Hg.): Freiheit der Religion. Christentum und Islam unter dem Anspruch der Menschenrechte, Mainz 1993.
Seneca: Über die Ethik. Briefe an Lucilius. Zitiert nach der Gesamtausgabe besorgt von der Wissenschaftlichen Buchgesellschaft, Band 3, Sonderausgabe Darmstadt 1999.
Senghaas, Dieter: Wohin driftet die Welt? Über die Zukunft friedlicher Koexistenz, Frankfurt a.M. 1994.
Spaemann, Robert: »Über den Begriff der Menschenwürde«, in: Böckenförde, Ernst-Wolfgang/Spaemann, Robert (Hg.): Menschenrechte und Menschenwürde. Historische Voraussetzungen – säkulare Gestalt – christliches Verständnis, Stuttgart 1987, S. 295-313.
Steinberg, Guido: »Der Islamismus im Niedergang? Anmerkungen zu den Thesen Gilles Kepels, Olivier Roys und zur europäischen Islamismusforschung«, in: Bundesministerium des Inneren (Hg.): Islamismus. Texte zur inneren Sicherheit, Berlin 2003, S. 19-42.
Stock, Martin: Islamunterricht: Religionsunterricht, Bekenntnisunterricht oder was sonst?, Münster 2003.
Stock, Martin: »Islamunterricht: Auf der Suche nach dem richtigen Weg«, in: Barwig, Klaus/Davy, Ulrike (Hg.): Auf dem Weg zur Rechtsgleichheit? Konzepte und Grenzen einer Politik der Integration von Einwanderern, Baden-Baden 2004, S. 430-450.
Stock, Martin: »Islamunterricht in öffentlichen Schulen in Nordrhein-Westfalen. Zur Lage nach dem Urteil des BVerwG vom 23.2.2005«, in: Nordrhein-Westfälische Verwaltungsblätter 2005, S. 285-292.
Straßburger, Gaby: Heiratsverhalten und Partnerwahl im Einwanderungskontext: Eheschließungen der zweiten Migrantengeneration türkischer Herkunft, Würzburg 2003.
Straßburger, Gaby: »Nicht westlich und doch modern. Partnerwahlmodi türkischer Migrant(inn)en in Diskurs und Praxis«, in: Beiträge zur feministischen Theorie und Praxis 26 (2003), S. 15-27.
Süssmuth, Rita: Migration und Integration. Testfall für unsere Gesellschaft, München 2006.
Tan, Dursun: »Aleviten in Deutschland. Zwischen Selbstethnisierung und Emanzipation«, in: Jonker, Gerdien (Hg.): Kern und Rand. Religiöse Minderheiten aus der Türkei in Deutschland, Berlin 1999, S. 65-88.
Taylor, Charles: The Ethics of Authenticity, Harvard 1992.
Taylor, Charles: »Die Politik der Anerkennung«, in: Gutman, Amy/Taylor, Charles (Hg.): Multikulturalismus und die Politik der Anerkennung, Frankfurt a.M. 1993, S. 13-78.

Terkessidis, Mark: Die Banalität des Rassismus. Migranten zweiter Generation entwickeln eine neue Perspektive, Bielefeld 2004.

TERRE DES FEMMES (Hg.): Tatmotiv Ehre, Tübingen 2004.

TERRE DES FEMMES (Hg.): Zwangsheirat. Lebenslänglich für die Ehre, Tübingen 2002.

Tezcan, Levent: Religiöse Strategien der »machbaren« Gesellschaft. Verwaltete Religion und islamistische Utopie in der Türkei, Bielefeld 2003.

Tezcan, Levent: »Interreligiöser Dialog und politische Religionen«, in: Aus Politik und Zeitgeschichte 28/29 (2006), S. 26-32.

Tibi, Bassam: Europa ohne Identität. Leitkultur oder Wertebeliebigkeit, München 1998.

Tibi, Bassam: Im Schatten Allahs. Der Islam und die Menschenrechte. Erweiterte Neuausgabe Düsseldorf 2003.

Tiedemann, Paul: Was ist Menschenwürde? Eine Einführung, Darmstadt 2006.

Tocqueville, Alexis de: Über die Demokratie in Amerika. Zwei Bände, Stuttgart 1959/62.

Tomuschat, Christian (Hg.): Menschenrechte. Eine Sammlung internationaler Dokumente zum Menschenrechtsschutz, 2. erw. Aufl., Bonn 2002.

Toivanen, Reetta/Mahler, Claudia: Menschenrechte im Vergleich der Kulturen, Nordhausen 2006.

Toprak, Ahmet: Das schwache Geschlecht – die türkischen Männer. Zwangsheirat, häusliche Gewalt, Doppelmoral der Ehre, Freiburg i.Br. 2005.

Ucar, Bülent: »Der Umgang mit Minderheiten im Osmanischen Reich«, in: Bielefeldt, Heiner/Lüer, Jörg (Hg.): Rechte nationaler Minderheiten. Ethische Begründung, rechtliche Verankerung und historische Erfahrung, Bielefeld 2004, S. 100-123.

Vauti, Angelika/Sulzbach, Margot (Hg.): Frauen in islamischen Welten. Eine Debatte zur Rolle der Frau in Gesellschaft, Politik und Religion, Frankfurt a.M. 1999.

Vögele, Wolfgang: »Christliche Elemente in der Begründung von Menschenrechten und Menschenwürde im Kontext der Entstehung der Vereinten Nationen«, in: Reuter, Hans-Richard (Hg.): Ethik der Menschenrechte. Zum Streit um die Universalität einer Idee I, Tübingen 1999, S. 103-133.

Waldenfels, Bernhard: Grundmotive einer Phänomenologie des Fremden, Frankfurt a.M. 2006.

Walzer, Michael: Sphären der Gerechtigkeit, Frankfurt a.M. 1992.

Wehler, Hans-Ulrich: »Muslime sind nicht integrierbar«, Interview, in: die tageszeitung vom 10.09.2002.

Weiß, Norman: »Völkerrechtlicher Minderheitenschutz und seine Bedeutung für die Bundesrepublik Deutschland«, in: Bielefeldt, Heiner/Lüer, Jörg (Hg.): Rechte nationaler Minderheiten. Ethische Begründung, rechtliche Verankerung und historische Erfahrung, Bielefeld 2004, S. 71-90.

Westphal, Manuela: »Migration und Genderaspekte. Feminisierung internationaler Migration. Internetaufsatz, veröffentlicht von der Bundeszentrale für politische Bildung«, in: www.bpb.de/files/39WA AT.pdf (abgerufen am 10.10.2006).

Wetz, Franz Josef: Illusion Menschenwürde. Aufstieg und Fall eines Grundwerts, Stuttgart 2005.

Willoweit, Dietmar: »Die Veräußerung der Freiheit. Über den Unterschied zwischen Rechtsdenken und Menschenrechtsdenken«, in: Bielefeldt, Heiner/Brugger, Winfried/Dicke, Klaus (Hg.): Würde und Recht des Menschen. Festschrift für Johannes Schwartländer zum 70. Geburtstag, Würzburg 1992, S. 255-268.

Windfuhr, Michael: »Freiwillige Leitlinien zum Recht auf Nahrung. Bedeutung, Reichweite und Chancen des neuen Rechtsinstruments«, in: Jahrbuch Menschenrechte 2006, Frankfurt a.M. 2005, S. 227-235.

Würth, Anna: Dialog mit dem Islam als Konfliktprävention? Studie des Deutschen Instituts für Menschenrechte, Berlin 2003.

Würth, Anna: »Frauenrechte in der arabisch-islamischen Welt: eine Bestandsaufnahme«, in: Jahrbuch Menschenrechte 2005, Frankfurt a.M. 2004, S. 205-217.

Y., Inci: Erstickt an Euren Lügen. Eine Türkin in Deutschland erzählt, München 2005.

Zinser, Hartmut: »Wehrhafte Religionsfreiheit und religiöser Verbraucherschutz. Grenzen der Religionsfreiheit in der Bundesrepublik Deutschland«, in: Klinkhammer, Gritt/Frick, Tobias (Hg.): Religionen und Recht. Eine interdisziplinäre Diskussion um die Integration von Religionen in demokratische Gesellschaften, Marburg 2002, S. 71-82.